POIN[TS]
VIVRE

UNE COLLECTION D'ÉPANOUISSEMENT INTÉRIEUR
Dirigée par Anne Ducrocq

On naît, on grandit, on vit, on prend des coups, on s'étonne. On esquive, on mûrit, on guérit, on avance. Et parce que la vie est la vie et qu'elle nous veut du bien, on rencontre sur le chemin des livres de sagesse et d'épanouissement intérieur: on y apprend à respirer avec le cœur; la vie s'y faufile, vaste et libre, toujours en train de commencer.
Car il ne suffit pas d'être né, il faut renaître à l'essentiel.

Des histoires personnelles aux expériences universelles, de la foi au combat spirituel, des épreuves à l'amour, des blessures à la fin de vie,

tout est à vivre.

A. D.

Tomás Navarro, psychologue espagnol, anime dans la nature des ateliers de kintsukuroi appliqué aux blessures émotionnelles. Il intervient comme coach en entreprise et en milieu sportif. Il donne également des cours et des conférences sur l'intelligence émotionnelle et ses ressources dans le monde entier.

Tomás Navarro

KINTSUKUROI

L'art de guérir les blessures émotionnelles

Traduit de l'espagnol
par Mathias de Breyne

Éditions de La Martinière

TEXTE INTÉGRAL

ISBN 978-2-7578-7466-0
(ISBN 978-2-7324-8485-3, 1re publication)
TITRE ORIGINAL
Kintsukoroi, El arte de curar heridas emocionales
ÉDITEUR ORIGINAL
Zenith, une marque de Editorial Planeta, S.A.

Traduit de l'espagnol par Mathias de Breyne
Avec la collaboration de Thierry Heuninck

INTRODUCTION

Le rêve de Sokei

Une porte entrouverte laissait voir la silhouette de Sokei assis sur ses pieds. Face au regard attentif de l'apprenti de Chojiro, l'un des meilleurs potiers de Kyoto, se trouvaient une trentaine de boules d'argile. Il avait passé toute la matinée ainsi. Sans bouger. Détendu. À les analyser. À les manipuler et à les replacer sur la table. L'une après l'autre. Toutes sans exception. Soudain, Sokei esquissa un léger sourire. Il avait enfin trouvé la pièce appropriée !

Sokei était quelqu'un de persévérant et de clairvoyant. Choisir la pièce d'argile la plus appropriée était très important à ses yeux, étant donné que chacune d'entre elles avait un toucher différent et inspirait quelque chose d'unique au maître. La différence entre l'ordinaire et l'extraordinaire, c'est la méticulosité dans le traitement du détail, et Sokei s'était mis en tête de créer une pièce extraordinaire et unique.

Ses mains sur le torse, il s'inclina devant l'une des pièces puis il s'en saisit avec délicatesse, appréciant chacune des sensations associées à cet instant si particulier.

Il remarqua le toucher humide et légèrement froid de l'argile. Son âme fusionna avec l'âme de la pièce, avec son histoire et avec le voyage qu'elle avait entrepris avant d'atteindre ses mains.

Sokei était en quête de l'argile la plus adéquate depuis des jours. Ses pas l'avaient mené dans des forêts, sur des rives et même au bord du lac Biwa. Là, il fermait les yeux alors qu'il enfonçait ses mains dans la boue afin de pouvoir s'unir au mieux avec son essence. En cet instant, dans l'atelier, en fermant les yeux, il put se remémorer les espoirs et les rêves placés dans son choix et il se sentit privilégié et reconnaissant.

Il s'assit dans un coin de l'atelier, près de la fenêtre, là où il avait passé de nombreuses heures à apprendre. Les jeunes d'aujourd'hui veulent apprendre à toute vitesse. S'ils n'apprennent pas vite, ils sont désenchantés et démotivés. Ils ne sont pas conscients que, pour apprendre, on doit prendre son temps, être réceptif et curieux. Mais Sokei n'était pas un jeune comme un autre, Sokei était patient comme un ancien et désirait apprendre comme un enfant. L'esprit de Sokei regorgeait de pensées, ses yeux scintillaient d'espoir et son cœur chevauchait au rythme frénétique de l'impatience. Il savait que c'était un moment très spécial, mais qu'il devait rasséréner son corps, son esprit et son âme.

Chojiro le regardait attentivement depuis un coin de l'atelier. « Les jeunes sont pleins de vie », pensa-t-il. Néanmoins, Sokei était différent. Il avait une sensibilité spéciale et une résistance émotionnelle extraordinaire.

Chojiro savait que son successeur lui faisait face, ce jeune dont la sérénité était celle de quelqu'un qui avait déjà une vie derrière lui et dont l'énergie était celle de quelqu'un qui a la vie devant lui.

Les yeux fermés, Sokei touchait la pièce d'argile. Il canalisait son attention pour pétrir la pièce, pour sentir comme ses doigts s'agrégeaient à l'argile, la terre, la nature et l'art. La pièce dans ses mains, il sentait que tout était possible, que n'importe laquelle des millions de formes qui l'habitaient étaient dans l'attente de s'unir aux mains du potier. Sokei fusionnait avec chacune d'entre ces formes possibles, il les imaginait et les ressentait. Peu à peu, il façonnait les parois du bol en ne pensant à rien, l'esprit concentré sur le lieu et l'instant présent, car on ne peut pas bien faire deux choses à la fois. Il était conscient que s'il voulait faire quelque chose d'extraordinaire, il devait y mettre toute son attention. Son niveau de concentration était tel qu'il perdit la notion du temps et de l'espace. Son univers tout entier se concentrait sur ses mains. En cet instant précis, il n'y avait rien d'autre que lui et son bol.

Il savait que dans la simplicité réside la beauté, que l'extraordinaire n'exige ni ornements ni fioritures, que cela est simplement beau et harmonieux et, avec cette réflexion en tête, il émailla la pièce délicatement et méticuleusement. Il en résulta un bol austère. L'essentiel est beau. Le rustique inspire. L'authentique est fort. Pour Sokei, le bol était une projection de son âme, de sa vie, de sa créativité et de son esprit libéré. La texture du bol était un sentier pour l'histoire de ses mains, pour la spiritualité de sa vie et pour son amour pour la nature.

Chojiro lui prépara le four pour le moment clé du processus ; le plus complexe, mais également le plus beau. Sokei introduisit le bol dans le four. Peu à peu, la pièce changea de couleur sous l'effet de la température. Lorsque la pièce devint blanche, il l'agrippa fermement avec des pinces en fer et la plaça dans un récipient rempli de copeaux de bois. La fumée et les flammes de la combustion léchaient le bol de Sokei, se lovaient, formant et créant ainsi une nouvelle entité. L'émail de la pièce voulait elle aussi prendre part à cette danse essentielle et modificatrice, lui faisant ainsi offrande d'une délicate palette de couleurs aux formes et aux reflets imprévisibles. Sokei contemplait tout le processus avec l'espoir caché d'un être qui est le témoin direct de la naissance d'un élément unique et beau. Il avait du mal à contenir ses émotions.

Arriva le moment de retirer la pièce. Feu, terre et air avaient dessiné des formes changeantes et qui, fruit du hasard, procuraient clarté et obscurité à son bol. Après une si longue période, implication, patience, Sokei pouvait, enfin, voir le résultat de tout son labeur et de son amour. Il va sans dire qu'il était tellement sublime que Sokei ne put s'empêcher de s'en émouvoir. Des frissons glissèrent le long de son dos. Il sentit l'haleine froide de Buruburu, le fantôme de la peur, ce qui fit vaciller son corps tout entier et, en atteignant ses mains, cela fit tomber la belle pièce par terre qui se brisa en six morceaux.

Sokei laissa tomber les tenailles, s'agenouilla à côté de la pièce et demeura immobile avec un air d'incompréhension. Ses mains tremblaient, ses yeux pleuraient. La vie de sa création avait été si éphémère. Il sentit une main se poser doucement sur son épaule.

« Ne pleure pas, Sokei, lui dit Chojiro.

— Mais c'est ma vie, comment veux-tu que je ne pleure pas, répondit Sokei !

— Tu fais bien de mettre toute ta vie et ta passion dans cette pièce, mais la poterie est belle et fragile, comme la vie. La poterie et la vie peuvent se briser en mille morceaux, pourtant ce n'est pas pour cela que nous devons arrêter de vivre intensément la vie, de la façonner intensément et de lui confier tous nos désirs et tous nos rêves. Au lieu d'esquiver la vie, nous devons apprendre à nous reconstruire après une épreuve. Sokei ramasse les morceaux, le moment est venu de redonner vie à tes rêves. Recoller les morceaux est possible, et si tu agis ainsi, ne dissimule pas leur fragilité, étant donné que leur fragilité visible s'est mue en une résistance indubitable. Cher Sokei, le moment est venu, je me dois de t'expliquer une nouvelle technique, je me dois de t'expliquer l'art ancestral du kintsukuroi, je me dois de t'aider à reconstruire ta vie, tes rêves et ton œuvre. Va chercher l'or que je garde dans la boîte de l'étagère du haut. »

Kintsukuroi est l'art antique japonais de reconstruire ce qui a été détruit. Lorsqu'une pièce de poterie se brise, les maîtres kintsukuroi la réparent avec de l'or et laissent apparaître la reconstitution, puisque, pour eux, une pièce reconstituée symbolise tout autant la fragilité, la résistance et la beauté.

La poterie est fragile, forte et belle comme les gens. Comme la vie, elle peut se briser, mais elle peut également se reconstruire si vous savez vous y prendre.

Dans ce livre, je décris une méthode qui permet de reconstruire votre vie détruite, de guérir les blessures émotionnelles. Nous chercherons tout d'abord à comprendre le rôle que joue l'adversité dans notre vie, comment nous réagissons lors d'une épreuve et quelles conséquences elle engendre dans notre vie et notre santé. Dans la seconde partie du livre, j'expliquerai en quoi consiste l'art de reconstruire sa vie avec une méthode simple et efficace qui a vu le jour grâce aux apports de la psychologie, rigoureusement validés, et à mes vingt ans d'expérience et de travail avec des personnes qui ont dû reconstruire leur vie, cicatriser leurs blessures émotionnelles et embellir leurs cicatrices. Pour finir, dans la troisième partie, je fais part de plusieurs tranches de vie et d'histoires tirées de faits réels ; chacun des chapitres commence par une histoire, puis je donne les clés et les méthodes pour faire face à cette situation. Vous verrez que pour chacun des cas de figure expliqués, j'applique la méthode que nous aurons étudiée, détaillant le processus de façon très didactique afin que vous puissiez l'appliquer à votre histoire si vous en avez besoin.

Tout au long du livre, je raconte plusieurs situations auxquelles j'ai dû faire face dans mon parcours professionnel. Il s'agit de cas réels. Des cas qui sont tristement banals et fréquents. J'ai décidé de les rassembler et de les partager avec vous afin que, si un jour vous vous trouvez dans ce contexte, si vous vivez cette situation ou si vous voulez aider quelqu'un qui doit reconstruire sa vie, vous puissiez trouver ici un guide qui vous aide et vous inspire.

J'ai mis l'accent sur l'art de vous inculquer la bonne manière de faire. Il y a beaucoup de livres qui préconisent ce que vous devez faire et pourquoi, et il y a même des livres revigorants et motivants. Néanmoins, selon moi, nous avons besoin de plus de livres qui expliquent comment agir. Nous autres professionnels, qui détenons le savoir, avons souvent peur de partager cela. Ce n'est pas mon cas. Je me suis toujours dit que la psychologie doit sortir du cabinet, des amphis, se mettre au service des gens. Dans mon premier livre, *Fortaleza emocional (Résistance émotionnelle)*, j'élaborais un concept, une méthode et une manière que j'exposais aux lectrices et aux lecteurs. Dans *Kintsukuroi,* je vais plus loin encore en présentant des cas réels et des solutions réelles qui vont de pair, afin que le lecteur puisse œuvrer en toute autonomie.

L'objectif de la psychologie est de rendre les gens forts et heureux et de leur donner les outils pour surmonter les épreuves et, dans certains cas, tout ce dont nous avons besoin, c'est de savoir comment agir. Étant donné que nous ne pouvons pas toujours faire appel à un psychologue, j'ai fait en sorte que ce livre soit d'une aide pragmatique qui vous aide à surmonter les épreuves. Un livre qui vous aide à reconstruire votre vie de façon autonome, avec effectivité et rigueur comme maîtres-mots.

Dans *Kintsukuroi,* je vous aiderai à reconstruire différents états avec un triple objectif. En premier lieu, je veux que vous compreniez qu'il ne vous arrive rien de rare ou d'inhabituel. Parfois, nous nous stigmatisons – ou on nous stigmatise –, nous avons le sentiment d'être la brebis galeuse du troupeau et nous croyons que nous sommes coupables de ce qui nous arrive sans pouvoir surmonter cet état de fait. Ce n'est pas le cas. Tout au long de mon expérience professionnelle, j'ai eu affaire aux mêmes problèmes encore et encore. J'en ai isolé les facteurs communs et je les ai développés, analysés et expliqués. Ce qui est compréhensible peut être surmonté.

Il est possible qu'en lisant ce livre, vous retrouviez le cas d'un de vos proches. Si cela se produit, je vous encourage à l'appeler et à le lui dire, qu'à présent, vous êtes en mesure de mieux le comprendre. Partagez votre douleur, partagez sa douleur et partagez votre reconstruction, voilà le meilleur exemple à suivre.

Mon deuxième objectif, c'est faire comprendre aux personnes de votre entourage ce qui vous arrive et ce que vous ressentez. Parfois, les préjugés affluent et nous ne nous sentons pas capables de nous défendre, ni même d'expliquer ce qui nous arrive. Mais, c'est précisément lorsque nous sommes dans la tourmente que nous avons le plus besoin d'empathie, de compréhension, de soutien et de compassion. J'ai suivi de très nombreuses personnes, énormément. J'ai souffert avec elles. Je me suis réjoui de leurs réussites. Dans ce livre, j'explique exactement, de façon didactique et empathique, ce que vous êtes sans doute en train de ressentir et de vivre.

Pour terminer, mon troisième objectif est de vous fournir des outils pour mieux surmonter les épreuves et reconstruire votre vie comme un authentique maître kintsukuroi. Dès lors que vous aurez lu ce livre, vous serez plus fort et plus beau : vous serez capable de surmonter les épreuves, d'en tirer les leçons et prêt à affronter ce que la vie vous réserve, qu'il s'agisse d'enjeux, de problèmes ou d'échecs.

On parle beaucoup de résilience, ici, je tenterai d'aller plus loin et de vous procurer une méthode afin de reconstruire votre vie.

J'aimerais que vous lisiez *Kintsukuroi* sans hâte, et que vous savouriez ainsi chacun des concepts, chacune des histoires et chacun des remèdes que je partage avec vous. J'essaie de vous imaginer, de m'adresser directement à vous, j'essaie de vous parler et de vous écouter. Dialoguez avec le livre, dialoguez avec moi, faites-le petit à petit, pensez et savourez. Connectez-vous à *Kintsukuroi*, connectez-vous à moi, connectez-vous au *slow reading*.

J'ai écrit ce livre petit à petit, souvent dans la montagne, entouré de marmottes et de chamois. Je vous demande donc de le lire petit à petit. Vous pouvez le lire dans le métro ou à l'aéroport. Je vous encourage à trouver un lieu où vous serez à l'aise afin de pouvoir le savourer au maximum : un parc, allez à la plage ou à la montagne, allez marcher et mettez-vous en quête du silence dont vous avez besoin pour dialoguer avec moi et avec vous-même.

Dans ce livre, je vous aiderai à vivre intensément, à vous reconstruire vous et votre vie. Paraphrasant Chojiro, n'oubliez pas que la poterie, comme la vie, peuvent se briser en mille morceaux. Ce n'est pas pour autant que nous devons arrêter de la vivre intensément, de la façonner et de nous y projeter avec tous nos désirs et avec tous nos rêves. Au lieu d'« éviter » la vie, nous devons apprendre à nous reconstruire après une épreuve.

PREMIÈRE PARTIE

Raku-Yaki, l'art de l'essentiel

> *« Cher Sokei, l'essentiel c'est de vivre sa vie. » Les mots de Chojiro faisaient continuellement écho dans la tête de Sokei. « Sokei, vis intensément, façonne chaque pièce avec un amour infini, conscient que si la vie ou si une pièce se brise, tu pourras la reconstruire à nouveau. »*

L'essentiel, c'est de vivre sa vie. Oui, vivre, ce qui n'est pas pareil que survivre. Il y a une grande différence entre vivre et survivre. Lorsque nous vivons, tout est plus intense ; les couleurs sont plus brillantes, les baisers sont passionnés et le corps vibre à la moindre émotion. Vivre demande du courage, implique de prendre des décisions, de ne pas se satisfaire de son petit confort, de chercher le développement et la croissance de manière active. Lorsque nous vivons intensément, nous prenons plus de risques et nous devenons plus fragiles.

Vivre implique une résistance émotionnelle forte ; cela présuppose une démarche déterminée contre les pressions extérieures auxquelles nous faisons face. Dans le même temps, nous n'oublierons pas que, nous aussi, nous nous mettons la pression sans en être conscients. Souvent, nous sommes notre pire juge. Nous intériorisons les attentes d'autrui et nous les convertissons en pressions qui alourdissent l'âme et la vie. Notre propre accablement nous accable. Nous tirons des plans sur une comète inatteignable, nos rêves sont ceux que quelqu'un d'autre a voulu pour nous, chimères incompatibles avec la vie ; films que nous nous faisons tout seul dans notre coin.

Vivre intensément exige de la cohérence pour mieux prendre des décisions personnelles, à l'écart de celles que d'autres personnes ont prévues pour vous. En effet, vivre intensément est incompatible avec une façade, avec un masque ou avec une image sortie des désirs frustrés d'autrui.

Une vie intense est une vie authentique. Être différent est ce qui pourra vous arriver de mieux. N'essayez pas de ressembler aux autres. N'abandonnez pas et ne muselez pas cette idiosyncrasie qui vous est propre en vivant la vie d'autrui. Nous ne sommes pas là pour payer des factures et prendre du bon temps un mois par an seulement. Vous regorgez de qualités qui attendent d'être activées et mises en œuvre pour vous.

Vivre intensément est essentiel et nécessaire : notre bonheur et celui des êtres que nous aimons est en jeu. Parfois, vivre est dangereux car celui qui vit intensément peut se faire du mal. Nous savons tous que celui qui ne fait rien ne souffre pas. Ne vous proposez pas cette option par crainte de vous blesser ! Votre corps détient l'indispensable pour refermer les plaies, tout comme votre esprit et vos émotions. Oui, notre corps, notre esprit et nos émotions sont forts de ce que j'appelle *l'instinct de réparation*, qui est chargé d'assurer la guérison, malgré la douleur, de ce qui a été détruit. Si vous ne voulez pas souffrir, si vous ne voulez pas vous briser, continuez à survivre sans sortir de chez vous, ce lieu où tout est sous contrôle, ce lieu qui confère sécurité et confort ; mais vous devez savoir que votre corps est paré pour réparer la douleur, les blessures, la souffrance.

N'aspirez pas à une vie calme, sans souffrance ; ce serait vous résigner à survivre au lieu de vivre intensément. Au contraire, cherchez une vie active et riche, en sachant que vous êtes plus fort que n'importe quelle épreuve que vous pourriez subir, tout simplement parce qu'il est possible de reconstruire sa vie à tout moment. Le choix vous appartient : ou vous vous contentez de survivre, de subir le quotidien comme une routine, sans vous poser de questions, de ne pas aimer par crainte d'être blessé, de ne pas courir par crainte de vous fatiguer, de ne pas sauter par crainte de tomber, de ne pas vous baigner nu dans la mer par crainte que vos vêtements ne disparaissent, de ne pas prendre le temps de penser allongé au soleil au milieu d'une prairie, de ne pas embrasser la personne que vous aimez, de rester bien coiffé, de ne pas perdre votre calme… En somme, de ne pas enrichir votre quotidien d'une double dose de passion et de vitalité.

N'hypothéquez pas votre vie par crainte. N'arrêtez pas de vivre parce que vous avez peur de subir une épreuve. L'adversité n'est autre qu'un défi, alors entraînez-vous à la surmonter. Préparez-vous à sa venue éventuelle car, ne l'oubliez pas, l'essentiel, c'est de vivre. Sautez, courez, décoiffez la vie… Vivez intensément !

Permettez-moi de commencer par vous expliquer un concept très important, le concept de « perspective ». La vie est comme elle est, mais selon l'endroit où vous focaliserez votre attention, vous ne verrez pas la même chose.

Un exemple : je me souviens d'une excursion, il y a de nombreuses années, dans les Dolomites. J'ai pris la voiture avec l'idée de conduire toute la journée sans m'arrêter, puisque j'avais prévu d'arriver à destination avant la tombée de la nuit. Puis, j'ai décidé de faire une pause à Nice pour me baigner dans la mer, et ce détour m'a fait arriver nuitamment dans les Dolomites. J'ai campé dans l'obscurité, ne voyant rien d'autre que ce qu'éclairaient les phares de la voiture, et je me suis couché avec la sensation que cet endroit n'avait rien de plus que n'importe quelle autre vallée des Pyrénées, pourtant aux antipodes. Mais cette sensation s'est transformée le matin suivant au réveil. Ce que j'ai vu en sortant de la tente a été impressionnant et inoubliable. Les Dolomites, avec ses tons rougeâtres, illuminées par les premiers rayons de soleil, dominaient toute la vallée plongée dans l'ombre. Grâce à la lumière du soleil, j'ai pu gagner en perspective. Cette vue avait toujours été là ; pourtant, sans lumière, elle n'existait tout simplement pas. Que je ne voie pas les Dolomites ne signifiait pas qu'elles ne se trouvaient pas là, de la même façon que ne pas savoir ce dont vous êtes capable ne signifie pas que vous êtes dépourvu de qualités et de résistance. La question est donc la suivante : êtes-vous prêt à illuminer votre vie, à gagner en perspective et à adopter un nouveau point de vue sur l'adversité et vos capacités à la gérer ? Si la réponse est oui, continuons.

Vivre dans l'adversité et la douleur

Sokei était conscient que ce n'était pas la première pièce qu'il cassait. Et ce ne serait sans doute pas la dernière. Mais s'agissait-il de la plus précieuse, celle qu'il chérissait et qu'il aimait le plus ? Pourrait-il chérir une autre pièce à ce point ? Sokei avait peur de la peur de ne pouvoir supporter une autre déconvenue, un autre désenchantement, une nouvelle épreuve.

« Je crois que les gens ne comprennent pas en quoi consiste la vie », m'a soudain dit, de but en blanc, mon interlocuteur, un scientifique intelligent et sceptique qui me défiait dans une conversation profonde dans la salle d'attente des studios d'une chaîne de télévision.

Je dois reconnaître que j'avais en tête de profiter de ces quelques minutes pour me préparer à l'interview à laquelle j'étais convié, mais cela a été un plaisir d'abandonner mon plan et de discuter avec lui. Lorsque je rencontre un esprit brillant, j'aime l'explorer, renvoyer la balle et débattre ; je ne pouvais pas me permettre de perdre une si bonne occasion d'apprendre.

« Les gens ont des attentes irréalistes. Ils croient que la vie doit être merveilleuse ; en outre, ces attentes irréalistes sont présentées de façon irresponsable dans les ouvrages de développement personnel », a-t-il poursuivi.

Ça devenait intéressant. Je dois admettre qu'il n'avait pas tort, c'est vrai que l'on essaie de nous convaincre, encore et encore, de nous obliger au bonheur et de faire bombance, alors que s'il y a bien quelque chose que nous devons être avant tout, c'est être forts car la vie nous impose des défis constants que nous devons affronter quoi qu'il advienne. De plus, le bonheur est un état transitoire, il ne dure pas éternellement. Nous croyons manquer de quelque chose, nous pensons que nous avons besoin de ceci ou de cela pour être heureux ; nous voulons atteindre le nirvana en croyant que lorsqu'il sera atteint, nous serons heureux. Nous ne savons pas que le bonheur, à défaut de se trouver en un lieu précis, se trouve dans le voyage pour y accéder. Chaque montagne que nous gravissons, chaque rivière que nous passons à gué, chaque désert que nous traversons nous rendent plus forts, et conscients d'être plus forts, nous sommes plus confiants, mieux préparés et, quelques instants durant, plus heureux.

Souvent, le seul choix que nous avons, c'est d'être forts. Nous tous et chacun des milliards d'habitants de la planète Terre, à un moment ou un autre, nous devrons faire face à l'adversité, à la douleur, à la souffrance, à la tristesse ou à n'importe quel défi, problème ou calamité. C'est inévitable. Ainsi donc, puisque nous devrons affronter une épreuve, mieux vaut s'y préparer.

L'épreuve est un élément intrinsèque à la vie et, au lieu d'essayer de la nier ou de la fuir, nous devons la voir en face et la neutraliser, la gérer ou la surmonter. Je ne vais donc pas vous apprendre à être heureux, mais à être forts, à vivre dans l'adversité et à gérer les défis et les problèmes du quotidien et leurs conséquences.

Il y a peu, j'ai suivi une personne qui venait de perdre sa mère dans un accident de voiture. Elle était anéantie, littéralement détruite. Elle avait l'air perdu, était incapable d'avoir une discussion, ses yeux étaient rouges à force de pleurer et ses mains n'arrêtaient pas de trembler. Elle n'allait pas bien, pas bien du tout. Elle se sentait seule et désemparée, elle ne savait pas ce qu'elle devait faire. De plus, cela faisait des jours qu'elle errait chez elle en faisant les cent pas. Ma chère amie se confrontait à ce qu'il y a de plus dur et ce à quoi elle n'aurait jamais pu imaginer devoir affronter ! Elle s'y confrontait avec un grand handicap : jamais, lors de ses vingt-neuf années de vie, elle n'avait dû surmonter une quelconque épreuve. Sa mère et son père s'étaient chargés de lui tracer un chemin sans embûche, de faire de sa vie un rayon de soleil constant, de chasser les nuages menaçants et de lui procurer une vie paisible, confortable et sécurisée. Par amour, le plus profond qui soit, ses parents s'étaient mis en tête que cette démarche était ce qui pouvait lui arriver de mieux, sans se rendre compte, qu'en réalité, ils ne faisaient que lui nuire car, en ne lui donnant pas l'occasion d'apprendre à affronter la moindre épreuve, elle n'avait jamais pu mettre en pratique les aptitudes indispensables pour les surmonter.

La vie est dynamique et instable. Le changement fait partie de la vie, du monde et de l'existence. Ce qui était de rigueur hier ne l'est plus aujourd'hui. Le scénario auquel la vie nous a habitués enfants n'a rien à voir avec ce que nous trouvons en chemin quand nous devenons adultes. On ne peut pas contrôler ni prévoir la vie et lorsque nous essayons de le faire, la déception prend le dessus, nous construisons alors des réalités imaginaires qui s'effondrent avec le temps et nous plongent dans de grandes crises existentielles.

Les problèmes et les crises font partie prenante de la vie ; c'est inéluctable, mais la bonne nouvelle, c'est que nous pouvons apprendre à les gérer et les surmonter. Un échec, un bras cassé ou un chagrin d'amour sont des situations sur lesquelles nous devons travailler et apprendre. Une crise, un problème ou une épreuve, ce n'est rien d'autre qu'une difficulté qui doit être résolue. Nous devons avoir foi en cela et nous devons l'inculquer à nos enfants.

Nous vivons dans l'adversité au quotidien. De la même façon que nous apprenons à courir et sauter, à lire et écrire, à manger et à nous habiller, nous devrions apprendre à identifier et à gérer une épreuve ; c'est la seule façon de s'en sortir. Mieux encore, apprendre à gérer une épreuve s'apparente à une résistance émotionnelle si importante que, selon moi, cela devrait être enseigné de manière systématique à l'école, au même titre que les autres résistances émotionnelles. On ne nous enseigne pas que la vie peut nous imposer son lot de défis et de problèmes et que, d'une gestion appropriée, dépendent notre bonheur, notre santé mentale et physique. On nous fait croire que la vie doit être un chemin bordé de roses, alors qu'en réalité, cette idée est totalement irrationnelle et partiale.

La vie est un changement perpétuel, un changement de scénario constant, un défi continuel que nous ne pouvons, ni ne devons éviter. Un chemin avec des hauts et des bas. Elle est exigeante, incertaine, capricieuse et elle nous imposera un face à face avec la beauté et la douleur, avec la réussite et la frustration, avec l'amour et la déception. La vie est aussi belle que redoutable, elle nous récompensera et nous testera. Une épreuve n'est rien d'autre qu'un problème, une frustration ou un défi qui doit être géré. Êtes-vous prêts à vivre dans l'adversité ?

Pourquoi sommes-nous sensibles à la douleur ?

Pour se sentir vivant ! La douleur est nécessaire à la vie, elle a une fonction adaptative. Tous les êtres vivants doivent être capables de réagir face à une stimulation nocive, à un danger ou à une menace. La douleur est un mécanisme essentiel d'adaptation qui nous prévient au plus tôt de la présence d'un mal qui peut nous porter préjudice, nous attaquer ou nous blesser, que ce soit au niveau physique ou émotionnel.

Dès lors, quand nous ne tenons pas compte de la douleur émotionnelle que nous inflige un conjoint toxique, par exemple, nous faisons abstraction des appels de détresse que nous envoie notre corps. N'ignorez pas la douleur, surtout émotionnelle, car elle vous indique que vous devez faire quelques changements, prendre quelques décisions et passer à l'action.

Nous ne souffrons pas tous de la même façon

C'était le 26 décembre 2015, et nous rentrions à la maison de nuit, après avoir fêté Noël. Nous avons ouvert la porte du jardin et garé la voiture. À cet instant, j'ai vu apparaître Duna, notre chienne, un boxer de treize ans. Juste après est arrivé Vilu, le border collie de deux ans de ma fille, mais je n'ai vu pas Idéfix, le westie de quatre ans de ma compagne.

« Chérie, ouvre à Idéfix, il doit être sur le perron, dis-je à ma femme.

— Il n'est pas entré », me répondit-elle.

Idéfix n'était pas entré. Il gisait sans vie dans le coin où il avait l'habitude de prendre le soleil. Apparemment, il avait eu une crise cardiaque. Tout ce dont je me souviens à partir de ce moment-là, c'est d'un flot de tristesse et de pleurs. La mort d'Idéfix a-t-elle affecté toute la famille de la même façon ? Ma femme a-t-elle souffert plus que ma fille ? La douleur peut-elle être quantifiée ? Peut-on dire qui a souffert le plus ? Serait-ce celui ou celle qui a pleuré le plus fort ou celui ou celle qui a pleuré le plus longtemps ? Sans aucun doute, la mort d'Idéfix a eu un impact sur nous trois ; nous avons souffert tous les trois mais pas de la même façon. C'est difficile de mesurer l'impact d'une épreuve sur une personne et de la comparer avec celle d'une autre, puisqu'il y a un élément subjectif qui détermine la façon dont nous appréhendons l'épreuve et l'impact que nous croyons qu'elle a sur notre vie. Peut-être qu'ici se trouve la clé, dans le mot « croyons ».

Et, à présent, je me pose la question suivante : la mort de Duna me fera-t-elle souffrir davantage ? Ou est-il probable que je sois mieux préparé pour y faire face ? Duna est une vieille chienne maintenant. Avec elle, nous avons parcouru la moitié de l'Europe. Il y a des photos d'elle à côté de la Petite Sirène de Copenhague, à l'Atomium de Bruxelles et devant la tour Eiffel. Elle a couru dans les Pyrénées, dans les Alpes et dans une quantité de chaînes européennes, elle s'est baignée dans les fjords norvégiens et dans tous les lacs que nous avons croisés entre Bergen et Cadix. Elle a voyagé en bateau, en train et en car… et même en téléphérique. Elle s'est fait des amis dans la moitié du monde et elle a fait fondre de nombreux cœurs grâce à sa candeur. Je peux affirmer que Duna a vécu intensément quelques années de plus de ce qui est attendu chez un boxer. Aujourd'hui encore, elle prend plaisir à courir dans le parc naturel du Cadí où elle explore des pistes et se baigne dans la première rivière ou le premier lac qu'elle croise. Duna court à mes côtés, pratiquement en me touchant. Elle est aveugle et sourde, mais elle ne laisse passer aucune occasion d'aller à la montagne pour courir et sauter.

La mort attendue de Duna me fera-t-elle souffrir davantage que la mort inattendue d'Idéfix ? Eh bien, je n'en sais rien. Je ne peux pas le prévoir ; je ne peux même pas l'imaginer. Ma femme souffrira-t-elle davantage de la mort d'Idéfix que de celle de Duna ? Quoi qu'il en soit, que signifie « souffrir davantage » ? Comment pouvons-nous quantifier la douleur ? Existe-t-il une échelle pour la mesurer ? La douleur morale est quelque chose de subjectif dont l'évaluation peut varier énormément. Il est possible qu'une personne, face à la même situation, ressente une intensité de douleur différente. Réfléchissez bien. Essayez de vous remémorer cette rage de dents… Cherchez dans vos souvenirs une douleur à l'estomac, un mal de tête ou des douleurs menstruelles. Maintenant, essayez d'analyser si vous avez toujours mal à la tête avec la même intensité, si tous les mois vos ovaires vous font mal de la même façon, si chaque douleur d'estomac ou une rage de dents est identique à la précédente. Vous verrez qu'en fonction de différents facteurs, l'intensité de la douleur peut varier. Et si pour la même personne la même douleur peut s'exprimer de manière différente en des périodes différentes, vous imaginez ce qu'il en est pour plusieurs personnes. Pour l'heure, nous ne disposons pas d'une mesure fiable et universelle pour quantifier la douleur ; ainsi donc et en attendant, nous ne pouvons que nous guider avec les estimations subjectives de la douleur, en sachant que celles-ci peuvent être affectées par notre état psychique, notre fatigue ou notre capacité à gérer la douleur.

Physiologie de la douleur

La douleur commence par l'activation d'un genre spécial de récepteurs appelés « nocicepteurs », spécialisés dans la détection de la douleur. Ils sont capables de différencier les stimulations inoffensives des stimulations nocives. Lorsqu'ils sont activés, ils envoient des signaux au cerveau au travers de la moelle épinière, et provoquent, à leur tour, le réflexe d'évitement, qui permet de tenir la partie qui se trouve être blessée à l'écart de la source de la douleur. Lorsque l'information arrive au cerveau, les nocicepteurs activent la perception sensorielle de la douleur, cela aussi, secondairement, implique habituellement des états psychiques comme la tristesse ou l'anxiété.

N'oubliez pas que le cerveau est comme une espèce de centre de la réalité tangible, mais également de la réalité virtuelle, de telle façon que nous pouvons ressentir de la douleur, alors qu'aucun élément physique n'active les sentinelles de la douleur, les nocicepteurs.

La douleur est un processus physiologique adaptatif hautement complexe que la nature et l'évolution ont conçu et perfectionné afin de nous permettre de rester en vie. Mais parfois, des choses qui n'ont jamais eu lieu et n'auront jamais lieu peuvent nous faire souffrir.

La douleur est une chose, l'expression de la souffrance en est une autre

Parfois, nous confondons les deux choses. Je vais vous faire part d'un exemple réel qui m'est arrivé. Alors que j'étais encore un jeune homme, je donnais un cours de communication lorsque quelque chose de très intéressant s'est produit. Soudain, en plein cours, une personne s'est levée, s'est mis à marcher en rond et à parler à voix haute, interrompant totalement le cours, puis nous a informés qu'elle avait un rhume carabiné et qu'elle passait un sale moment. Elle n'arrêtait pas de se plaindre encore et encore pendant tout le cours. Elle se plaignait de maux de tête, d'un nez bouché, d'un mal de gorge et de la lourdeur de ses paupières. Je ne sais pas vraiment à quel point elle avait mal, mais aucun d'entre nous n'avait le moindre doute qu'il s'agissait du pire rhume de sa vie.

Sur sa droite, à quelques chaises de là, se trouvait une personne qui, manifestement, subissait une douleur aiguë à épisodes réguliers. Soudain, elle se déconnectait du cours, mettait la main sur son visage et fermait les yeux. Une dent lui faisait sûrement mal. Je ne le saurai jamais. Elle ne se plaignait pas. Elle ne faisait pas de tapage. Elle ne s'en est expliqué à personne. C'est sûr, après avoir analysé son comportement et l'expression de son visage, qu'elle avait très mal. Néanmoins, au vu des gens, qui souffrait le plus ?

La personne qui se plaignait le plus ou la personne qui essayait de gérer sa douleur discrètement ?

Souvent, nous sommes incapables de contrôler la douleur. Par contre, nous pouvons contrôler l'expression de la souffrance. En fonction de l'expression que nous adoptons, nous communiquons et partageons la douleur en impliquant les personnes autour de nous. Agir ainsi est normal, c'est même bien, puisqu'en partageant la douleur, nous éveillons l'empathie de ceux qui peuvent nous aider à l'atténuer. Si nous essayons de nous faire une idée du niveau de souffrance d'une personne par son expression, il est très probable que nous nous trompions. La douleur partagée ne fait pas moins mal. La douleur silencieuse n'a aucune raison de faire mal outre mesure. Ce qui est sûr, c'est que nous en savons peu, trop peu sur la façon dont la vie fait mal à une personne.

Lorsque la douleur devient perverse

Certaines personnes ont besoin d'être constamment au centre de l'attention et pour y parvenir, elles n'hésitent pas à adopter l'une des stratégies les plus anciennes qui existent : simuler la douleur. Nous voyons cela partout. Chez la personne qui nous demande de l'argent dans le métro, chez le footballeur qui se jette par terre et se tord de douleur, chez l'enfant qui sait qu'il va se faire gronder par ses parents, chez le conjoint qui n'a pas envie de faire l'amour parce qu'il ne se sent pas très bien, et c'est la même chose dans de nombreuses autres situations quotidiennes.

La victimisation se base sur l'expression d'une douleur, souvent feinte, qui exige d'être prise en compte. La victime réclame une contrepartie à la personne qu'elle a à ses côtés comme monnaie d'échange face à tant de souffrance. C'est un comportement fréquent, sans aucun doute, mais qui n'en est pas moins toxique ou cruel, étant donné que, si vous y réfléchissez bien, en réalité, la victime joue avec les émotions et les préoccupations des personnes qui l'entourent.

Quand un être cher éprouve de la douleur, nous souffrons avec lui, nous pleurons avec lui et nous souffrons de sa souffrance. Sans nous en rendre compte, nos neurones miroirs et notre capacité à l'empathie provoquent en nous de la douleur. Littéralement. Oui, vous avez bien lu. L'intensité est sans doute moindre que celle de la personne qui souffre. Sans doute est-elle différente... Sans doute est-elle partielle mais, quoi qu'il en soit, elle existe.

N'oubliez pas...

- Ne cherchez pas à être heureux, cherchez plutôt à être forts.
- Assumez-le : nous vivons dans l'adversité. Ne l'évitez donc pas, ne l'ignorez pas, ne la niez pas.

- Nous devons nous entraîner pour mieux conditionner nos capacités de confrontation et de reconstruction face à une épreuve.
- Si vous transformez l'épreuve en défi, il vous sera plus facile de l'appréhender et de la gérer.
- Nous ne souffrons pas tous de la même façon.
- Celui qui pleure le plus n'est pas celui qui souffre le plus ; ne confondez pas la douleur avec l'expression de la douleur.

Qu'est-ce qui nous fait mal ?

Sokei ne savait pas si c'était la déception, la tristesse ou la désillusion qui lui faisait le plus de mal. Il sentait le poids de la culpabilité sur ses épaules. Pourquoi a-t-il fallu qu'il ouvre les pinces qui maintenaient son bol ?

Dans toutes les professions, dont la psychologie, vous rencontrerez deux types de professionnels que vous reconnaîtrez facilement par la façon dont ils affrontent les problèmes (ou les cas, si nous parlons de psychologues).

Imaginons que l'un de vos pneus de voiture ait crevé et que vous alliez chez le garagiste. Le « professionnel type 1 » (je dois avouer que j'adore cet euphémisme, neutre et élégant, que j'utilise pour éviter de l'appeler « irresponsable démotivé ») se contentera de changer le pneu. Vous rencontrerez partout ces professionnels de type 1 : le docteur qui vous prescrit un antiacide pour une douleur à l'estomac, le nutritionniste qui se contente de photocopier le régime à la mode, le vendeur qui vous montre seulement ce qu'il a sous la main et le psychologue qui se contente de vous dire que vous vous fourvoyez, qui pense que ce qui vous arrive n'a rien de grave et qu'il y a des gens qui sont dans un état bien pire que le vôtre. Mais, bien heureusement, il existe également les « professionnels de type 2 », ceux qui se passionnent pour leur métier, qui se forment, qui sont curieux, sur le qui-vive, et qui traitent leurs clients avec le respect, le professionnalisme et l'amour qui vont de soi.

Les professionnels de type 1 vont travailler en espérant que les heures passeront sans trop de problèmes, alors que ceux de type 2 adorent accueillir leurs clients sans exception. Un professionnel de type 2 s'interrogera sur le pourquoi de ce qui vous arrive. Le garagiste vérifiera la suspension de la voiture et trouvera un dysfonctionnement qui provoque une usure anormale du pneu. Le docteur analysera l'origine de cette douleur d'estomac et découvrira que vous avez une maladie cœliaque. Le nutritionniste analysera le motif de votre surpoids et vous proposera un régime adéquat, suivant votre métabolisme et vos fonctions endocriniennes. Le vendeur analysera votre morphologie et sélectionnera les vêtements qui vous mettront en valeur. Et le psychologue, un bon psychologue, analysera l'origine de votre souffrance.

Ce qui est vrai, c'est que nous souffrons pour de nombreuses raisons et, en fonction de l'origine de cette souffrance, nous devrons effectuer telle ou telle démarche pour la traiter de la bonne façon. Mais allons-y par étapes, identifions tout d'abord les différentes origines et causes de la souffrance.

Une épreuve, ça fait mal

La douleur émotionnelle prend racine dans l'épreuve. Tous les jours, nous nous confrontons à beaucoup d'épreuves. Une épreuve est une situation peu favorable, voire contraire à nos intérêts. C'est une contrariété, un malheur ou un revers. Nous souhaitons avoir une vie paisible sans savoir qu'une épreuve est, non seulement un élément naturel, mais qu'elle est nécessaire à un développement psychosocial sain.

La douleur bien gérée nous permet d'apprendre et de grandir, littéralement. Souvent, nous essayons de la cacher avec des médicaments ou en se fourvoyant et en la camouflant, nous ne nous donnons pas la possibilité de faire face au problème, d'y remédier, de grandir et de nous sentir plus forts et confiants. Arrêtez d'essayer de vous convaincre que ce qui vous arrive n'est pas si grave, qu'il y a des gens qui sont dans un état bien pire que vous. Acceptez l'idée qu'une épreuve est consubstantielle à la vie ; c'est une occasion de grandir et de gagner en confiance. Il n'y a aucune raison pour qu'une épreuve soit mauvaise si nous la transformons en un défi à surmonter.

La frustration, ça fait mal

La douleur émotionnelle prend racine également dans la frustration que nous éprouvons lorsque nos attentes ne se réalisent pas. Mais qu'attendons-nous de la vie ? De quelle façon se déroulera-t-elle, d'après nous ? Nous avons des attentes incertaines et bancales. Nous nous fixons des objectifs qui, la plupart du temps, ne sont pas réalistes, se traduisent par de la souffrance et par rien d'autre.

Une attente irréaliste ne se réalisera jamais. Vous vous dites sans doute qu'un jour quelqu'un fera quelque chose pour vous. Je ne vais pas balayer d'un revers de main vos illusions ; pourtant, je vous encourage, dans cette période où ce que vous attendez demeure lettre morte, à ce que vous vous consacriez à vous rendre service et à revoir les attentes qui sont les vôtres concernant l'avenir, les gens et le monde.

Les autres aussi fixent des attentes sur nous que nous intériorisons et faisons nôtres. Ils nous disent comment nous devons être, ce que nous pouvons espérer et quand nous devons réussir, et nous croyons en cela. Nous nous faisons une idée du monde et de la vie à partir de bribes de réalité, d'annonces publicitaires, de citations célèbres, de maximes lues sur les réseaux sociaux, de litanies reproduites inlassablement et d'illusions, de peurs et de désirs. Et cette idée du monde, cette image fabriquée, nous y croyons dur comme fer, nous confondons le réel avec le désir ; il va de soi que les désirs que nous prenons pour des réalités ne se réalisent jamais. Et puisqu'ils ne se réalisent pas, nous souffrons. C'est une souffrance gratuite dont nous pourrions nous passer.

Dans la troisième partie du livre, je vous donnerai plusieurs exemples qui vous permettront de reconstruire ce qui a été détruit. Mais d'ici là, mon meilleur conseil, c'est que vous appreniez à vous fixer des attentes réalistes, que vous réinterprétiez celles que vous avez et que vous les réajustiez en tenant compte de la réalité.

Qu'attendez-vous ?

Je me permets de partager avec vous un exemple personnel. En novembre 2015, on m'avait invité à courir la Transvulcania, une prestigieuse course de montagne qui traverse la belle île de La Palma (îles Canaries) du sud au nord, avec l'ascension de tous ses volcans. La course avait lieu le 7 mai 2016 sur un parcours de 78 kilomètres et sur plus de 8 400 mètres de dénivelé cumulé.

En arrivant sur l'île, j'étais logé dans le même hôtel que l'élite des coureurs, où le sujet de conversation portait sur le temps que nous prévoyions pour la course. Il y a vingt ans, j'aurais sûrement mis dix heures pour en arriver à bout. Mais à cette période, vu que je ne m'étais pas beaucoup entraîné, si aucun problème physique ne s'invitait (quelque chose de peu probable), j'aurais pu la terminer en une douzaine d'heures avec beaucoup d'efforts. Au bout du compte, j'ai mis quinze heures, ce qui était le temps que j'avais pronostiqué à tous ceux qui me l'avaient demandé. D'où est sortie cette attente ? De la réalité. La réalité, c'est que je ne m'étais pas assez entraîné ; je n'avais pas eu beaucoup de temps pour m'y consacrer. La réalité, c'est que j'ai quelques kilos en plus qu'il y a vingt ans, que je suis en moins bonne condition physique et que ma motivation pour ce qui est aimer souffrir a beaucoup changé aussi. Ainsi donc, après cette analyse de la réalité, j'ai considéré que parcourir 5 km à l'heure était un rythme acceptable que je pouvais tenir pendant longtemps. Je me suis fixé un rythme de passage à chaque contrôle pour avoir une référence et je me suis lancé dans la course.

La réalité, c'est que je me suis trouvé en pleine forme et que le rythme que j'ai tenu était supérieur à mes attentes, surtout dans les montées. Si j'étais capable de le tenir, je pourrais finir la course en treize heures environ sans souffrir le moins du monde. Mais tout à coup, un petit problème physique est survenu, quelque chose qui pouvait arriver, j'en étais bien conscient. Plus tard, l'accumulation de kilomètres s'est mise à fragiliser mes articulations, en plus de mon manque d'entraînement et d'habitude aussi. J'ai réussi à garder un bon rythme dans les montées puisque j'allais bien au niveau musculaire, mais dans les descentes je ne pouvais pas courir. À la fin de la course, j'ai fixé le rythme à 5 km à l'heure. Que s'est-il passé ? Ai-je été frustré quand j'ai dû baisser le rythme ? Absolument pas. Mon attente des plus réalistes m'a fait comprendre qu'il se passait ce que j'avais prévu. Il n'y a pas eu de frustration, il n'y a pas eu de douleur, il n'y a pas eu de souffrance, il n'y a pas eu de dosage de la réalité. Il s'est passé ce qui devait se passer. Sans aigreur ni déception. Mais que serait-il arrivé si mon attente avait été de terminer la course en douze heures ? Eh bien, il y aurait eu de la frustration, de la douleur et très probablement un abandon. Dans le cas de la Transvulcania, comme dans la vie, une attente ajustée fait la différence entre continuer et abandonner, entre se réjouir et souffrir, entre construire et détruire. Contextualisez vos attentes dans la réalité au lieu de les ajuster à vos désirs. Dès lors, vous vous épargnerez beaucoup de souffrance et de douleur.

Le désenchantement, ça fait mal

La douleur émotionnelle peut également prendre racine dans la désillusion. Souvent, nous ne voyons pas la réalité telle qu'elle est mais comme nous voudrions qu'elle soit. Les gens sont comme ils sont, pas comme vous vous voudriez qu'ils soient. La vie est comme elle est, pas comme vous voudriez qu'elle soit. Les choses sont comme elles sont, mais, souvent, nous ne voulons pas les voir dans leur réalité et nous en créons une image totalement déformée.

Nous nous fourvoyons à ce qui a trait à notre conjoint, à notre mariage, à notre travail, à notre voiture, à nos décisions, à nos désirs, à nos enfants et à notre avenir. Nous préférons nous dire que les choses vont bien et que les problèmes se régleront tout seuls comme par magie. Nous hypothéquons notre vie pour un bonheur tronqué, nous ne voulons pas voir les problèmes, nous les dissimulons sous une bonne couche de fourvoiement. Lorsque la réalité nous lance ses avertissements sous forme d'anxiété, de désarroi ou de tristesse ; au lieu d'analyser ce qui nous arrive, nous cherchons quelque chose qui nous en éloigne.

Mais la réalité insiste et son visage véridique revient à la charge, et nous nous fourvoyons sans vouloir admettre l'évidence. Le décor dans lequel nous vivons commence à se disloquer et, au même moment, nous faisons tout notre possible pour nous fourvoyer encore plus. Et cette contre-vérité, nous l'usons jusqu'à la corde, jusqu'à son disloquement total, jusqu'à ce que la scène s'effondre sous nos pieds, jusqu'à ce que le film que nous nous faisons prenne fin. Et quand cela arrive, la douleur et de souffrance n'en sont que plus vives.

Pourquoi nous fourvoyons-nous ?

Parfois, nous vivons dans un film dont le scénario est le nôtre et dans lequel l'intrigue n'est autre qu'une histoire de fourvoiement plus ou moins délibéré ou conscient. Lorsque nous n'aimons pas ce que nous voyons, nous pouvons faire trois choses : l'accepter, le modifier ou nous fourvoyer. Accepter ou modifier la réalité demande un effort de volonté important et une dose élevée de maturité et de responsabilité, alors que se faire un film et vivre dans l'affabulation est beaucoup plus simple. C'est pour cette raison que de nombreuses personnes vivent dans un mensonge, dans une espèce de conte, dans une fable sans fin heureuse. Car il se trouve, en effet, que tout conte, toute contre-vérité, toute fable a une fin, malgré notre tentative de la repousser, et lorsque c'est la fin de l'histoire, cela laisse toujours une traînée de douleur et de souffrance sur leur passage.

La désillusion, c'est la connaissance de la vérité qui met à bas une erreur ou une affabulation. Et même si connaître la vérité nous libère, cela nous fait mal aussi lorsque nous sommes à l'origine du fourvoiement. Prendre un bain de réalité fait mal ; pourtant, cela vous donnera une bonne base pour commencer à construire un édifice solide et stable qui vous permettra d'être heureux, beaucoup plus heureux qu'en vivant dans le mensonge.

Souvenez-vous, le fourvoiement, se complaire dans la contre-vérité ne procure qu'un bonheur tronqué. De plus, ce bonheur se concentre surtout sur le court terme. Vivre dans le fourvoiement n'est pas un choix judicieux.

Le changement, ça fait mal

Nous avons du mal avec le changement car nous partons d'une idée fausse. Nous cherchons la stabilité, croyant qu'elle nous apportera confiance et bonheur, alors que la vie est instable, en mutation constante. Nous essayons de contrôler l'incontrôlable, nous voulons mettre un frein aux changements, nous essayons de construire des garde-fous qui nous protègent de l'incontrôlable et, en chemin, nous payons la note : nous gaspillons notre énergie, nous perdons confiance et nous nous affaiblissons. C'est pour cela que tant que nous n'acceptons pas que la vie soit synonyme de changement – c'est la seule chose qui soit stable, la seule chose sur laquelle nous pouvons construire une vie saine –, nous ne pourrons pas nous sentir forts et confiants.

La vie, c'est le changement et une personne heureuse est une personne qui l'accepte et se prépare à gérer cela. Que la vie soit le changement est une bonne nouvelle, puisque tout peut changer, que nous pouvons voir le bout du tunnel, même lors du pire des malheurs, si nous travaillons dans le bon sens.

En définitive, apprendre à gérer les changements n'est pas si compliqué. Mieux encore, en de nombreuses occasions, nous croyons qu'un changement sera pour le pire, alors, qu'en réalité, nous ne savons pas quelle en sera l'évolution. Nous sommes trop hâtifs dans nos conclusions premières, nous ne voulons rien entendre et nous perdons la possibilité de profiter des conséquences positives du changement.

Les types de changements

Il existe trois types de changements : pour le mieux, pour le pire, ou de nature incertaine. Lorsque nous changeons une vieille voiture pour une nouvelle, le changement est pour le mieux, sans aucun doute. Lorsque nous quittons une nouvelle maison pour emménager dans une vieille maison vétuste, c'est un changement pour le pire, c'est certain. Mais il existe de nombreux changements qui sont de nature incertaine, à l'évolution positive ou négative, ce en fonction de la façon dont nous les gérons. Changer de travail, de conjoint ou de lieu de résidence n'a pas de raison d'être négatif ; pourtant, si nous le vivons mal, nous laisserons libre cours à nos pires cauchemars qui, dès lors, deviendront réalité.

Il est vrai que nous réagissons mal face à un changement inattendu, ce qui nous fait endurer, dans de nombreux cas, une souffrance soudaine, mais pas moins douloureuse. De la même manière, parfois, nous souffrons de façon anticipée à cause d'un changement à venir, attendu ou anticipé ; ce qui veut dire que nous souffrons, parfois, pour des choses qui, d'après nous, arriveront après le changement, même s'il est probable qu'elles n'aient jamais lieu.

Nous souffrons de nos jugements et de nos pensées

Il ne fait aucun doute que notre esprit est notre meilleur allié pour vivre pleinement et être heureux. Nous avons la capacité de penser, ce qui est une grande réussite évolutive ; même si, en général, nous pensons peu et mal et que nous gaspillons une grande partie de notre potentiel.

J'ai entendu dire plus d'une fois que penser, c'est épuisant et que ça ne conduit nulle part. En entendant ce genre d'allégation, j'ai pour habitude de demander à mon interlocuteur si ce à quoi il fait référence, c'est penser ou se préoccuper, car ce n'est pas pareil. Nous avons tendance à passer beaucoup de temps à nous préoccuper et à cogiter sur un sujet sans rien en tirer de très clair, comme un hamster dans sa roue ; pourtant, cela n'a rien à voir avec penser. La pensée, la bonne pensée, est productive, créative ou pratique. C'est cela penser bien, et peu de personnes savent le faire. Pourtant, contrairement à ce qu'on pourrait croire, apprendre à penser est quelque chose de simple qui ne demande que de la pratique.

Quand nous parlons de penser bien, il est nécessaire de commenter le rôle que joue la distorsion dont nous faisons souvent usage quand nous analysons la réalité, ce qui nous conduit directement à la souffrance : confondre la possibilité avec la probabilité. Cela a lieu lorsque nous croyons que tout peut arriver, sans nous rendre compte que le plus important, c'est la probabilité. Il y a un exemple qui l'illustre bien : le loto. Il est possible de gagner au loto, bien entendu. Pour autant, il ne s'agit pas de savoir si nous pouvons gagner ou non, mais quelle en est la probabilité ? Ce qui est sûr, c'est que la probabilité est très réduite et même si vous passez votre temps à acheter des tickets pour augmenter cette probabilité, ne vous faites pas d'illusions car elle continuera d'être minime. La possibilité continue d'exister, c'est vrai. Vous pouvez continuer de rêver, dans l'attente du possible. Mais si vous voulez être heureux, arrêtez d'espérer qu'un miracle arrive et mettez-vous à travailler pour atteindre vos buts.

Comme vous avez pu le constater, quand nous ne pensons pas ou lorsque nous pensons mal, nous pouvons en souffrir beaucoup. Nos jugements sont partiaux et précipités en général, ce qui nous conduit à créer une vision imaginaire de la réalité ; ce qui nous amène tout droit à la douleur. Apprenez à penser bien et vous serez heureux.

Nous souffrons de ce qui est la réalité même

Parfois, la vie fait mal, nous ne pouvons pas l'éviter. Nous essayons de vivre dans un conte de fées, mais ce n'est pas possible, c'est une idée absurde. Lorsqu'un être cher meurt, lorsqu'on nous annonce une maladie, lorsque nous voyons souffrir un enfant, lorsque nous voyons un enfant pleurer, tous les jours, plusieurs fois par jour, nous nous retrouvons face au visage le plus cruel de la vie.

Cela étant dit, nous pouvons contrôler une partie de cette souffrance si nous sommes capables d'analyser la vie, de prendre les décisions appropriées, de nous motiver, de reconnaître l'état émotionnel d'une autre personne, de générer de l'espoir ou de gérer les conflits. La vie sera alors beaucoup plus épanouie et agréable. Pour ce faire, il s'agit d'activer vos résistances émotionnelles pour mieux affronter chacune des choses qui nous arrive, car nous ne pouvons pas les changer. Donc, nous pouvons apprendre à les gérer afin de minimiser leur impact. Comme disait Marc Aurèle : « Que la force me soit donnée de supporter ce qui ne peut être changé et le courage de changer ce qui peut l'être mais aussi la sagesse de distinguer l'un de l'autre. » Je vous encourage donc à travailler et à développer chacune des différentes résistances qui font partie du concept de résistance émotionnelle.

La résistance émotionnelle

La résistance émotionnelle facilite et protège le bonheur et le bien-être. Chacune des 19 résistances répond à une technique, à une stratégie ou à une ressource qui va vous aider à trouver vos objectifs et à vivre dans la plénitude.

- Intégrez les émotions à votre vie.
- Interprétez de façon appropriée un état émotionnel.
- Nommez vos émotions.
- Apprenez à identifier l'état émotionnel des personnes qui vous entourent.
- Gérez l'expression de vos émotions.
- Persévérez dans l'atteinte de vos objectifs.
- Gérez l'épreuve.
- Renforcez votre estime de soi.
- Ne soyez pas dépendant de la motivation d'autrui.
- Gagnez en responsabilité.
- Optez pour une attitude positive.
- Choisissez votre propre chemin.

- Cherchez des relations de qualité.
- Développez vos capacités à mieux communiquer.
- Coopérez avec d'autres personnes, développez la compassion.
- Gérez les conflits.
- Fixez-vous des objectifs et prenez les bonnes décisions en connaissance de cause.
- Demandez de l'aide si besoin est.
- Profitez des opportunités que vous offre la vie.

Nous souffrons de notre imagination et de nos peurs

La souffrance peut être le fruit de notre imagination. Nous imaginons des catastrophes et des problèmes qui n'auront jamais lieu et, pourtant, nous en souffrons. Nous souffrons de ce qui peut arriver à nos enfants. Notre esprit s'emballe et anticipe des milliers de maladies, des milliers d'accidents, des milliers de problèmes. Le futur, empreint de peur, nous fait mal, nous fait très mal. Tout ce qui ne nous est pas arrivé nous fait mal, ce qui doit advenir nous fait mal, quelque chose qui n'a pas encore eu lieu, quelque chose d'irréel nous fait mal. Bien que ces scénarios soient des projections fictives, cette inquiétante douleur que nous ressentons est bien réelle. Et cette perception qui est le fruit de notre imagination, une « issue probable » ébranle notre organisme, le stresse et l'altère, le déstabilise et le fait souffrir exactement de la même manière que le ferait une douleur réelle.

Prenez le temps d'analyser avec moi l'effet de distorsion que provoquent la peur et le désir dans les processus de pensée. Il nous coûte beaucoup de voir la réalité telle quelle est, et nous avons coutume de la pimenter en l'agrémentant de désirs. Je me souviens qu'un jour ma fille, de retour d'une nouvelle école, m'expliquait dans la voiture combien ça s'était bien passé. Elle me racontait qu'une fille lui avait dit qu'elle était très contente qu'elle aille à présent dans cette école, qu'elle avait adoré jouer avec elle et qu'elles seraient les meilleures amies du monde. Lorsque je lui ai demandé si ce qu'elle me disait avait eu lieu ou si c'était ce qu'elle aurait bien voulu entendre, la réponse a été claire : ma fille venait de mélanger la réalité avec son désir. Elle ne l'a pas fait consciemment, elle ne voulait pas se fourvoyer ni me fourvoyer, elle a simplement enjolivé la réalité.

Si nous réfléchissons au contexte, nous comprenons que ma fille venait d'entrer dans une nouvelle école et qu'elle avait sans doute peur de ne pas avoir d'amies, de se sentir rejetée ou de se retrouver seule.

D'un autre côté, lorsque nous mélangeons peur et réalité, nous nous bridons. La peur nous paralyse puisqu'elle nous pousse à anticiper des choses qui ne verront sans doute jamais le jour. La peur est mauvaise conseillère, et il est très important que nous apprenions à l'identifier lorsqu'elle nous joue un mauvais tour. Si je n'avais pas géré la peur d'écrire un livre, de faire quelque chose de nouveau que je n'avais jamais fait, cet été 2014, je ne serais pas là aujourd'hui à écrire mon deuxième livre. Avoir peur est naturel, laisser la peur vous coller aux basques ne l'est pas.

Nous souffrons avant l'heure

Il existe une douleur qui est de l'ordre de l'anticipation, que quelque chose va arriver, nous en sommes persuadés, même si cela ne s'est pas encore produit. Nous souffrons beaucoup de choses qui n'ont pas encore eu lieu. Nous anticipons à tout bout de champ la douleur d'un rendez-vous chez le dentiste ou la douleur d'une opération à venir. Nous passons plusieurs mois à souffrir de la douleur d'un accouchement. La mort d'un être cher nous fait mal plusieurs mois avant que la maladie ne l'arrache à la vie. Des choses qui ne font pas encore mal nous font mal quand même, de telle sorte que lorsque la douleur réelle survient, notre esprit et notre organisme sont déjà à bout.

Notre organisme est sage, nous l'avons déjà vu. Notre corps et notre esprit ressentent le besoin de réparer les dommages détectés. Lorsque nous ressentons de la douleur, un système de réparation avec l'objectif de récupérer l'équilibre perdu se met en marche. Pourtant, nous devons prendre garde qu'il ne nous arrive pas la même chose que dans le conte de *Pierre et le Loup*. Il a prévenu à maintes reprises que le loup arrivait mais ce n'était jamais vrai et lorsque cela a été le cas, personne ne l'a cru. Si nous activons le mécanisme d'alerte face à la douleur avant l'heure, lorsque nous en aurons le plus besoin, à ce moment précis, nous n'aurons plus l'énergie pour y faire face.

L'origine de la douleur émotionnelle

- Épreuve.
- Frustration.
- Désenchantement.
- Changement inattendu.
- Discernements et pensées.
- Réalité.
- Imagination.
- Peur.
- Anticipation.

Comme vous aurez pu le constater, tout au long du chapitre, la souffrance et l'épreuve sont des éléments consubstantiels à la vie. Dans ce chapitre, j'ai analysé les différentes sources de douleur et de souffrance avec lesquelles nous devons batailler au quotidien. Nous avons vu que nous pouvons en maîtriser certaines et d'autres non.

Je vous encourage à faire un exercice. Je vous propose d'analyser la douleur que vous ressentez et d'essayer d'identifier son origine. Ne repoussez pas cela à demain. Ne tournez pas la page. Ne commencez pas un nouveau chapitre. Prenez simplement un carnet et un stylo, cherchez un endroit tranquille et réfléchissez. Passez à l'action car si vous ne faites rien, personne ne le fera à votre place.

N'OUBLIEZ PAS...

- La douleur bien gérée nous permet de grandir.
- Grâce à la douleur, nous pouvons prévoir et éviter des complications futures.
- Revoyez les attentes que vous avez de la vie.
- Analysez les choses pour voir si vous vous fourvoyez et, si c'est le cas, dites adieu à vos pieux mensonges.
- Acceptez que la vie soit changement et que vous devez vous préparer pour gérer cela.
- Arrêtez de vous angoisser et transformez vos préoccupations en actes.
- Ne confondez pas le possible et le probable.
- Tranquillisez votre imagination, offrez-lui une porte de sortie constructive.
- N'anticipez pas ce qui n'a pas encore eu lieu.

Pourquoi moi ?

Le soleil matinal illumina le visage de Sokei. Il avait les yeux ouverts, mais son regard était égaré. Où se trouvait le regard de Sokei ? Peut-être en quête d'une réponse…

En certaines occasions, et pour certaines personnes, il n'existe aucune réponse à cette question. Parfois, le hasard joue de façon perverse avec notre douleur, sans aucune raison précise ou réelle. La vie est une succession de coïncidences et de réactions qui peuvent être quelquefois déplaisantes.

Le 24 mars 2015, cent quarante-quatre passagers montaient dans un avion à Barcelone avec pour destination Düsseldorf, sans savoir ce que le destin leur réserverait. Dans l'avion, voyageaient aussi quatre membres d'équipage et deux pilotes. À 10 h 01, l'avion a décollé de l'aéroport du Prat chargé de vies, de rêves et d'illusions… Trente minutes après le décollage, il a commencé à perdre de l'altitude et huit minutes plus tard, il a disparu des radars. La vie a réservé un destin tragique aux occupants de cet avion. Personne, ni même le pilote, n'aurait pu s'imaginer que le copilote avait l'intention de faire exploser l'avion sur la montagne. Ce matin-là, en cette fin mars, les Alpes françaises ont été le témoin de la plus grande tragédie aéronautique européenne.

L'accident a eu un grand impact médiatique. Bien que tout le monde ait eu écho et parlait de l'événement, en réalité, le vrai impact a eu lieu dans les cent cinquante familles de chacune des personnes qui voyageaient à bord du vol 9525 de Germanwings. Je me suis imaginé la douleur qu'elles avaient dû ressentir avec cette question sous-jacente qui avait dû sourdre encore et encore dans l'esprit de ces personnes, en essayant de trouver une explication à l'inexplicable, afin de justifier l'injustifiable, afin d'essayer de comprendre une tragédie insensée : « Pourquoi moi ? »

Nous avons besoin d'une réponse qui soulage notre douleur, qui nous permette de comprendre les raisons de tant de malheur, comme s'il y en avait… Nous ne pouvons pas comprendre pourquoi la vie a changé en l'espace de quelques minutes. Quelle est la raison pour laquelle une telle affliction a lieu et pourquoi cela m'arrive-t-il à moi. Il n'y en a certainement pas. Le hasard, capricieux et cruel, a voulu que plus d'une centaine de personnes perdent la vie de façon tragique et, même si nous remuons ciel et terre, même si nous cherchons toutes les raisons du monde, nous ne trouverons aucune réponse qui viendra calmer notre douleur et notre souffrance.

Ne vous culpabilisez pas en cherchant une réponse

Ne cherchez pas de cohérence, elle n'existe pas systématiquement. Il n'y a aucune cohérence qui explique la souffrance, la maltraitance, l'adversité ou l'affliction. Parfois, lorsque nous ne trouvons pas de réponse, nous tergiversons et délirons en nous disant que nous avons provoqué nous-mêmes notre malheur, que nous le méritons et sommes responsables de cela pour une raison que nous méconnaissons ou imaginons. Nous cherchons des réponses et nous pouvons même en venir à déformer notre passé pour le rendre cohérent mais, à présent, cher lecteur, en cet instant où vous tentez de surmonter une épreuve, votre passé n'importe pas, contrairement à votre présent et futur.

L'accident de la Germanwings était inattendu, il ne se nichait pas dans l'imagination des passagers ni de leurs familles. Quoi qu'il en soit, aurait-il pu être évité ? Dans le cas qui nous concerne, c'est difficile à dire. Théoriquement, avec un bon examen psychologique régulier des pilotes, cela aurait pu être détecté ;

théoriquement, avec une bonne supervision, le risque aurait pu être identifié et, théoriquement, avec un bon protocole de contrôle, ce terrible accident aurait pu être évité.

En de nombreuses occasions, il n'existe aucune réponse qui apporte la paix à un cœur meurtri par l'affliction ; nous cherchons néanmoins des explications dont nous avons besoin et lorsque nous ne les trouvons pas, nous les inventons de toutes pièces. Notre cerveau ne supporte pas bien le manque d'explications, surtout lorsque nous devons comprendre des situations à l'impact émotionnel élevé, celui des événements qui ont changé notre vie. Nous avons tendance à compléter l'information disponible en fonction de nos besoins et de notre réalité. Ainsi, nous créons une réponse à partir de notre cadre conceptuel et de notre état émotionnel, ce qui implique que la réponse en question s'en trouve biaisée, partiale ou fait culpabiliser quelqu'un. « C'est un châtiment », « C'est un message divin », « C'est une épreuve de la vie », « J'ai mal agi », « J'ai offensé un quelconque Dieu cruel », etc. ; ces réponses et de nombreuses autres virevoltent dans l'esprit de ceux qui ont besoin d'expliquer l'inexplicable, mais le problème demeure en ce que, selon l'explication que vous donnez au fait tragique qui a eu lieu, votre souffrance peut devenir éternelle.

La vie n'est pas comme elle est, mais comme vous croyez qu'elle est. Si vous croyez qu'une entité supérieure, ou que le hasard, vous a puni pour quelque chose que vous avez fait, vous serez condamné à souffrir doublement le reste de votre vie. En premier lieu, par la souffrance d'une blessure que vous devez gérer, nettoyer et suturer et, en second lieu, par la souffrance de la culpabilité et du châtiment auto-infligés sans raison.

Tout au long de ce chapitre, j'essaierai de vous aider à gérer la réponse à ce qui vous est arrivé ou le manque de réponses à votre souffrance. Accompagnez-moi, donnez-moi la main mais, le plus important, ouvrez les yeux et regardez la souffrance bien en face si vous voulez la gérer et reconstruire votre vie.

Parfois, il existe pourtant une raison…

Il arrive qu'il y ait une raison à la douleur. Souvent, sans en être conscients, nous avons des comportements, ou nous prenons des décisions qui conduisent directement à la douleur. Il est donc crucial d'apprendre à prendre des décisions. Vous connaissez certainement quelqu'un qui se complique la vie tout seul avec les décisions qu'il ou elle prend.

Je me souviens parfaitement du jour où une personne racontait qu'elle avait défoncé sa voiture dans un accident parce qu'elle consultait son portable :

« J'ai pas eu de chance voilà tout, parce que, tu sais, je le consulte souvent en conduisant… Qui aurait pu penser que j'aurais un accident aussi injuste ?

— Tu veux dire que c'était pas ta faute si tu t'es déconcentré, lui a demandé son interlocuteur ?

— Pourquoi ça serait ma faute ? a répondu le protagoniste de l'histoire. Ça devait arriver à quelqu'un, et ça m'est arrivé ! »

Permettez-moi de douter du « manque de chance » de cette personne dont j'ai utilisé l'exemple pour illustrer la différence entre l'affliction insensée et inexpliquée et l'affliction « voulue », que nous en soyons conscients ou pas. Le protagoniste de l'exemple n'a pas du tout manqué de chance. D'ailleurs, nous pouvons considérer qu'il en a eu beaucoup jusqu'au moment de l'accident. Disons qu'il achetait des tickets à un tirage au sort chaque fois qu'il consultait son téléphone pendant qu'il conduisait, et qu'un jour, à force d'insister, il a gagné le gros lot.

Mon meilleur conseil est donc d'analyser si l'épreuve que vous subissez a quelque chose à voir avec vos décisions et votre manière d'agir. Ne vous blâmez pas, ne vous culpabilisez pas, analysez et apprenez simplement afin de ne pas commettre la même erreur à nouveau. Pensez à ce que vous faites et aux décisions que vous prenez, réfléchissez à vos prises de risque, soignez votre alimentation et vos habitudes ; mais réfléchissez également à ce que vous ne faites pas et aux décisions que vous ne prenez pas ; cela aussi a des conséquences. Par ailleurs, ne vous attribuez pas des actes avec lesquels vous n'avez rien à voir. Parfois, il nous arrive des choses par hasard, comme nous l'avons déjà vu, mais si vous croyez que vous avez fait quelque chose pour le mériter ou le provoquer, alors qu'en réalité ce n'est pas le cas, vous souffrirez de façon insensée. Une fois encore, c'est dans la juste mesure que vous trouverez l'équilibre.

Réfléchissez aux décisions que vous prenez et à celles que vous arrêtez de prendre

Nous ne donnons pas assez d'importance aux décisions que nous prenons. Nous croyons qu'attendre est ce que nous pouvons faire de mieux, alors qu'en réalité, lorsque nous attendons, nous ne faisons que repousser l'inévitable et, ce qui est pire, nous permettons que continue d'empirer ce qui demande une décision que nous évitons. N'oubliez pas que les décisions que nous ne prenons pas nous font également du mal.

Vous n'êtes pas fautif de tout ce qui vous arrive

L'un des moyens de contrôle préférés des personnes toxiques, c'est la culpabilité. Si vous avez vécu avec une personne toxique, vous savez que pratiquement tout ce qui se passe dans le monde est de votre faute.

Si son repas brûle, c'est de votre faute car vous l'avez déconcentrée ; si une assiette se casse, c'est encore de votre faute car vous ne l'avez mal rangée ; si elle a mal à la tête, c'est bien sûr de votre faute, c'est votre voix irritante qui lui inflige de terribles migraines… Nous pourrions poursuivre la liste des attributions de culpabilité les plus invraisemblables de l'histoire. Au niveau culturel aussi, on utilise la culpabilité pour contrôler le comportement. Selon l'éducation que vous avez reçue, il est bien possible que vous assumiez des responsabilités qui ne vous incombent pas. Je me souviens du cas d'une personne qui est venue à mon cabinet pour un trouble anxieux. L'origine du trouble en question n'était autre que la mauvaise gestion de la culpabilité : elle se sentait responsable d'absolument tout ce qui arrivait autour d'elle. Cette personne passait ses nuits à essayer d'échafauder un plan pour éradiquer la pauvreté du monde. La journée, elle récupérait tous les petits animaux qu'elle trouvait dans la rue, qu'ils soient abandonnés ou non, et consacrait son après-midi à faire circuler leurs photos et à les placer dans des familles d'accueil ou des centres d'hébergement. Dans son travail, elle remplissait toutes les tâches possibles et imaginables. Ses collègues, qui savaient combien il était facile de la faire culpabiliser, jouaient avec ses émotions et l'assommaient de tout le travail qu'ils pouvaient. Mais sa souffrance ne s'arrêtait pas là. Chez elle, elle culpabilisait pour tout. Sa vie se résumait à « il faudrait que » : « Il faudrait que je sois capable de cuisiner mieux, de mieux ranger la maison, d'acheter une maison plus grande, d'avoir un plus joli corps, d'être plus douce, de, de, de… » Je vous encourage à étudier comment vous interprétez ce qui vous arrive et quel rôle joue la culpabilité dans votre vie, car il est possible que votre style attributif explique en partie votre souffrance.

L'attribution causale : quel est votre style attributif ?

Le psychologue Bernard Weiner a découvert que lorsqu'il nous arrive quelque chose, d'inattendu ou non, n'importe quoi, lorsque nous obtenons quelque chose ou lorsque quelque chose que nous attendions n'arrive pas, nous en cherchons la raison et les causes. Ce concept d'« attribution causale » dont il est l'inventeur est très important, étant donné qu'il nous permet de prendre conscience de la façon dont nous interprétons la réalité et la façon dont nous affectent nos conclusions, qu'elles soient pertinentes ou pas. Grâce au concept de Weiner, nous pouvons apprendre et améliorer notre processus d'analyse et, par conséquent, être plus sages et heureux. Mais revenons aux attributions causales.

Nous avons l'habitude de mettre en place des attributions causales face à ce qui nous arrive. Nous élaborons nos propres théories basées sur notre apprentissage et notre expérience. Mais le plus important dans ce concept, c'est que, selon la qualité de nos attributions, nous serons plus ou moins heureux.

Élaborer une théorie de la causalité de ce qui nous arrive ne signifie pas que celle-ci est vraie. Nous pouvons nous tromper (d'ailleurs, nous nous trompons beaucoup), et à chaque fois que nous nous trompons, nous souffrons ou nous infligeons de la souffrance à d'autres personnes. Par la suite, j'en analyserai les principales sources d'erreur et je donnerai des outils pour mettre en place des théories plus pertinentes et adaptatives sur l'origine de ce qui nous arrive.

Notre première évaluation porte sur l'origine de la cause, qui peut être interne ou externe. Si nous concluons que l'origine de ce qui nous arrive est externe, nous estimerons que nous n'avons aucune espèce de responsabilité sur l'incident. En revanche, si nous croyons que c'est interne, nous estimerons que nous en sommes en partie responsables. Cette évaluation est directement liée à la gestion de la responsabilité et de la culpabilité. Il y a des personnes qui préfèrent souvent faire des attributions externes, éliminant ainsi tout type de responsabilité et de culpabilité. Celui qui attribue l'origine de la cause à une tierce personne la fait culpabiliser de quelque chose qui, en réalité, ne dépend pas d'elle. Si vous êtes capable d'identifier de façon appropriée l'origine de ce qui arrive, vous pourrez éliminer la culpabilité de votre vie et vivre de façon responsable. Vous pouvez penser que le *Titanic* a coulé à cause d'un iceberg, à cause d'une négligence du capitaine ou, simplement, par manque de chance. Quel est votre sentiment ? La clé se trouve dans la façon de différencier pertinemment l'origine de ce qui nous arrive, d'assumer notre responsabilité et de ne pas nous culpabiliser pour ce qui n'est pas entre nos mains.

La seconde évaluation porte sur la capacité de contrôle que nous avons sur ce qui arrive. Si nous croyons que nous manquons de contrôle sur ce qui nous arrive, nous laissons notre vie entre les mains du hasard et nous chercherons un protecteur, nous incorporerons des habitudes étranges et nous deviendrons superstitieux. Par définition, nous ne pouvons pas maîtriser tout ce qui nous arrive ; en revanche, nous pouvons maîtriser beaucoup plus de choses que nous croyons. C'est pourquoi, encore une fois, la stratégie la plus pertinente consiste à apprendre à bien différencier ce sur quoi nous pouvons influer et ce sur quoi nous exerçons une certaine capacité de contrôle, de ce qui nous échappe totalement. Dans de nombreux cas, il suffit de modifier ce sur quoi vous croyez ne pas avoir de contrôle. Par exemple, si vous avez un style de vie sain, vous exercez un contrôle sur votre santé future, mais si vous croyez que vous n'avez aucun genre de contrôle, vous vous abandonnerez au destin et vous ne suivrez pas une seule règle saine ou d'hygiène.

Permettez-moi une parenthèse. Prenez garde à l'idée reçue qui stipule que l'esprit maîtrise tout, que je suis à la manœuvre du contrôle ; si c'est le cas, cela sera la source d'innombrables frustrations, problèmes et accidents. D'ailleurs, la plupart des vidéos de *fails* qui circulent sur internet sont le fruit de l'attribution causale qui fait croire que je maîtrise quelque chose alors qu'en réalité, je ne maîtrise rien.

Enfin, la troisième évaluation permet de voir si ce qui nous arrive est stable et perdurera dans le temps ; selon la façon dont nous voyons cela, nous ferons une évaluation différente de la vie. Lorsque nous croyons que quelque chose est stable et que ça ne changera pas, nous ne pouvons rien faire d'autre que de nous résigner à souffrir ou à supporter en silence, alors qu'en réalité, la vie est une succession d'étapes. Vous pouvez influer sur le cours des événements en précipitant la fin d'une étape et en ouvrir une nouvelle qui s'avère plus motivante, en accord avec vos intérêts… Donc, si vous êtes capable de faire une analyse correctement et de différencier ce que vous pouvez changer ou pas, vous pourrez prendre de meilleures décisions et mieux gérer le quotidien et l'épreuve.

Il est important que vous appreniez à analyser quelles attributions vous mettez en œuvre par rapport à ce qui vous arrive. Les attributions causales sont des affirmations qui fonctionnent comme un langage interne qui influe sur notre manière de penser, de sentir et de faire, sur l'estime de soi, sur nos motivations et même sur notre santé. Mais n'oubliez pas que les attributions causales sont subjectives, il y a donc un risque élevé de distorsion. Selon votre capacité d'analyse, vous effectuerez de bonnes ou de mauvaises attributions. La peur, vos complexes ou l'estime de soi influent sur elles.

Qu'avons-nous appris de Weiner et de sa théorie des attributions causales ? Que selon la pertinence de nos théories, nous serons plus ou moins heureux. En fonction de l'attribution causale que nous effectuons, un même événement peut avoir des significations très différentes. Je vous encourage à revoir et à optimiser votre système attributif dont dépendra votre capacité à comprendre, à affronter et à gérer l'épreuve.

Nous sommes des êtres vulnérables

Je me souviens d'une conversation avec une Australienne qui m'expliquait que ses compatriotes, en général, ont coutume de vivre de façon très intense et qu'ils sont pleins de vitalité et de joie. Elle me racontait qu'en Australie, la mort se trouvait au coin de chaque rue ; là-bas se trouve le plus grand [illegible]ement d'animaux venimeux ou mortifères de la planète. « Nous avons, me disait-elle, des araignées à la piqûre mortelle qui peuvent être cachées dans nos chaussures, des serpents dont le venin peut nous tuer en quelques secondes qui errent dans les jardins et les piscines, des crocodiles partout, dans les lacs, les rivières ou la mer », et elle m'a décrit tous les risques avec lesquels elle devait batailler au quotidien. « Cher ami, poursuivit-elle, nous autres Australiens, nous vivons avec la mort, puisque nous mettons notre vie en danger presque tous les jours, et le fait d'être conscients que nous pouvons mourir à tout instant est ce qui nous permet de célébrer la vie avec joie et intensité. » Un exemple pertinent, n'est-ce pas ? En Australie, la fragilité de l'être humain a conditionné son caractère de telle sorte que, non seulement, il ne renonce à rien, mais de surcroît, conscient de sa fragilité, il a décidé d'exploiter son existence au maximum.

Nous sommes vulnérables et nous vivons dans un environnement hostile. Nous sommes continuellement exposés à la douleur physique et émotionnelle tous les jours, plusieurs fois par jour. Nous sommes fragiles, très fragiles. Un jour ou l'autre, une voiture peut griller un feu rouge et nous écraser. Un jour ou l'autre, le toit de la maison où nous vivons peut s'effondrer et nous retenir prisonniers sous ses décombres. Un jour ou l'autre, une de nos artères peut se boucher et nous plonger dans un état végétatif.

Un jour ou l'autre, nous pouvons faire une mauvaise chute et rester cloués sur une chaise roulante pour le restant de nos jours. Un jour ou l'autre, un requin peut nous attaquer alors que nous pataugeons dans la mer. Et un jour ou l'autre, la foudre peut nous foudroyer. Je n'ai rien dit qui ne soit vrai, rien qui ne soit impossible et rien qui ne ce soit jamais produit.

Un jour ou l'autre, la plus grande et la plus inattendue des afflictions peut nous tomber dessus. Cependant, l'important, ce n'est pas ce qui peut nous arriver, mais ce qui est en train de nous arriver. Lorsque nous parlons de malheur et d'épreuves, nous devons parler de probabilités, pas de possibilités car l'important ce n'est pas ce qui peut nous arriver, tout peut nous arriver, mais ce qui est en train de nous arriver et la probabilité que les épreuves auxquelles nous sommes exposés nous tomberont dessus. Est-il possible qu'un déchet spatial me tombe dessus et m'ouvre la tête ? Eh bien oui, ce n'est pas moi qui vais le nier. Pourtant, si je dois avoir peur de quelque chose, dans mon cas, il s'agit des vaches que je croise dans la montagne lorsque je vais courir. En effet, il est beaucoup plus probable que je me fasse attaquer par l'une d'entre elles plutôt que de recevoir sur la tête un objet tombé du ciel.

Donc, si un jour ou l'autre, vous vous demandez « pourquoi cela m'arrive à moi ? », gardez à l'esprit que nous sommes fragiles, que nous vivons dans un environnement hostile et que, parfois, en raison de nos comportements et des décisions que nous prenons, ou que nous arrêtons de prendre, nous nous exposons à des risques qui peuvent conduire à l'adversité. Même si, en d'autres occasions, c'est le hasard le plus macabre qui nous afflige une épreuve.

Construire un mur n'est pas la solution

« Certaines personnes pensent que la solution pour vivre dans la tranquillité, c'est de construire un mur qui les protégera. Ne vous méprenez pas, le mur vous défendra des agressions extérieures, mais il vous empêchera aussi de pouvoir apprécier les choses merveilleuses qui se trouvent à l'extérieur. Si vous bâtissez un mur, vous éviterez la déception, mais vous ressentirez une solitude amère. Un mur peut, en revanche, vous protéger de la peur, mais il vous empêchera de vous adapter aux situations les plus variées. Le mur vous apportera la sécurité mais, en même temps, il fera de vous une personne dépendante de sa protection, il vous fera perdre confiance en vous et vous rendra peureux de ce qui pourrait arriver si ce mur venait à disparaître. Plutôt qu'un mur, je vous encourage à construire une bibliothèque remplie de savoir qui vous aidera à maintenir le niveau de résistance émotionnelle dont vous avez besoin. »

Je me suis permis d'utiliser un extrait de mon premier livre, afin d'illustrer la façon dont nous essayons parfois de nous protéger en adoptant des stratégies qui, en réalité, nous font du tort comme si nous nous endossions une carapace. Nous construisons une forteresse ou nous nous déconnectons affectivement de nos proches et de la réalité. Construire un mur n'est donc jamais la solution : il ne vous protégera pas du maudit déchet spatial qui vise votre tête.

N'oubliez pas... oui à la prudence, non à la peur.

Entrez en résonance constructive

Nous devons travailler sur ce qui est arrivé et sur sa représentation mentale. Nous ne pouvons pas tourner la page comme si cela n'existait pas, nous ne pouvons pas fermer les yeux sur ce qui est arrivé et continuer de vivre comme si de rien n'était. Ce qui est advenu ne disparaîtra pas tout seul. Nous devons, au contraire, le gérer et y mettre un terme. Ce qui est arrivé existera toujours, que nous le voulions ou non. Mais si nous sommes capables d'assainir la blessure et de lui donner un sens approprié, nous pourrons tirer les leçons de l'événement au lieu de le vivre d'une façon aussi traumatisante.

Quel sens a cet événement pour vous ? Comment l'avez-vous vécu ? Comment l'avez-vous interprété ? Je vous encourage à réfléchir à vos conclusions. Certains raisonnements que nous mettons en place sont parfaitement raisonnables et cohérents, mais totalement biaisés, et ils ont pour habitude de provoquer beaucoup de souffrance puisqu'en apparence ils sont bons et normaux et, le plus important, ils nous apportent une réponse (la réponse que nous avons besoin d'écouter), alors qu'en réalité ils sont faux. N'oubliez pas que ce qui nous arrive est tout aussi important que la façon dont nous l'interprétons. Nous donnons un sens aux événements et nous demeurons avec cette interprétation, étant même capables de déformer la réalité afin qu'elle concorde avec notre idée.

Nous sommes le résultat des explications que nous nous donnons et de celles que nous arrêtons de nous donner. Or, les explications que nous nous fournissons et les raisonnements que nous créons ont toujours lieu dans un cadre d'une référence mentale. Qu'arrive-t-il si ce cadre est négatif ? Nos arguments seront tout simplement négatifs, nos peurs accapareront notre attention et nous nous focaliserons sur le négatif, perdant ainsi les opportunités que nous procure la vie. Nous verrons la vie avec un parti pris négatif et nous interpréterons ce qui nous arrive à coups de culpabilité et de négativité. Et si le cadre est positif ? Dans ce cas, nos raisonnements seront contaminés par un optimisme illusoire dans lequel les désirs enrayeront notre processus d'analyse. Lorsque nous achetons un ticket de loto, notre cadre est positif, mais il est erroné, étant donné que nous accroissons la probabilité qu'advienne ce que nous désirons, malgré notre faible capacité d'influer sur le réel.

Donc, quel est le cadre du sens que nous devons conférer à notre esprit ? L'esprit fonctionnera de façon optimum si son cadre de référence est réceptif et constructif. Et comment fonctionne l'esprit sous la direction d'un cadre conceptuel constructif ? De façon optimum, bien entendu, puisqu'il s'agit, sans aucun doute, du meilleur des scénarios. Il est bien sûr question de faire quelque chose de constructif, quelque chose de sensé. Ne courez pas pour courir. Pratiquez une activité physique qui ait du sens pour vous. Commencez une activité qui vous apporte quelque chose, à vous et à vos proches, au monde dans lequel vous vivez. Ne faites rien sans penser au sens que cela implique. Les choses qui ont du sens vous poussent vers la félicité.

La clé d'un cadre de référence constructif permet de nous interroger sur ce qui nous arrive sans nous précipiter dans nos conclusions. Adoptons le regard d'un enfant curieux qui découvre le monde avec l'attitude d'un explorateur. Ce cadre de référence constructif autorise à analyser l'affliction dont nous avons souffert avec un certain recul, à essayer de comprendre ce qui nous est arrivé et à en tirer la leçon.

Dans un cadre de référence constructif, il n'y a pas de place pour la culpabilité et encore moins pour un optimisme naïf. Une analyse constructive est une analyse équilibrée et cohérente, sans distorsion. Mon meilleur conseil est que vous revoyiez le cadre conceptuel dans lequel vous vivez et d'en trouver un meilleur, qui soit plus équilibré, qui vous permette de vivre de façon plus heureuse, d'interpréter d'une façon plus pertinente ce qui vous est arrivé. Entrez en résonance constructive et profiter de toutes les belles choses que vous offre la vie mais aussi de pouvoir gérer et tirer des leçons des épreuves et des défis.

N'oubliez pas...

- Lorsque nous parlons de risques, il ne s'agit pas de réfléchir aux possibilités, mais d'estimer les probabilités.
- Vous ne savez jamais à quoi vous pouvez vous exposer, alors jouissez de la vie intensément.
- Focalisez-vous sur le présent et profitez-en puisque le futur est incertain et échappe à votre contrôle.
- Apprenez à analyser les différents risques et prenez les décisions qui vous sont utiles.
- Vivez avec prudence, mais pas dans la peur.
- Prenez garde à la façon dont vous interprétez ce qui vous arrive. Si vous n'avez pas d'explication qui vous apaise, ne l'inventez pas.
- Vous devez évaluer ce qui vous est arrivé et la représentation mentale de ce qui vous est arrivé.

Comment réagissons-nous face à l'adversité ?

Il ne voulut pas pleurer. Il ne pouvait pas pleurer pour une pièce de poterie. En définitive, ce n'était rien d'autre qu'un tas de boue. Non. Ce n'était pas un vulgaire tas de boue. C'était beaucoup plus. Mais qui comprendra cela ? Qui comprendra qu'il pleure pour un tas de boue ?

Les épreuves ne sont pas toutes identiques

La douleur émotionnelle prend racine dans l'épreuve, c'est l'évidence même. Mais qu'est-ce qu'une épreuve pour vous et pour moi ? Je me souviens d'une conversation avec une amie où je lui expliquais que ma fille allait changer d'école, ce à quoi elle m'a répondu : « Quel drame ! Je me souviens de la panique que j'ai ressentie en quittant mon collège pour préparer mon bac au lycée. » Cette gentille dame n'avait jamais changé d'école et n'avait pas été éduquée dans la culture de l'adaptation au changement. Personne ne lui avait inculqué les bases nécessaires pour connaître des gens et augmenter son environnement social. Ainsi, un changement d'école peut être vu comme quelque chose de difficile ou, au contraire, comme une nouvelle opportunité pour mieux élargir un cercle social, connaître une nouvelle réalité, mieux nous connaître et nous connecter aux ressources dont nous disposons tous afin de pouvoir nous adapter aux changements, comme, en quelque sorte, une opportunité pour grandir et nous sentir plus forts et plus confiants.

Il n'existe pas d'épreuves universelles, étant donné que selon le sens que l'on prête à une épreuve, nous souffrirons sur une échelle du tout ou rien. Voici un exemple clair et direct qui nous permet de comprendre mieux ce concept. Imaginons la mort d'un être cher. Concrètement, celle de votre conjoint. Il est possible que votre conjoint soit une béquille dans votre vie, une personne que vous aimez et avec laquelle vous avez profité d'une longue vie en commun, intense et gratifiante. Logiquement, cette mort peut provoquer une grande douleur. Pourtant, il est également possible que ce ne soit pas le cas.

Imaginons que votre conjoint soit décédé après une lutte éprouvante contre une maladie ou après une crise de démence. Cette personne que vous avez tant aimée a été défigurée peu à peu par la maladie. Des mois ou des années durant, vous avez été témoin de sa souffrance. De plus, vous avez souffert à ses côtés, avec elle, au quotidien. Il est possible que lorsqu'elle décède vous ressentiez un mélange d'émotions intenses, un large éventail émotionnel qui va de la douleur jusqu'au soulagement. Pas un soulagement pour vous, mais un soulagement pour votre conjoint car il ne subira plus cette maladie insupportable. D'ailleurs, s'agissant de ce que je viens de décrire, des conjoints de malades atteints d'Alzheimer, de Parkinson ou de tout autre type de démence ou de maladie dégénérative viennent souvent me consulter. Lorsque la personne que vous avez tant aimée meurt après une longue souffrance, c'est comme si la pesanteur qui gardait votre âme en apnée lâchait prise et vous permettait de respirer à nouveau. C'est difficile à imaginer. Ceux qui ont vécu cela me comprennent parfaitement. Dans ces cas-là, souvent, même si vous avez aimé à la folie votre conjoint, sa mort ne vous fait pas si mal.

Cependant, il existe un autre cas de figure. Imaginons que votre conjoint est le diable en personne. Imaginons que vous n'ayez pas eu d'autre choix que de continuer de vivre avec lui, même si la cohabitation a été un enfer. Imaginons que vous manquiez de moyens pour vivre de façon autonome en dépendant totalement de lui, d'un conjoint qui vous maltraite et qui vous inflige la douleur la plus intense que vous puissiez imaginer. Dans ce cas, sa mort ne déclenchera aucun type de douleur. Au contraire, elle permettra sa disparition.

Comme vous pouvez le constater, les épreuves ne sont pas toutes identiques. Ce qui se traduit en souffrance pour quelqu'un ne le sera pas pour autrui.

Mais ce n'est pas fini. Vous-même, vous pouvez considérer qu'un événement est du ressort de l'adversité à un moment précis de votre vie, mais ne l'est plus à une autre période. Imaginons que vous soyez licencié de votre travail à vingt ans. Je ne dirai pas que ça n'a pas un impact important, mais essayez maintenant d'imaginer que l'on vous licencie de votre travail à cinquante ans, et que vous ayez des enfants et une hypothèque à rembourser. Comme vous pourrez le constater, et vous l'avez sans doute expérimenté, le contexte qui est le vôtre peut influer sur l'estimation d'un événement déterminé et son degré d'adversité. En réalité, les conséquences de votre licenciement à vingt ans ne sont pas les mêmes que celles d'un licenciement à cinquante ans, et ce sont ces circonstances qui détermineront la valence et le sens de l'épreuve.

Ainsi, un même acte n'a donc aucune raison de faire mal de façon identique à une même personne. Le contexte, nos intérêts, nos priorités et nos environnements sensibles à la souffrance changent sur le chemin de la vie. Nous passons par différentes étapes vitales avec des intérêts différents. Nos priorités changent et ce qui hier nous paraissait sans importance en a aujourd'hui. Nous grandissons et mûrissons, nous nous sentons plus forts, mais surgissent également plus de peurs. Pendant certaines périodes de la vie, nous pouvons nous sentir plus affaiblis, plus vulnérables et avec une peur accrue de la souffrance. Donc, nous ne pouvons pas prévoir comment nous réagirons à partir d'une expérience passée : le contexte a pu changer, peut-être imperceptiblement, mais bien suffisamment pour faire en sorte que ce qui nous arrive ne nous inflige pas la même douleur. Bref, avant d'analyser avec davantage de détails comment nous réagissons face à une épreuve, j'aimerais partager quelques réflexions qui, je l'espère, nous conduiront à l'élaboration d'un cadre dans lequel situer l'épreuve.

Comment l'épreuve nous affecte-t-elle ?

Pourquoi un licenciement représente-t-il une épreuve pour une personne, mais pas pour une autre ? La clé se trouve dans les perspectives d'auto-efficacité que nous avons, c'est de celles-ci que dépend notre sensation de sécurité ou d'insécurité. Si nous croyons que nous sommes capables de faire face à l'épreuve et que nous le faisons bien, nous serons en mesure de prendre l'avantage. Si, au contraire, nous croyons que nous ne pouvons rien faire, nous laisserons le champ libre à la perte et à la douleur.

N'oubliez donc pas, si votre perspective d'auto-efficacité est bonne, l'épreuve ne sera rien d'autre qu'un défi. Ne vous sous-estimez pas, ne vous surestimez pas non plus. Évaluez de façon juste votre potentiel de confrontation.

Paramétrer la douleur

La douleur que nous ressentons est une réaction totalement subjective. Néanmoins, il est possible de se faire une idée, à grands traits, de la douleur que peut provoquer une épreuve chez une personne. Peut-on affirmer, à grands traits, qu'une écharde enfoncée dans un doigt fait moins mal qu'un accouchement ? Que la mort d'une personnalité publique fait moins mal que celle d'un être cher ? Ou que la douleur d'une fracture est beaucoup plus intense que celle provoquée par une entorse à la cheville ? Afin d'essayer de paramétrer la douleur, je vous propose que nous parlions de quatre dimensions : intensité, durée, pronostic et impact. Analysons dans le détail chacune d'entre elles.

Commençons par l'intensité. Par intensité, j'entends le degré de force avec lequel se manifeste un phénomène, c'est-à-dire plus grande est l'intensité, plus grande est la souffrance et, *a contrario*, plus faible est l'intensité, plus faible est la souffrance. La pression que peut exercer le poids de ma chaussure sur ma cheville n'est pas la même si un enfant ou un adulte l'écrase de tout son poids. Tout comme pour la douleur physique, la douleur émotionnelle peut avoir différentes intensités. Tout ne fait pas mal de la même façon. Mais pourquoi certaines choses nous font-elles plus mal que d'autres ? D'où vient le fait qu'une douleur émotionnelle soit plus intense qu'une autre ? Cela vient du lien émotionnel avec l'origine de la douleur. Ce qui nous affecte directement nous fait mal avec plus d'intensité ; la douleur que nous ressentons pour un enfant chéri est plus intense que la douleur pour un étranger. Ce qui affecte nos aspirations les plus grandes et les plus objectives nous fait mal bien davantage. Plus l'attente sera importante, plus intense sera la douleur associée à un échec, une épreuve ou un imprévu. Ce qui affecte nos désirs ou nos peurs nous fait mal bien davantage, et plus notre désir est intense, plus la frustration de ne pas le voir se réaliser nous fait mal. L'implication émotionnelle complique tout, détermine et explique l'intensité de notre douleur. Plus grande est l'implication affective, plus grande est la douleur.

L'un des autres aspects que nous devons prendre en compte en paramétrant la douleur, c'est sa durée. Il y a des douleurs ponctuelles, qu'elles soient plus ou moins intenses, mais il existe également des douleurs sourdes et continues de longue durée, un genre de douleur très envahissant. Nous avons tous un niveau de tolérance à la douleur qui peut varier d'une personne à une autre, ou d'une période déterminée à une autre, en fonction de paramètres comme notre état émotionnel ou le contexte dans lequel nous vivons. Cet éventail de tolérance nous permet d'endurer le quotidien et de poursuivre notre rythme malgré tout. Mais de façon paradoxale, cette tolérance est la porte d'entrée qu'utilise la douleur sourde et continue, qui profite de n'importe quelle faille pour s'immiscer dans notre vie. Elle entre peu à peu, sournoise, en silence, et sans nous en rendre compte, elle s'incruste, gagne du terrain, du pouvoir et finit par ternir et conditionner notre vie.

Il nous arrive aussi de vouloir comparer la douleur et d'en établir une graduation. Que préférez-vous ? Une douleur insupportable mais courte ou une douleur plus modérée mais de longue durée ? Il est difficile de répondre à cette question. Ce que nous pouvons affirmer, en revanche, c'est qu'indépendamment de l'intensité de la douleur, celle de longue durée est comme une espèce de torture qui produit une facture émotionnelle élevée et qui finit par affecter gravement tous les aspects de notre vie. Tristement, ceux qui souffrent de fibromyalgie ou de rhumatisme savent l'effet que provoque la douleur continue de longue durée sur leur corps et leur âme.

Très liée à la durée de la douleur, il y a son pronostic qui nous aidera à comprendre l'impact qu'elle induit sur notre vie. Une douleur peut avoir un pronostic positif, négatif ou incertain, c'est-à-dire qu'elle peut s'atténuer, empirer ou l'on peut ignorer la façon dont elle évoluera. La « meilleure » douleur, c'est celle au pronostic positif car, tout aussi intense qu'elle soit, si vous savez qu'un jour elle prendra fin, cela vous donnera une perspective temporelle positive qui vous aidera à la contrecarrer et à trouver l'énergie dont vous avez besoin pour la surmonter ; si vous êtes conscients que la douleur va se terminer, vous vous trouvez dans de meilleures conditions pour supporter ses terribles conséquences.

En revanche, si vous souffrez d'une douleur à l'évolution négative, vous savez que ça ira plus loin. Pour lutter contre, vous devrez mettre en place une stratégie, opter pour une compensation. Ne faites pas comme de nombreuses personnes qui capitulent sans broncher face à la souffrance. Je vous propose de ne pas baisser les bras, car au lieu de supporter la douleur, vous pouvez agir de multiples façons contre elle. Je sais que ce n'est pas simple d'imaginer de nouvelles activités ou de trouver de nouvelles ressources ou de nouveaux intérêts qui compensent la douleur dont vous souffrez… Pourtant, si vous analysez à nouveau la situation, avec une nouvelle perspective, vous verrez comment il est possible d'agir sur cette situation douloureuse à l'évolution négative. Je vous encourage à compenser cette douleur en enrichissant votre vie, en vous mettant en quête de nouveaux rêves et de nouvelles activités qui feront naître en vous des émotions positives. Essayez d'imaginer la douleur, physique ou émotionnelle comme un retrait sur votre compte courant. Chaque jour, chaque semaine ou chaque mois, votre douleur débite une somme déterminée de bien-être, inévitablement, toujours, chaque jour, à l'heure indiquée. Mais si vous êtes capable de créditer du bien-être sur votre compte, celui-ci ne sera jamais dans le rouge et la somme de bien-être retirée par la douleur ne déséquilibrera pas votre quotidien ou, en tout cas, vous pourrez le compenser et rééquilibrer les comptes.

Impuissance apprise

Dans les années 1970, le docteur Martin Seligman a travaillé sur une théorie clé en psychologie, l'impuissance apprise (aussi appelée « impuissance acquise »), qui est comme une sorte de renoncement à continuer de lutter, étant donné que le cadre de référence qui est mis en avant est « quoi que je fasse, ça ne servira à rien ». Ce phénomène est une conséquence logique d'une douleur au pronostic négatif. Lorsque vous croyez que vous ne pouvez exercer aucun type d'influence sur la douleur que vous ressentez, c'est plus facile et prévisible d'accepter que quoi que vous fassiez, vous ne pourrez pas maîtriser cette douleur, que vous abandonnerez la lutte et que vous renoncerez à vous-même. Pourtant, comme nous venons de le voir, même si nous ne pouvons rien faire pour endiguer cette douleur qui nous torture, qu'elle soit physique ou émotionnelle, nous pouvons, en revanche, agir pour en gérer l'impact sur notre vie et nous apporter une compensation par le biais de moments de bien-être.

Il est également possible que nous devions faire face à une douleur à l'évolution incertaine. Si c'est le cas, je vous encourage à essayer de dissiper cette inconnue, si cela est possible. Et si l'évolution de votre souffrance est réellement incertaine, focalisez-vous sur le quotidien, sans rien anticiper, ni en positif ni en négatif. Nous ne savons pas ce qui va se passer, c'est donc insensé de se lancer dans des suppositions. Si nous croyons que tout va empirer, il en découlera alors la résonance négative et nous finirons par souffrir pour des choses qui n'auront possiblement jamais lieu. Si, au contraire, nous croyons à cette illusion que tout ira bien, cela équivaudra à un ballon que nous gonflerons et qui finira par exploser, ce qui provoquera en nous une grande déception et ajoutera plus de douleur à notre vie. C'est pour cela, lorsque nous ne savons pas comment se dérouleront les choses, que le mieux à faire, c'est de se focaliser sur le présent, d'analyser comment évoluera l'épreuve et de nous adapter aussi vite que nous le pouvons.

Pour finir, il nous reste une dimension à analyser, l'impact que provoquent la douleur et la souffrance sur nos vies. Par impact, j'entends les répercussions et les conséquences que cela engendre dans les différents aspects de notre vie. L'impact peut être faible ou élevé. Il y a des souffrances que l'on peut supporter sans grandes conséquences, mais il y a des épreuves qui nous mettent K.-O. et qui nous empêchent de penser, de travailler, de nous reposer… et même de vivre. Parfois, une épreuve surgit et nous renverse et nous laisse sangloter dans un coin sans savoir que faire ni où aller.

« Moi aussi je suis passé par la même chose que toi. »

Parfois, avec les meilleures intentions du monde, quelqu'un s'approche et nous lance cette phrase. C'est peut-être une personne adorable, mais il se peut qu'elle ait totalement tort. Il n'y a pas deux douleurs semblables, c'est très difficile de comparer des situations semblables sur des personnes différentes. Les petites variations, quant à l'intensité ou la durée de la souffrance, suffisent à expliquer les différentes réactions de chacun face à une même douleur. Donc, l'impact de l'épreuve est l'élément clé qui va cadrer la différence et déterminer la façon dont nous affectera la douleur.

Savons-nous gérer l'épreuve ?

À présent, nous en savons un peu plus sur la douleur et l'épreuve, mais comment réagissons-nous face à elles ? Eh bien, souvent sans réfléchir, de façon impulsive, peu rationnelle et sans analyser le moins du monde l'épreuve, le contexte et les choix possibles que nous avons. Nous ne sommes pas conscients que la façon dont nous réagissons et affrontons l'épreuve conditionne notre probabilité de réussite lorsque nous devons la gérer ; cela vaut donc la peine de lui consacrer tout un paragraphe.

Certaines personnes réagissent par une explosion émotionnelle sous forme d'anxiété ou de tristesse. Quand, dans la vie, nous subissons une nouvelle épreuve, cela arrive en général au pire moment et parasite nos plans ou ternit notre avenir le plus proche. Soudain, l'épreuve s'invite dans notre vie et provoque un impact émotionnel élevé aux conséquences inimaginables, paralyse notre capacité de penser ou de raisonner et affecte chacun des différents aspects de notre existence, à commencer par la sexualité. Lorsque nous sommes sous l'influence d'une émotion intense, nos niveaux de cortisol et d'adrénaline montent en flèche et provoquent un grand changement dans nos fonctions vitales et sur notre capacité à penser, analyser, à être créatifs, à résoudre les problèmes… La liste de ces fonctions cruciales est longue. Avoir un ressenti aussi fort et intense peut nous faire tomber malades : lorsque la tristesse est chronique, elle peut déboucher sur une dépression ; lorsque l'anxiété est chronique, elle peut devenir un trouble anxieux généralisé. Le fait de nous bloquer, ou de tomber malade à cause de l'intensité de l'émotion, nous place dans une position désavantageuse quand le moment est venu de gérer et d'affronter l'épreuve, cette épreuve qui exige la meilleure facette de nous-mêmes.

Face à l'épreuve, d'autres personnes réagissent avec surprise, comme si elles se disaient : « Tiens donc, je ne savais pas qu'en fumant trois paquets de cigarettes par jour, je pourrais avoir un cancer du poumon » ; « Tiens donc, je ne savais pas qu'ils découvriraient un jour que je télécharge tout le temps des films au travail et qu'ils me licencieraient » ; « Quelle horreur, je ne pouvais pas m'imaginer que mon fils pouvait mourir dans un accident de moto, en plus sur la moto avec laquelle je m'étais entêté à le voir concourir » ; « Bon sang, je ne pouvais pas m'imaginer que j'aurais un accident à plus de 8 000 mètres d'altitude en plein milieu d'une ascension en haute montagne » ; « Sacrée surprise, comment aurais-je pu m'imaginer que mon conjoint allait se lasser de ma nouvelle lubie illusoire pour le triathlon » ; « Eh ben, mon infidélité n'aura vraiment pas été sans effet, alors que c'est la seule aventure que j'ai eue dans toute ma vie ». En définitive, elles pensent que ce qui est arrivé n'est pas de leur ressort et cela les prend par surprise. Parfois, nous péchons par excès de naïveté ou nous prétendons être ainsi. Nous assumons des prises de risque délibérément, parfois inutiles et ensuite nous sommes surpris d'être pris à notre propre jeu. Nous survolons la vie sans estimer les conséquences que provoquent nos actes, nous nous fourvoyons, et lorsque la réalité nous remet à notre place, nous réagissons avec l'attitude de quelqu'un qui est tombé dans un piège.

Il y a également ceux qui se mettent en colère, qui se lancent dans une colère terrible, une grande explosion de rage incontrôlable qui trouble la vision appropriée qu'on devrait avoir de la réalité. Lorsque nous nous mettons en colère, cela peut être contre nous-mêmes mais, en général, nous préférons nous mettre en colère contre quelqu'un, un bouc émissaire à qui nous pouvons attribuer la responsabilité de ce qui nous arrive. La faute du garagiste qui a révisé la moto, du pilote qui l'a rendu nerveux, du guide qui n'a pas contrôlé le temps qu'il va faire, du gin tonic que j'ai bu, de la pression que j'avais ou de la vie… Qu'importe ! Les gens peuvent médire autant qu'ils veulent mais je n'y suis pour rien ! Cette stratégie est pratique mais totalement puérile et pas très efficace pour deux raisons.

La première, c'est que quand je blâme quelqu'un, je n'ai aucune responsabilité à assumer, rien à améliorer, aucune leçon à tirer et rien à corriger. Je vais dormir sur mes deux oreilles, c'est ça ! Pourtant, je suis sur un siège éjectable pour ceux qui m'entourent parce qu'il est possible que je commette la même erreur à nouveau. La seconde raison, c'est que là où il y a de la rage, il y a de la culpabilité, et là où il y a de la culpabilité, le châtiment et la maltraitance vous attendront, que ce soit envers vous-même ou envers les personnes à qui l'on attribue l'origine du problème. Je peux ainsi appliquer, avec une totale impunité, mon châtiment et ma torture à l'endroit de l'origine de tous mes maux puisque j'ai une justification qui me décharge et me couvre. C'est mérité ! Et alors que je torture quelqu'un ou que je me prends pour un justicier, je n'ai pas à assumer la responsabilité qui m'incombe. Lorsque la rage et la rancœur sont chroniques, la vie devient sombre ; ce qui nous rend aigris et afflige nos proches.

Certaines personnes ont peur de l'épreuve, une peur bleue, hostile et cruelle qui leur glace le sang, la vie et la capacité de penser de façon pertinente. De la même façon qu'un lapin est paralysé face aux phares d'une voiture ou qu'un renard qui détale pour échapper au chasseur, la peur de l'épreuve fait que nous demeurons exposés aux conséquences du problème ou que nous nous mettons à agir sans rime ni raison. La préoccupation submerge notre vie ; nous tournons en rond, incapables de prendre une décision, « la décision », la clef de voûte qui bloque notre réaction face à l'épreuve. Et pendant que nous nous préoccupons de cela, nous ne faisons rien de concret pour gérer l'épreuve et régler ses causes et ses conséquences. Préoccupés et fatigués, nous perdons notre agilité mentale, tout semble confus et obscur, nous perdons de vue toutes les ressources dont nous disposons afin de l'affronter et nous redevenons des enfants craintifs, incapables de lutter contre elle.

Quelques pages plus haut, je vous parlais du phénomène d'impuissance apprise qui consiste à se laisser persuader qu'il n'y a absolument rien à faire pour arriver à ses fins. Nous avons souvent besoin d'une impulsion externe, d'une énergie qui nous permet de rebondir et d'affronter les défis sourire aux lèvres, et cette énergie prend racine dans l'espoir et l'illusion. Mais qu'arrive-t-il lorsque nous perdons tout espoir ? Sans espoir, notre probabilité de réussite est infime, voire inexistante. Si nous croyons que « quoi que je fasse, ça ne servira à rien », je me contenterai de ne rien faire et d'attendre qu'un miracle arrive, et pendant que j'attends, je ne ferai rien pour résoudre mon problème et mettre fin à l'épreuve qui provoque ma souffrance. L'origine du désespoir acquis provient des enseignements que nous tirons de nos expériences passées ; si vous voulez vous libérer de ce fardeau, vous devez commencer par réinterpréter de la bonne façon ce qui vous est arrivé et ce que vous en avez conclu.

Nous ne pouvons pas évoquer l'épreuve sans évoquer l'idée de pression. La moindre épreuve exige que l'on s'y attelle sans attendre pour y apporter une solution ; ce qui provoque une pression que nous devons éliminer. Cette pression est le moteur de l'action parce que, si elle n'existait pas, dans de nombreux cas, nous ne ferions rien de rien. Cependant, certaines personnes ne savent pas comment gérer cette pression, se sentent mal à l'aise, ne peuvent pas la supporter et décident d'adopter la pire des stratégies, le fourvoiement.

Le fourvoiement peut se manifester sous de nombreuses formes, pourtant aucune d'entre elles n'est une stratégie d'affrontement valable. Son fondement, c'est l'incapacité qui découle sur une image de soi négative, ce qui nous pousse à déformer la réalité plutôt qu'à assumer une erreur ou une incapacité. En définitive, il est beaucoup plus facile de se fourvoyer, de porter des œillères et de feindre plutôt que d'admettre d'avoir un problème… sans savoir comment le résoudre. En niant le problème, on ne peut pas le paramétrer, l'étudier, l'analyser et l'affronter. Et en ne faisant rien pour l'affronter, nous laissons la solution aux bons soins du hasard ou du bon vouloir de nos proches.

Le fourvoiement (ou déception)

Nous nous fourvoyons au quotidien et nous croyons que c'est une bonne stratégie, pourtant nous sommes totalement dans le faux. Nous nous fourvoyons pour des choses insignifiantes (par exemple, je bois un café qui ne me plaît pas ou je pense que si j'arrive dix minutes en retard, ça n'est pas grave), mais aussi pour des choses sérieuses (par exemple, je suis persuadé que mon conjoint m'aime ou que je ne vais pas trouver un meilleur travail que celui d'aujourd'hui).

Le fourvoiement est une stratégie très usitée, ce qui ne signifie pas qu'elle soit valable, car elle est hautement toxique, étant donné qu'elle paralyse l'action et maintient le *statu quo* d'une situation. Il existe plusieurs types de fourvoiement :

- « **Je n'ai rien pu faire.** » C'est le fourvoiement le plus pratique de tous. En plus de ne rien faire, nous repoussons la responsabilité loin de nous et pour mieux nous endormir sur nos lauriers. C'est l'un des fourvoiements les plus immatures : « J'ai déjà essayé mais il n'y a rien à faire. »
- « **Il y a des gens pires que moi**. » Selon moi, celui-ci est l'un des pires. Surtout parce que vous faites usage de l'attention sélective. C'est naïf et très bête. Bien sûr, qu'il y a des gens pires que vous mais il y a également des gens mieux que vous. Sans doute que si, au lieu de vous fourvoyer, vous observiez les gens qui sont mieux et que vous en tiriez les leçons, vous évolueriez et passeriez à une autre étape de maturité qui vous aiderait à résoudre vos problèmes. Ce fourvoiement justifie que vous ne fassiez rien et, en plus, vous jugez partialement d'autres personnes et vous vous comparez arbitrairement dans le seul but de vous esquiver.
- « **Quoi que je fasse, ça ne sert à rien**. » Peut-être avez-vous agi de la sorte dans le passé pour essayer de résoudre un problème... Il est possible que ce que vous avez entrepris n'était pas approprié

et que vous ne l'ayez pas bien appliqué ; si, de cela, vous tirez la conclusion que vous avez fait tout votre possible et que ça n'a rien donné, il est logique que la conclusion qui prédomine soit que, quoi que vous fassiez, ça ne servira à rien. Selon toute probabilité, dans ce cas-là, on peut supposer que vous soyez allé trop vite en besogne. Je vous encourage à revoir votre stratégie, étant donné que dans de nombreuses situations, on peut faire mieux.

- **« Laisser du temps au temps arrange tout.** » Le temps en soi ne fait rien. Vous laissez votre avenir entre les mains du hasard. Mieux vaut que vous en preniez le contrôle car pendant que vous attendez, vous ne faites rien.

Il y a de nombreuses façons de réagir face à l'épreuve, autant qu'il y a de personnes. Il est possible que vous vous soyez retrouvé dans l'une de celles que j'ai décrites. Il est possible également que vous ayez différentes réactions face à différents problèmes. Bien que j'aie énuméré uniquement les plus courantes, il demeure crucial, bien entendu, que vous analysiez la façon dont vous réagissez face à l'épreuve ; ainsi, vous pourrez prévoir comment vous y confronter.

J'aimerais partager avec vous les résultats des études de Watson sur les stratégies de confrontation face à l'épreuve. Dans ses recherches, Watson a isolé plusieurs facteurs clés et a analysé la façon dont ils influent ou déterminent notre réussite face à la gestion d'une épreuve. Pour lui, il existe quatre éléments clés qui prédisent la réussite ou l'échec dans notre entreprise visant à surmonter une épreuve. Le premier se réfère à la façon dont nous l'interprétons, sous-entendu quel sens donnons-nous à ce qui nous arrive. Le second se réfère à la perception du contrôle sur l'épreuve, c'est-à-dire au fait de croire qu'il est possible ou non de faire quelque chose pour gérer l'épreuve. Le troisième porte sur l'estimation que nous réalisons sur l'évolution de l'épreuve et, enfin, le quatrième facteur analyse la réponse émotionnelle subjective, ainsi que son intensité face au problème.

En fonction de ces paramètres, Watson propose cinq types de réactions face à l'épreuve. Pendant que je vous explique ces différentes stratégies, je vous invite à vous reconnaître parmi ces cinq types avec, pour objectif, de déterminer quel est votre style dominant.

Le premier de ces styles a été baptisé l'esprit combatif. Les personnes qui luttent contre une épreuve l'interprètent comme un défi contre lequel il ne reste aucune autre solution que de se dépasser et de s'y confronter. De plus, perçoivent-ils un degré de contrôle élevé face à la situation qu'ils vivent ? Ont-ils une attitude optimiste quant à l'évolution du problème ou de l'épreuve ? Sans aucun doute, il s'agit du meilleur style de confrontation, celui qui nous donnera le plus de garanties de dépassement de soi et celui qui nous placera dans la meilleure position pour surmonter l'épreuve qui nous tourmente.

Le deuxième de ces styles est l'esquive ou la récusation de l'épreuve. Ceux qui choisissent ce style de confrontation ne prennent pas l'épreuve comme une menace ; ils ont une vision un peu naïve de l'épreuve et de la réalité. Ils ont tendance à minimiser le problème, ses conséquences et agissent selon une posture émotionnelle sereine, c'est-à-dire dans un flegme total.

Le fatalisme est le troisième de ces styles de confrontation de l'épreuve que Watson a décrits de façon si pertinente. Les personnes fatalistes perçoivent l'épreuve comme une menace modérée, mais, en même temps, elles ne conçoivent pas une seule possibilité de contrôle, autant pour l'épreuve en soi que pour ses causes et conséquences. Elles adoptent donc une attitude résignée qui les conduit à la plus grande des passivités possibles. Comme elles croient qu'elles ne peuvent rien faire, elles décident de ne pas s'impliquer dans la solution du problème.

Le quatrième de ces styles, c'est la résignation et le désespoir qui nous conduisent à considérer l'épreuve comme une menace terrible sans la moindre possibilité de contrôle. Face à cet état ce fait, il ne nous reste plus qu'à adopter une attitude pessimiste sur l'évolution de l'épreuve, ce qui suppose que nous ne nous impliquions pas dans sa solution et que nous nous réfugiions dans la dépression.

Et, enfin, il y a la préoccupation anxieuse, un style qui se caractérise dans la perception d'une épreuve comme une grande menace ; qui plus est, la vie en soi est une grande menace. Les personnes qui choisissent ce style vivent dans l'incertitude la plus absolue et ont tendance à chercher de façon compulsive la sécurité dont ils ont tant besoin.

Maintenant que vous connaissez l'éventail des styles de confrontation, qu'en est-il de vous ? Comment réagissez-vous face à une épreuve ? Vous êtes-vous reconnu dans un style en particulier ?

Peut-on apprendre à gérer une épreuve ?

Bien sûr que oui. D'ailleurs, c'est une résistance émotionnelle qu'il est possible d'apprendre, mais le problème c'est qu'elle ne s'enseigne pas à l'école. Nous nous obstinons à enseigner à nos enfants à rivaliser et à être durs. Nous ne nous rendons pas compte que ce dont ils ont besoin en réalité, c'est d'apprendre à vivre, à s'écouter et à s'estimer. Tout n'irait-il pas mieux si, au lieu d'enseigner à vos enfants à rivaliser avec d'autres personnes, on leur enseignait à se connecter avec elles ? Si au lieu de montrer à un élève que l'autre est un adversaire, vous lui présentiez ce dernier comme un camarade ? Si vous enseigniez à vos enfants à regarder les yeux de la personne qu'ils ont devant eux avec curiosité et compassion ? Si, au lieu de leur enseigner à faire fi d'une épreuve, vous leur inculquiez d'y faire face et de la gérer ?

Transformez l'épreuve en un défi à résoudre et vous verrez comme sourd de vous-même l'esprit combatif dont vous avez besoin pour mieux la surmonter, reconstruire votre vie et devenir plus fort. Lorsque la vie vous assène un coup violent, estimez-en les dégâts physiques, psychologiques, affectifs et sociaux… Renaissez de vos cendres et repartez sur le champ de bataille reconstruit, plus sage et avec davantage de ressources.

N'oubliez pas…

- Vos perspectives d'auto-efficacité conditionnent l'évaluation de l'épreuve que vous effectuez.
- La douleur émotionnelle peut varier en intensité, durée, pronostic et impact. Une même épreuve peut faire mal de façon différente à des personnes distinctes ou à une même personne à différents moments.
- Que vous ressentiez de la douleur ne signifie pas que vous ne pouvez pas la compenser grâce à des actions concertées.

- La façon dont nous affrontons et gérons l'épreuve conditionne nos possibilités de réussite.
- Transformez la préoccupation en agissement.
- Réinterprétez l'épreuve et tirez-en les leçons.

Peut-on reconstruire sa vie ?

Sokei pouvait redonner forme à sa pièce ou non. Cela vaudrait-il la peine de souffrir à nouveau face à la vision d'une âme brisée et dénaturée ? Ne serait-il pas mieux d'en conserver les morceaux dans un tiroir et de ne jamais les revoir ? Sokei pensait dans la douleur. La souffrance est mauvaise conseillère. Il referma les yeux afin de voir avec clarté.

C'était un jour d'été, un de ceux à la chaleur écrasante. J'avais décidé d'aller à la rivière et de descendre quelques rapides pour me rafraîchir et passer un peu de bon temps. De Llavorsí à Sort, dans les Pyrénées catalanes, vous pouvez trouver une grande concentration de rapides et, en été, il y a beaucoup de gens qui font du rafting, du kayak ou qui se jettent à l'eau et descendent la rivière sur une bouée : oui, sur une bouée ! Quoi qu'il en soit, il se trouve qu'à mi-chemin, j'ai aperçu un couple qui s'était jeté à l'eau sur une bouée énorme, comme la roue d'un camion, et qui avait des ennuis. Ils étaient coincés dans le contre-courant sur un coude de la rivière inaccessible par la terre. Après avoir vu leur visage terrifié et estimé qu'à la sortie du contre-courant, ils tomberaient sur un arbre échoué, je me suis lancé dans un plan de sauvetage.

Je me suis rapproché de l'endroit où ils se trouvaient et j'ai pu constater qu'ils étaient restés coincés à cause d'une branche immergée. Je suis descendu du kayak et je les ai libérés mais soudain j'ai vu que l'eau était rouge sang et qu'il s'agissait de mon sang… L'eau froide de la rivière avait anesthésié la douleur qu'avait provoquée un rocher en m'écorchant tout le tibia, lorsque j'ai sauté du kayak. Un peu plus tard, le calme retrouvé, j'ai examiné la blessure ; c'était une blessure longue de près de 20 centimètres. Un désastre ! Il me restait au moins une bonne heure de descente, sans compter le retour à Llavorsí pour aller chercher la voiture. J'ai pensé poursuivre mon chemin en aval de la rivière jusqu'à l'hôpital de Tremp, mais il faut dire que lorsque vous vivez, travaillez et passez du bon temps à la montagne, les accidents sont de l'ordre du quotidien. Après cette aventure, quand j'ai fini par arriver à la caravane dans laquelle je dormais, j'ai compris que la blessure avait commencé à cicatriser. L'inflammation s'était réduite, je ne saignais plus et la douleur s'était un peu dissipée.

Comme nous l'avons déjà dit, c'est « l'instinct de réparation » qui fait que notre corps se répare si blessure il y a. Notre biologie est parée pour la vie, ce qui implique la possibilité de subir une blessure. Il ne s'agit pas d'être absolument invulnérable, ni de rester chez soi par crainte de se blesser, et encore moins d'aspirer à avoir une vie facile et sans danger. Il s'agit d'être plus fort que la vie, d'être capable de vous remettre des blessures et d'avoir la capacité de réparer les dégâts, de reconstruire sa vie.

L'instinct de réparation

Quand une personne subit une blessure, un processus de réparation se met en marche, un enchaînement de réactions biochimiques complexes qui désinfecteront, reconstruiront et cicatriseront la blessure… si tout se passe bien. Le corps humain détecte l'instinct de réparation de n'importe quelle blessure subie et active un système d'alarme et de réparation complexe qui implique pratiquement toutes nos fonctions vitales. Il est paré pour faire front à de grandes blessures et à de grands traumatismes physiques. Il peut reconstruire la peau brûlée, régénérer les cellules, ressouder un os cassé, reconstruire une zone endommagée et même remplacer les fonctions cérébrales que nous avons perdues. Dans mon cas, ma blessure s'est réparée en quelques semaines, en pratiquant les soins appropriés, me laissant une cicatrice qui me rappelle que même la pire des lésions peut être réparée. L'instinct de réparation est donc inhérent à notre nature, intrinsèque à notre corps et nécessaire pour vivre.

Pour autant, le corps n'a pas l'exclusivité de cet instinct de réparation, étant donné qu'au même titre, notre esprit sent et détient l'instinct de réparer nos blessures émotionnelles. Aussi simple que ça. Nous avons donc la réponse à la question qui donne lieu à ce chapitre. Peut-on reconstruire sa vie ? Oui, sans aucun doute. Et, de surcroît, nous y sommes parés.

Le paradoxe de la souffrance

Contrairement à ce qui arrive à notre corps, dans certains cas, nous ne permettons pas à notre processus de réparation mentale de s'accomplir et nous interférons de telle sorte que nous stagnons dans la douleur émotionnelle. C'est comme si, de façon perverse, nous aimions subir cette douleur. C'est complexe de comprendre pourquoi nous nettoyons et désinfectons une blessure physique pour la guérir alors, qu'en revanche, nous ne le faisons pas pour les blessures émotionnelles ; ce qui éviterait qu'elles ne s'infectent et ne s'éternisent.

Pourquoi ne guérissons-nous pas nos blessures émotionnelles ? Pourquoi n'écoutons-nous pas et ignorons-nous ce que notre âme nous demande à cor et à cri ? Pourquoi empêchons-nous le processus de réparation de la blessure ? Il n'y a pas de réponse simple. Dans certains cas, nous nous déconnectons de notre résistance émotionnelle et des ressources appropriées dont nous disposons pour faire face à l'épreuve. Dans d'autres cas, c'est que nous sommes tellement à bout que nous ne sommes pas en mesure de nous connecter à nos ressources. Parfois, nous oublions l'essentiel et nous nous fourvoyons dans la douleur que nous ressentons. Et d'autres fois, la raison est culturelle, quand à un moment donné, nous nous mettons en tête que nous sommes venus au monde pour souffrir et nous ne faisons donc rien pour arrêter cela.

Le géant endormi

Si vous me le permettez, je vais à nouveau utiliser l'analogie de la réparation physique d'une blessure pour apporter l'illustration d'un nouveau concept très important. En général, notre corps ne nous envoie pas de signes précis en nous indiquant qu'il peut se réparer. Bien au contraire, il est discret quant à son potentiel. Le corps est serein, étant donné qu'il sait qu'il dispose de tout un arsenal de réparations prêt à se mettre en marche. Mais, entre-temps, il se consacre à vivre et ignore totalement la peur de subir une blessure.

Notre corps est paré, rechargé, prêt à venir à bout de n'importe quelle blessure ou fracture, mais il n'entrera pas en action tant que nous n'en avons pas besoin, il ne s'éveillera pas tant qu'il n'est pas blessé. De la même façon, notre esprit détient tout ce dont il a besoin pour réparer la douleur émotionnelle et, tout comme notre corps, ne nous prévient pas constamment qu'il est paré. Mais, au contraire de ce qui se passe avec la douleur physique, nous ne nous sentons pas en confiance quant à notre capacité à soigner notre douleur émotionnelle.

N'oubliez pas que vous avez tout ce dont vous avez besoin pour réparer une blessure, mais que vous ne le mettrez pas en œuvre tant que vous n'en aurez pas besoin. Je comprends que vous puissiez ressentir de la peur et même que vous pensiez que vous ne pourrez pas surmonter une fracture, pourtant vous ne devez pas vous en préoccuper. Gardez votre énergie et vos forces pour le moment venu. Si vous vivez dans la peur absolue, vous n'arrêterez pas de lancer des hypothèses et de vous dire bêtement « et si... », et plus il y aura de « et si... », plus vous fragiliserez votre corps et votre âme.

Vous vous imaginez ce qui adviendrait si votre corps réagissait face à d'éventuelles menaces ? Imaginez que face à chaque infime éventualité de courir un risque, notre corps active son système d'alarme et envoie des anticorps pour repousser l'envahisseur.

Nous tomberions malades, sans nul doute. Comme vous aurez pu en conclure, cette surréaction est dysfonctionnelle et provoque de grandes altérations de la santé. De la même façon, la surréaction cognitive et émotionnelle face aux dangers imaginés ou craints provoque de grandes altérations dysfonctionnelles dans notre quotidien, comme l'incapacité de se concentrer, des problèmes de mémoire, de la tristesse, de l'anxiété, des peurs limitatives et une longue liste de symptômes qui peuvent donner lieu à des troubles majeurs. La moindre alerte infondée, la moindre souffrance inutile, le moindre effort excessif pour se protéger d'un spectre nous fait consommer une quantité d'énergie qu'il est très dur de récupérer.

Le processus de reconstruction

Reconstruire sa vie est un processus complexe qui passe par plusieurs phases. Quand vous venez de prendre un coup qui vous a terrassé et cassé en mille morceaux, pas facile d'être clairvoyant. Ce qui se produit en premier lieu lors d'une blessure émotionnelle, c'est une espèce de désorientation affective qui brouille la raison et les sens. Vous êtes dans l'incapacité de penser de façon claire, la douleur s'immisce en vous et se propage dans votre passé et votre futur. Votre attention devient partiale et biaisée. Vous regardez droit devant, vers le futur, et vous ne voyez rien d'autre que solitude, peur, chaos et tristesse. Vous regardez en arrière et ne comprenez rien. Et dans ce désespoir total, vous en oubliez de regarder à vos côtés pour voir s'il y a quelqu'un à qui vous confier, quelqu'un sur qui compter. Il y a toujours quelqu'un, mais vous n'arrivez pas toujours à le voir. Parfois, c'est un ami, un conjoint ou un proche, mais il peut s'agir également d'un psychologue.

Tout comme il s'avère inutile d'aller chez le docteur pour une égratignure bénigne, il est tout aussi inutile de faire appel à un psychologue pour un petit revers. Par contre, si ce qui semblait être une simple blessure se complique ou s'il s'agit d'un grand traumatisme, nous n'hésiterons pas consulter un médecin spécialisé dans le but de s'assurer d'un prompt rétablissement, de minimiser la souffrance et de contrôler les risques d'éventuelles complications. Dans le même ordre d'idées, si vous voyez que votre blessure émotionnelle se complique, vous échappe et prend un tour incertain, n'hésitez pas à faire appel à un psychologue.

Il est vrai aussi que certaines personnes peuvent arriver à y voir plus clair grâce à la simple compréhension de quelques processus psychologiques de base. C'est pour cela, dans ce livre comme dans le précédent, que je me suis efforcé de faire sortir la psychologie hors les murs pour la mettre à votre service.

Mais revenons au sujet que nous traitons, c'est-à-dire à l'analyse de notre blessure émotionnelle. Au début, nous ne savons pas ce qui s'est passé, nous ressentons simplement un mélange d'émotions intenses. La douleur s'imprègne de rage, la tristesse de frustration, la rancœur de déception. Nous nous mettons à cogiter, nous n'arrivons pas à nous concentrer et nous ne dormons plus. Peu à peu, en l'espace de quelques jours, la désorientation affective s'estompe et laisse place à la lumière, laquelle nous éclaire peu à peu sur ce qui est arrivé. Notre regard est brouillé, comme lorsque nous nous réveillons. Nous ouvrons les yeux et nous devons les refermer. Peu à peu, tout nous semble plus clair. Les ombres se transforment en formes précises. Le voile se lève et la réalité que nous ne voulions ou ne pouvions pas voir au début apparaît enfin devant nos yeux.

Lors de cette phase, nous tirons peu à peu au clair ce qui est arrivé et ce que nous ressentons. Nous faisons le point sur les circonstances, nous réhabilitons la réalité et nous commençons à être en mesure de prendre quelques décisions. Certaines personnes préfèrent pourtant fermer les yeux à nouveau face à la douleur qui est censée montrer le vrai visage de la réalité ; ce qui interdit donc le processus de guérison. C'est précisément dans cette phase que nous décidons de rester figés dans la douleur. Dans notre tête rôde la victimisation, la colère ou l'incompréhension ; autant d'émotions qui deviennent un état d'esprit qui finira par avoir des conséquences majeures.

Enfin, un jour, si nous n'avons pas décidé de fermer les yeux à nouveau et de vivre dans notre monde imaginaire, se met en place, sans nous en rendre compte, la phase de cicatrisation, la plus importante. C'est là où nous devons suturer les plaies. La vie a changé. Elle ne sera plus comme avant, mais il se peut qu'elle soit encore mieux. Acceptez le changement. Accepter ne vous réjouira pas forcément, mais si vous n'acceptez pas la situation, vous ne pourrez pas commencer à cicatriser.

L'épreuve est synonyme de défi

Vous êtes né à nouveau. Nous renaissons tous les jours. Nous allons nous coucher sans savoir avec certitude si nous nous réveillerons le matin suivant ; le lendemain est donc une renaissance, une nouvelle opportunité. Chaque nouveau matin, chaque semaine, chaque mois, chaque saison, chaque année est une opportunité merveilleuse pour recommencer, pour reconstruire sa vie, pour défier l'adversité.

Les défis sont stimulants, entreprenants et vous poussent à donner le meilleur de vous-même, alors que les problèmes, les épreuves ont une connotation négative et ont tendance à nous bloquer, à limiter notre créativité et notre potentiel de développement. Transformez l'épreuve en défi et vous activerez l'instinct de réparation avec efficacité et rapidité.

Si vous êtes détruit, dites-vous, qu'à tout moment, vous pouvez vous reconstruire. Plus encore, vous devez vous reconstruire. Et, une fois reconstruit, vous serez plus fort ; vous en prendrez conscience et vous vous sentirez plus confiant et mieux préparé pour affronter de nouveaux défis. Mais se reconstruire ne suffit pas, vous devez également tirer les leçons de ce qui s'est passé, terminer une étape et sublimer votre blessure. Vous savez pourquoi ? Parce que le regard se porte toujours sur la blessure, celle-ci étant le point le plus faible, le maillon par lequel s'est brisée la chaîne.

Notre processus de reconstruction n'est pas une énigme. La méthode que je vous propose et que je développe avec parcimonie dans la seconde partie du livre se voue tout d'abord à recoller les morceaux de notre âme brisée, puis se poursuit sur une analyse détaillée de la situation, ce qui nous permettra de tirer la leçon de ce qui est arrivé. Ensuite, nous nous connecterons à notre résistance émotionnelle : c'est le recours indispensable pour reconstruire ce qui a été détruit et, enfin, mais tout aussi crucial, nous sublimerons nos cicatrices dans le but de ne pas les envisager avec nostalgie ou douleur, mais avec la joie de quelqu'un qui constate qu'il a une grande résistance. Nous couvrirons nos cicatrices avec de l'or, afin que lorsque nous les contemplions, nous comprenions que, en surmontant notre épreuve, nous avons mûri, embelli et gagné en résistance.

Il est nécessaire de réinterpréter cette blessure, ce que l'on parvient à faire uniquement avec un travail psychologique. Il est très important que vous développiez ce processus, étant donné que le souvenir de l'incident vous rendra probablement visite à un moment ou un autre dans votre vie, et vous devez être paré quand ce jour arrivera. Le souvenir de ce dont vous avez souffert s'incruste parfois dans votre vie et, sans le vouloir, vous fait du mal. Lorsque nous regardons en arrière, nous déformons le souvenir, la victimisation et l'apitoiement de soi en profitent alors pour s'incruster dans notre vie.

Nous ne pouvons pas adopter une attitude passive et laisser les émotions négatives s'accaparer de notre vie et de notre moral, nous entraînant dans un puits froid et opaque. Nous pouvons et nous devons nous connaître et comprendre ce qui nous est arrivé afin de gérer ces émotions négatives qui réclament notre attention. L'endroit où vous êtes et ce que vous avez vécu et subi a de l'importance, mais l'endroit où vous êtes et le chemin que vous voulez emprunter a de l'importance également. Il y a toujours un destin, il y a toujours une alternative, il y a toujours d'autres possibilités, mais afin de pouvoir atteindre votre nouveau destin vous devez vous être reconstruit.

Je sais que vous avez peur, je sais que vous croyez que mieux vaut un démon que l'on connaît qu'un ange que l'on ne connaît pas, je sais que vous croyez que vous ne pouvez pas reconstruire votre vie. Vous vous trompez, c'est la douleur qui dicte vos paroles. Je sais que vous êtes dans le faux et que vous pouvez à nouveau être heureux. Qu'attendez-vous ? Passez à l'action !

N'oubliez pas...

- Vivre comporte l'éventualité de subir une blessure, mais tout va bien, notre corps a déjà tout prévu et est paré pour guérir les blessures physiques et émotionnelles.
- L'important, c'est d'être plus fort que la vie et d'être capable de réparer ce qui est détruit.
- Ne restez pas figé dans la douleur et laissez votre esprit activer l'instinct de réparation. Ne la bloquez pas avec des idées reçues et des schémas peu fiables.

DEUXIÈME PARTIE

Kintsukuroi,
l'art de reconstruire sa vie

« Je veux reconstruire le bol ! dit Sokei à Chojiro avec un regard serein, déterminé et ferme. Je m'en veux d'avoir mis tellement de temps à me décider.

— Cher Sokei, le temps n'est pas la question, tu n'as pas à t'en vouloir pour ça. »

Vous devez reprendre le contrôle de votre propre vie, de vos émotions, de votre instinct et de vos agissements, de vous-même : ce sera la base qui vous permettra de reprendre confiance en vous et en vos atouts. Le moment est venu de réapprendre à vivre une vie différente, à marcher et à respirer. Vous devez vous reconstruire. Parfois, vous devrez le faire tout seul, parfois vous aurez de l'aide ; mais, quoi qu'il en soit, faites-le en vous libérant du poids du passé, en profitant de l'expérience et de l'émotion ; passez à l'action pour de bon ! Si vous ne reconstruisez pas votre vie, la crise, l'épreuve ou le drame que vous avez vécu deviendra votre jalon, votre unité de mesure, le centre de votre univers, et sans que vous en soyez conscient, c'est cela qui régira vos choix, vos souvenirs, vos peurs et vos désirs.

La vie ne se reconstruira pas d'elle-même. N'attendez pas que quelque chose se produise simplement parce que vous le désirez, car prendre ses désirs pour la réalité ne suffit pas à reconstruire sa vie. L'action se chargera de vous donner cette vie meilleure, de vous aider à surmonter les épreuves, de recoller les morceaux et de reconstruire votre vie. Êtes-vous prêt à passer à l'action ? Êtes-vous prêt à vous reconstruire ?

N'attendez pas de toucher le fond

Nous devons parfois toucher le fond pour remonter à la surface, pour commencer à nous battre pour une nouvelle vie, pour nous rendre compte que notre destin doit prendre un tournant. Changer n'est pas facile. Assumer qu'il est possible d'être responsables de la situation dans laquelle nous nous trouvons ne l'est pas non plus.

De nombreux accomplissements de l'humanité ont été menés à bien par des personnes qui ont touché le fond, des personnes qui n'en pouvaient plus, des personnes qui, depuis les tréfonds de leur souffrance, n'ont pas eu pas d'autre choix que de relever la tête, des personnes dont le seul choix était de recoller les morceaux et de reconstruire leur vie. Mais n'attendez pas de toucher le fond pour activer tous les recours dont vous disposez. N'attendez pas d'atteindre la limite pour trouver l'énergie nécessaire à reconstruire votre vie. Vous ressentez sans doute déjà que vous devez établir des changements, que vous souffrez pour des choses que vous pouvez changer, que vous pourriez vivre une vie différente. N'ignorez pas ces signes, ne cherchez pas à les museler en vous réfugiant dans l'agitation, la domination ou l'aventure. Posez-vous et écoutez ce que votre corps et votre âme ont à vous dire, étant donné que certaines personnes, lorsqu'elles touchent le fond, n'arrivent plus à sortir de ce puits sans fond.

Ne restez pas figé dans la douleur

On ne meurt pas parce qu'on tombe dans une rivière mais parce qu'on y reste. De la même façon, on ne peut pas éviter de souffrir à cause d'une épreuve, d'une affliction, d'un problème… Pourtant, on peut éviter de rester piégé dans la souffrance. Nous avons tous besoin de temps pour digérer une affliction ; un temps de réflexion. Parfois, notre réaction est lente, trop lente. Face à l'affliction, il est naturel de se figer dans un état de choc initial, et d'en être déboussolé, sonné. Mais suite à cette brève période, nous avons l'obligation et le devoir de commencer à reconstruire notre vie.

Permettez-moi de partager avec vous une anecdote qui illustre à la perfection ce phénomène. C'était mi-juillet et nous étions plusieurs familles en virée dans les Pyrénées. Après un bref parcours, nous sommes arrivés à notre destination, un lac sublime, entouré de montagnes escarpées. Nous marchions depuis quelques heures et nous avions faim ; nous avons donc cherché un endroit pour nous poser, monter le camp de base et reprendre des forces. Nous nous sommes installés sur une butte pour surveiller les enfants qui allaient et venaient au lac et nous avons sorti la collation. Une tortilla ici, des olives là, des tacos au fromage… Que c'est bien un pique-nique en plein air ! Mes restaurants préférés sont toujours de la même chaîne, celle des recoins exquis que nous offre la nature pour manger où ça nous chante avec des vues imprenables. Alors que nous mangions, nous bavardions tous avec enthousiasme, sauf une personne. L'un des parents n'arrêtait pas de se plaindre encore et encore. Apparemment, il s'était assis sur une fourmilière et de temps en temps, il sentait la désagréable démangeaison provoquée par les morsures des fourmis.

« Qu'est-ce qui t'arrive, lui demanda sa femme ?

— Rien, des fourmis qui me piquent.

— Change de place, lui conseilla un autre des convives.

— C'est pas grave et j'ai la flemme de me relever maintenant. »

Et il continua de se plaindre de temps à autre.

« Qu'est-ce qu'il a ? demanda l'une de nos amies qui venait de se joindre au pique-nique. Pourquoi il se plaint comme ça ?

— Parce qu'il s'est assis sur une fourmilière, répond sa femme.

— Pourquoi il ne change pas de place ? ajouta-t-elle.

— Parce qu'il ne s'est pas fait assez piquer. »

Là se trouve la clé ! Mon cher ami a estimé que la difficulté du changement était supérieure à la souffrance imposée par les fourmis. De la même façon, de nombreuses personnes ne bougeront pas le petit doigt pour reconstruire leur vie jusqu'à ce qu'elles ne supportent plus la douleur. Parfois, lorsque la douleur est très forte, nous nous trouvons dans le pire des états pour effectuer ce changement dont nous avons besoin : nous sommes abîmés, fatigués, et nous nous sommes perdus en chemin. N'attendez pas que la douleur de la vie vous pousse à bout. La difficulté du changement vaut bien mieux que la facilité de l'abandon dans la souffrance.

Passez à l'action. Ne vivez pas la vie comme un spectateur, soyez acteur. Mieux encore, vous êtes l'acteur principal du film de votre vie. Passez à l'action et faites un premier pas pour commencer à reconstruire votre vie ! Rejetez les scénarios qui veulent entraver le film de votre vie. Écrivez votre propre scénario. Réalisez votre propre film, lancez-vous maintenant. Arrêtez de vivre un drame en noir et blanc et commencez à vivre un film en couleur… Faites le premier pas, prenez la décision de reconstruire votre vie. Vous avez assez souffert.

Pensez différemment

Nous pensons peu et mal, ce qui m'a poussé dans cette seconde partie à vous donner quelques clés pour mieux penser. Nous avons tendance à conclure avant de réfléchir, ce qui nous induit en erreur et, de fil en aiguille, nous essayons de nous en justifier.

Je vous propose de penser différemment, de penser avec des clés simples. Simplifier les choses n'est pas une petite affaire : cela implique un certain effort. Simplifier la réalité n'est pas quelque chose de banal ; au contraire, c'est quelque chose de très important, censé apporter un changement d'attitude qui nous aidera à gagner en bonheur et en bien-être émotionnel.

Penser de façon simple : il s'agit de ne pas se compliquer la vie avec ce dont nous n'avons pas réellement besoin. Des fourmis vous piquent ? Changez tout simplement de place. Vous n'aimez pas votre travail ? Essayez simplement de l'enrichir ou changez-en. Vous ne vous sentez pas bien ? Allez simplement chez le docteur. La clé, c'est la maîtrise de la pensée. Nous devons donc arrêter de cogiter et de nous préoccuper : nous devons passer à l'action. Il s'agit de transformer l'inaction en action, d'arrêter de prendre ses aises, de faire un pas en avant, d'arrêter de nous préoccuper et d'anticiper un hypothétique futur afin d'entrevoir ce qui en réalité peut nous arriver.

Recollez les morceaux

Sokei ramassa les six morceaux avec délicatesse ; mais il réalisa soudain que par terre se trouvait un septième fragment. Un fragment très petit, quasiment invisible à cause de la faible lumière obstruée par un rideau de pluie diluvienne qui entrait par l'une des fenêtres de l'atelier de Chojiro.

J'aime escalader, j'ai beaucoup escaladé et, régulièrement, lorsque j'escalade, je suis émerveillé par les accomplissements de la vie, par la lutte pour la survie de la nature. Je tombe souvent sur des plantes qui poussent au milieu de nulle part, au détour improbable d'une façade rocheuse totalement verticale. En ce lieu, la vie se bat et fait preuve d'une grande capacité d'adaptation ; cette résistance est la même que celle qui nous a été octroyée par la nature et la vie. N'oubliez pas, nous pouvons nous relever de la pire des situations et nous épanouir ; cela dit, nous n'y arriverons pas tant que nous ne passerons pas à l'action.

Savez-vous quel est le premier pas que nous devons faire ? Recoller les morceaux de ce qui s'est cassé. Oui, les recoller. Souvent, nous ne leur prêtons pas attention et nous les cachons ou nous les conservons dans un tiroir à souvenirs quand ce n'est pas des oubliettes. Ce n'est pas la solution ; elle ne vous aidera pas à vous reconstruire mais vous obligera à rester ancré dans la douleur, à vous fourvoyer ou à ignorer l'événement malheureux qui vous touche. Des stratégies faussées en somme. Je vous encourage donc à recoller les morceaux, à les sortir du tiroir de l'oubli, à les libérer de leur léthargie dans le tiroir des souvenirs déplaisants et à tout mettre sur la table. Nous allons passer à l'action et nous allons le faire ensemble.

Connaissez-vous votre *ikigai* ?

Pour commencer à vous reconstruire, vous devez connaître le pourquoi du comment. Nous parlerons du comment en long et en large dans la troisième partie du livre avec les différents cas que je vous ai préparés. Mais nous ne pouvons pas parler beaucoup du pourquoi puisque vous devez trouver cela par vous-même. Je peux vous en expliquer les raisons les plus communes, mais vous serez le seul à pouvoir trouver la vôtre.

Recollez les morceaux pour vous, ou pour votre conjoint ou pour vos enfants, peu importe, mais allez-y. Vous pouvez décider de vous reconstruire pour ce que vous avez été ou pour ce que vous pourriez être, pour rien en particulier, pour la vie dont vous avez la chance de profiter, parce que vous devez être heureux ou même pour contrarier la personne qui vous a blessé. Peu importe la motivation que vous trouvez ! Au bout du compte, tout ce qui m'intéresse c'est que vous trouviez la force et l'élan qui vous permettront de commencer votre reconstruction. Je pourrais continuer à vous suggérer d'autres raisons, mais si elles ne vous correspondent pas, ça ne servira à rien. Cela dit, procédons par étapes.

Pourquoi vous levez-vous tous les matins ? Quelle est la motivation qui vous sort du lit tous les jours ? Au Japon, il existe un terme pour décrire la raison de vivre ou d'être : « ikigai ». Nous avons tous un ikigai, même si nous ne le savons pas. Mais justement, la quête de votre ikigai est quelque chose qui donnera lieu à beaucoup de satisfaction et à une grande réalisation de soi, étant donné que lorsque vous vous connecterez à votre ikigai, votre vie trouvera un sens. Nous vivons souvent dans l'apparence et la possession qui nous donnent un statut, dans des métiers qui donnent beaucoup de prestige mais que nous n'aimons pas, au travers de stéréotypes hérités, de lambeaux des vies d'autrui et d'un sens tronqué. Mais cette vie emplie d'apparences ne tient pas debout et s'effondre la plupart du temps et, lorsque c'est le cas, c'est en général sous la forme d'une crise. Pour certaines personnes, cette crise qui arrive la plupart du temps à l'âge adulte est une opportunité pour découvrir quel est son ikigai et le sens de sa vie.

Néanmoins, lorsque vous souffrez, ce n'est pas le meilleur moment pour trouver un sens à votre vie car cet état complique tout. Vous êtes déjà allé au supermarché le ventre vide ? Lorsque vous cherchez le sens de votre vie au moment précis où vous subissez une crise, il arrive quelque chose de semblable. Si vous vous trouvez dans un état émotionnel altéré ou intense, la raison se brouille et vous en venez, en général, à réagir de façon impulsive. Qu'espériez-vous ? Vous souffrez ! Vous souffrez à cause de certaines valeurs et de certains principes qui ne vous correspondent pas. Vous voulez donc en finir le plus vite possible avec cette souffrance, c'est bien pour ça que vous risquez de faire un faux pas.

Lorsque nous cherchons un sens à la vie en pleine crise, nous sommes de la chair à canon pour la première solution ou idée qui s'invite à notre table, nous sommes un appât pour des personnes futées qui nous apporteront du sens en échange de leur propre bénéfice, nous sommes des victimes vulnérables de croyances mystiques, pseudosciences et théories alternatives. Lorsque nous avons faim, tout fait l'affaire, et lorsque nous souffrons, toute option est valable. Je vous propose, au contraire, de ne pas attendre d'être en état de crise pour donner du sens à votre vie, le sens que vous souhaitez vraiment, pas le sens que veulent vos parents ou amis, ni un sens basé sur des idéaux dont la concrétisation sera difficile. Lorsque vous découvrez votre ikigai, vous découvrez ce qui vous donne du courage, ce qui vous donne la vie. Vous serez heureux lorsque votre vie aura un sens, un sens pour vous, mais vous devez tout d'abord vous mettre en quête du silence afin de pouvoir chercher la bonne direction en vous.

Avez-vous remarqué le bruit qui règne autour de nous ? Nous ne supportons pas le silence. Nous sommes capables de courir en pleine montagne avec de la musique dans les oreilles, même si cela signifie que nous perdons la belle mélodie que nous offre la forêt. Nous nous divertissons avec du bruit, nous fuyons le silence sans être conscients que nous ne pourrons pas nous connecter avec nous-mêmes, avec notre for intérieur, avec nos rêves et désirs, et avec nos besoins si nous ne sommes pas enveloppés de silence. Le silence nous fait peur. Nous nous efforçons de faire du bruit pour ne pas nous écouter. Nous croyons que le bruit masque tout, mais ce n'est pas le cas. Nous travaillons déconnectés, nous aimons déconnectés, nous mangeons déconnectés… toujours dans le bruit, toujours en fuyant le silence dont nous avons tant besoin pour vivre en paix.

Quel dialogue avez-vous avec vous-même ? Vous ignorez-vous ? Que voulez-vous taire ? La meilleure stratégie pour profiter du silence, c'est de prêter attention aux messages que vous envoie votre corps. Je vous invite à vous rendre dans une forêt et à écouter son silence, votre silence. Connectez-vous à lui et connectez-vous à vous-même. Écoutez-vous. Arrêtez de vous ignorer.

Le bruit adopte de nombreuses formes. Parfois, il prend la forme d'un besoin de reconnaissance, d'autres fois, c'est la vanité, un ego exacerbé, l'agressivité ou le narcissisme. Nous fuyons la tristesse sans savoir que c'est une émotion utile pour vivre, pour évoluer. La tristesse n'est rien d'autre qu'une focalisation sur le silence intérieur. J'ai peur ! Mieux vaut que je fasse du bruit… Permettez-vous d'être triste, pas dépressif, et écoutez-vous. Interprétez avec sagesse ce que vous entendez et prenez des décisions. La tristesse vous aidera à trouver le courage dont vous avez besoin. Votre âme ne fera pas silence tant que vous ne serez pas à son écoute.

Votre ikigai est la raison pour laquelle vous devez recoller les morceaux et reconstruire votre vie et votre âme détruites, d'une façon plus sage et heureuse. Vous souffrez. Votre âme a fait naufrage. Votre présent est sans doute sombre et triste. Vous êtes meurtri ; pourtant, le simple fait de savoir, avec certitude, que dans un futur proche, vous vous sentirez mieux et que vous avez ce qu'il faut pour vous reconstruire est un motif suffisant pour vous motiver à recoller les morceaux de votre âme et à faire le chemin que vous devez accomplir pour reconstruire ce qui en vous a été détruit. Votre ikigai est en vous.

Cherchez votre ikigai

Je vous propose un exercice. Nous sommes d'accord sur le fait que vous avez un ikigai ; un motif pour recoller les morceaux, un sens qui vous pousse à passer à l'action. C'est fantastique ! Mais je vous encourage à avoir plusieurs ikigais, à analyser quels sont ceux que vous pouvez dénicher. Analysez l'événement malheureux qui vous touche : cela vous permettra d'apprendre quelque chose sur l'épreuve que vous avez vécue ou que vous vivez en ce moment. Analysez quel a été le sens de votre vie jusqu'à présent et sachez si vous devez le redéfinir. Parfois, même si notre intention est bonne, notre décision est faussée et nous croyons que notre vie ne tient qu'à nos enfants, à notre conjoint, à notre travail, à nos parents et la liste est longue ; alors, qu'en réalité, jamais, ô grand jamais, vous ne devez laisser à un événement seul la responsabilité de diriger votre vie.

Moi je regorge d'ikigais. Tous les matins, je me lève tout simplement parce que je peux me lever. J'ai perdu des amis sur le chemin de la vie et je crois que je suis privilégié de pouvoir continuer à vivre intensément. Je me lève pour moi et pour tout ce que je désire faire. Je me lève pour ma femme et pour ma fille, pour mes patients, pour aller me balader, pédaler ou skier perdu dans la montagne, pour voir un chamois, une marmotte ou un loup, pour mettre mes compétences au service d'une œuvre sociale, pour sortir la psychologie des salles de classe, pour apprendre et pour enseigner, pour voyager, pour sourire et pour profiter d'un baiser ou d'une accolade. Tous les matins, je me lève pour le super gros câlin que je vais faire à ma fille, pour m'allonger sans rien faire dans un pré, pour sentir le soleil sur mon corps, pour que la pluie me mouille et pour profiter d'une bonne lecture. Je pourrais remplir des pages et des pages avec mes ikigais. Certains sont plus transcendantaux, d'autres sont plus épiques, beaucoup sont des plus banals, mais ils donnent tous un sens à ma vie, et le jour où ils ne m'en donneront plus, je chercherai de nouveaux ikigais.

Savez-vous comment vous pouvez effectuer cet exercice ? En vous demandant quel est le sens de ce que vous faites, du lieu où vous vivez, de votre travail et conjoint, de votre style de vie et de vos vacances. Je vous encourage à passer en revue tous les aspects de votre existence et de vous demander quel sens ils ont pour vous, s'ils contribuent à votre bonheur ou non.

Il est possible que vous ne me croyiez pas, pourtant je vais vous le raconter quand même. Je me demande presque toujours quel est le sens de ce que je vais accomplir. Quel est le sens que je boive un café ? Je le bois par habitude ? Qu'arrivera-t-il lorsque je boirai ce café ? Quel est le sens de consulter mon téléphone pendant que je conduis ? Quel est le sens d'assister à une conférence précise ? Quel est le sens de mon énervement ? Quel est le sens d'écrire un livre ? Tous les jours, plusieurs fois par jour, je me pose des questions sur le sens de ce que je vais faire.

Est-il utile que je recolle les morceaux ?

Nous pouvons nous dire que l'épreuve est déjà derrière nous, que les sévices sont révolus et que le temps nous aidera à tout remettre en place… Pour autant, je suis désolé de vous apprendre que cette réflexion n'est ni valable ni acceptable. La fin des sévices n'est pas synonyme de la fin du problème. La fin d'un processus de recherche d'emploi n'est pas synonyme de la fin du problème. Les sévices, la souffrance et l'épreuve laissent une blessure dans votre âme qui a besoin de votre volonté et de votre action pour cicatriser. Si vous ne recollez pas les morceaux, vous laisserez libre cours au hasard pour vous guérir.–La clé se trouve ici dans le plus ou moins. Vous allez bien ? Plus ou moins… Mais plus ? ou moins ? Un bon processus de réparation doit être bien fait, sciemment, le plus ou moins ne vaut rien.

Dès lors que l'épreuve a été subie, des séquelles peuvent perdurer dans le temps, selon votre bon vouloir ou celui d'autrui. Vous avez peut-être été maltraité, vous avez peut-être réussi à vous échapper de la maison où vos parents vous frappaient, mais comme vous ne gérez pas le passé, vous continuerez à faire des cauchemars, à manquer de confiance en vous, à vous comparer à d'autres personnes et à vous isoler. Vous avez peut-être été accro à une drogue et vous avez su y mettre un terme mais si vous ne gérez pas le passé, vous continuerez d'être dominé par la peur de faire une rechute. Vous culpabiliserez pour toute la douleur que vous avez provoquée, vous manquerez de confiance en vous et vous fuirez les fantômes du passé. Vous avez peut-être vécu une mauvaise expérience amoureuse, mais comme vous ne tirez pas de leçon de la mésaventure et que vous scellez cette étape, vous ne pourrez pas aimer à nouveau dans la plénitude. Ne fuyez donc pas les peurs, les démons ou les monstres qui vous poursuivent. Arrêtez-vous, retournez-vous et évaluez la situation honnêtement.

Ne recollez que les morceaux

Baissez-vous calmement et prenez soin de ramasser et de recoller tous les morceaux de votre âme. Faites-le avec minutie, sans hâte, avec délicatesse et en prêtant attention à ne pas récolter des impuretés accolées aux fragments ; ne vous méprenez pas. Lors de la contusion, nous avons tendance à prendre des habitudes destructrices, des routines qui, apparemment, nous soutiennent, alors qu'en fait elles nous freinent. Ce sont des attitudes qui nous fragilisent et nous intoxiquent ; en définitive, ce sont des facteurs qui peuvent enrayer le processus.

La souffrance n'arrive jamais seule. Lorsque nous souffrons, sans nous en rendre compte, nous ouvrons la porte à des émotions toxiques, comme la colère, la rage, la frustration, le ressentiment ou la haine. Parfois, nous demeurons ancrés dans le ressentiment, nous devenons aigris et tombons malades. En d'autres occasions, nous ressentons de la haine, ce qui est compréhensible et même souhaitable. Lorsque la colère nous submerge, nous sommes capables de provoquer une grande douleur. La rage est un mélange de haine et de colère. La frustration, c'est cette terrible sensation qui sape l'estime de soi et le concept de soi. Nous faisons ce que nous pouvons. Mais à présent, vous pouvez faire un pas en avant et abandonner ces habitudes. En recollant les morceaux de votre âme brisée, ne vous surchargez pas de ces émotions toxiques insipides et inutiles. Recollez-les sans les contaminer. Triez activement ce que vous allez choisir dans cette nouvelle étape.

Ne laissez aucun morceau à terre en vous disant que ce sera plus facile ainsi. Je connais quelqu'un qui a recollé ses morceaux après une déception amoureuse. Il les a tous recollés sauf un, le morceau qui, selon lui, avait été la cause de toutes ses souffrances, le morceau au sein duquel résidait son credo de l'amour romantique. Je me suis baissé à ses côtés et je l'ai ramassé avec lui. « N'occultez rien, lui ai-je dit. Vous aurez sans doute à arrondir les angles du morceau qui contient votre credo de l'amour romantique, mais ne renoncez pas à retomber amoureux. Votre devoir c'est celui d'apprendre à tomber amoureux de la personne appropriée et de ne renoncer à rien par peur. »

Ainsi donc, recollez tous les morceaux et faites-les briller, vous n'allez quand même pas salir l'œuvre finale, votre grande œuvre. Éliminez les traces de larmes, de haine et de ressentiment. Jetez en pâture la victimisation, l'incompréhension et l'auto-apitoiement. Jetez en pâture toutes les émotions toxiques qui vont vous freiner, toutes les conclusions hâtives que vous avez élaborées à partir de la douleur et de la souffrance, toutes les convictions qui vous ont conduit à la situation dans laquelle vous vous trouvez. Assurez-vous d'avoir tous les morceaux dont vous avez besoin. Parfois, nous sommes pressés de nous reconstruire et nous oublions que l'empressement n'est jamais bon. Prenez votre temps, digérez l'événement, rassemblez les morceaux, examinez-les et vérifiez que vous n'en avez laissé aucun de côté.

Disposez-les, touchez-les, imprégnez-vous en. Ils ont tous quelque chose à vous raconter.

Ne les regroupez pas n'importe comment. Ne soyez ni brutal ni rustre. Chaque morceau s'imbrique à merveille aux autres. Ne forcez pas la reconstruction ; si l'un d'eux ne s'imbrique pas dans l'autre, il y a une raison. Recommencez s'il le faut, mais ne forcez pas une refondation si l'ensemble n'est pas préparé et assimilé avec soin.

Vous n'êtes pas prisonnier de votre destin, ni de vos erreurs, ni de vos afflictions. Vous êtes l'artisan de votre vie, l'acteur principal. À tout moment vous pouvez faire prendre un tournant à votre vie, celui que vous désirez, dont vous rêvez, dont vous avez besoin… Mais avant de le prendre, vous devez commencer par reconstruire votre vie, votre souffrance et votre présent.

N'oubliez pas…

- Recollez les morceaux pour comprendre ce qui vous est arrivé, ce que vous ressentez et ce que vous pensez. C'est la première étape pour saisir ce qui s'est produit et la représentation mentale que vous avez fondée sur l'événement qui vous préoccupe.
- N'attendez pas de toucher le fond pour recoller les morceaux. Si vous voulez aller mieux, vous devez agir, vous devez passer à l'action.

- Le simple fait de savoir que, dans un futur proche, vous irez mieux est une bonne raison en soi pour commencer le processus de refondation de votre vie.
- La fin du problème n'est pas synonyme de la fin de la souffrance. Les problèmes doivent être résolus par l'action.

Analysez la situation

Sokei était agenouillé. Ses mains étaient jointes, paume contre paume, reposant entre ses jambes, alors qu'il examinait dans le détail les sept fragments disposés devant lui.

Avec le temps, se mettre en perspective sert notre cause. Avec le recul tout devient plus limpide, n'est-ce pas ? C'est toujours plus facile de faire la morale à ses amis plutôt qu'à soi-même. Voilà pourquoi le temps est venu de nous mettre à penser différemment. Alors mettons-nous à l'ouvrage !

La première étape pour commencer un bon processus de reconstruction, c'est de comprendre ce qui est arrivé et de tirer la leçon de l'événement qui pose problème. Nous regardons en arrière sans cesse pour essayer de comprendre ce qui est arrivé et pourquoi c'est arrivé, mais lorsque nous essayons d'analyser l'événement problématique, nous avons tendance à ne pas bien le faire ; l'analyse est dénaturée, ce qui ne nous aide pas à mettre en place une base solide sur laquelle s'appuyer. Il s'avère qu'en nous replongeant dans l'événement problématique, nous avons tendance à lui appliquer une espèce de filtre. Comme s'il s'agissait d'Instagram, notre esprit regorge de filtres chauds, froids, saturés et flous, et il nous propose de les appliquer le moment venu, de nous replonger dans l'événement et la souffrance vécus. En faisant usage d'un filtre, nous édulcorons notre douleur et nous essayons de donner moins d'importance au souvenir que nous diluons pour le rendre plus présentable ou, au contraire, pour l'assombrir davantage.

Parfois, nous déformons nos souvenirs et même notre réalité, en y ajoutant ou en en supprimant des éléments importants comme notre responsabilité ou le faux pas de quelqu'un que nous aimons à notre égard. En d'autres occasions, nous ne supprimons pas, nous ajoutons. Nous nappons d'une sauce maison, nous ajoutons de la culpabilité qui nuance tout ou le désir de ce que nous aurions voulu qu'il arrive.

Pourtant, peu importe le filtre que nous utilisons, nous sommes dans le faux. Si nous édulcorons ce qui est arrivé, nous sommes dans le faux, étant donné que nous introduisons un facteur qui vient fausser l'analyse. Scruter à la loupe ce qui vous a meurtri sera sans doute douloureux, mais c'est le seul moyen que vous aurez pour identifier l'ampleur des dégâts. Imaginez par exemple que vous avez eu un accident de voiture, rien de grave, mais qu'au moment d'amener la voiture chez le garagiste, ce dernier ne regarde que la carrosserie et ne prête attention qu'aux dégâts matériels extérieurs. Vous serez d'accord avec moi sur le fait que ce diagnostic n'est pas approprié, étant donné que nous laissons pour compte l'analyse de certains aspects cruciaux comme le moteur ou la direction. Il va sans dire que la même chose arrive lorsque nous n'analysons pas en profondeur ce qui nous est arrivé par peur de souffrir.

Je vous propose donc d'analyser ce qui est arrivé, ce que vous avez vécu, ce que vous avez subi et rien d'autre, sans ajouts, sans coupes, sans édulcorant, sans complexification, sans filtres. Si vous souhaitez reconstruire votre vie, je vous encourage bien évidemment à analyser ce qui vous est arrivé et à l'analyser de façon appropriée.

Analyser ?

Analyser nous fait peur, nous avons du mal à le faire et lorsque nous le faisons, nous le faisons mal. Analyser quelque chose consiste à réaliser un examen approfondi de l'objet de l'analyse, ce qui sous-entend que nous devons considérer chacun de ses aspects séparément pour pouvoir connaître dans le détail ses caractéristiques, ses qualités, ses particularités ou sa teneur. Nous pourrons extraire de cet examen approfondi certaines conclusions pertinentes qui nous permettront d'obtenir une connaissance fiable et valable. L'analyse approfondie est la seule stratégie que nous avons pour essayer de rendre objective notre subjectivité.

Je vous propose de vous réapproprier la perspective, votre perspective, car lorsque nous souffrons, physiquement ou psychologiquement, la douleur monopolise toute notre attention et nous empêche de nous concentrer sur quoi que ce soit d'autre. Lorsque la douleur entre par la porte, la perspective sort par la fenêtre, et avec elle s'envole notre capacité à raisonner de façon appropriée pour analyser ce qui nous arrive et pour prendre les bonnes décisions. Sans la perspective nécessaire, nous sommes condamnés à souffrir au quotidien, nous nous en remettons aux mains du hasard et, peu à peu, nous perdons la capacité de vivre heureux et d'anticiper les problèmes du quotidien. Vous devez redevenir maître de vos émotions, de votre vie, de vos rêves, de vos actions et de votre perspective.

Lorsque vous perdez la perspective, vous devenez plus vulnérable à votre environnement, vous arrêtez de vivre dans le présent et vous restez amarré au passé. Le souvenir du passé est un acte du présent.

Notre esprit sélectionne des souvenirs précis et les met sur le devant de la scène, ou leur donne un sens, en les ramenant au présent et en les confondant avec des réalités inexistantes. Ce qui est advenu est important, bien évidemment ; pourtant, la façon dont vous l'interprétez peut varier de telle sorte qu'elle change totalement le sens de ce qui est arrivé en réalité. En définitive, le vécu subjectif d'un fait est plus important que le fait en soi. Ce qui est advenu n'est pas aussi important que ce que vous pensez de ce qui est advenu.

Quelque chose s'est produit dans votre vie, il y a quelque temps (une déception, une désillusion, une blessure ou une douleur émotionnelle). Peu importe si cela a eu lieu il y a des années ou quelques jours auparavant, mais il se trouve que vous avez vécu ce qui est advenu depuis un point de vue subjectif, et vous l'avez donc interprété d'une façon précise en fonction de votre état d'esprit, de vos estimations et de vos conclusions. En plus, de cette première distorsion sur le souvenir du passé, cette représentation que vous vous faites de l'événement malheureux au présent est déformée elle aussi. Vous réinterprétez le souvenir du passé depuis le présent et vous ajoutez une nouvelle difformité. À chaque fois que vous vous souvenez de l'événement, vous transformez ce qui est arrivé. Tout demeure véridique, pour vous en tout cas. Pourtant, sans vous en rendre compte, vous réorganisez et réinterprétez votre souvenir, en lui prêtant un nouveau sens en fonction de votre point de vue, de votre état d'esprit et de votre mémoire.

Si vous y réfléchissez bien, vous ne revivez plus ce qui est advenu, mais ce que vous croyez qu'il est advenu, et cette réminiscence faussée est à la fois un avantage et un inconvénient. Nous commençons mal pour finir bien. L'inconvénient vient du fait qu'à chaque fois que vous revivez l'événement, vous pouvez souffrir pour quelque chose que vous avez modifié, changé, accentué ou dénaturé. Mais, d'un autre côté, l'incroyable grand avantage, c'est qu'à tout instant, vous pouvez travailler sur la réinterprétation de l'événement pour terminer cette étape et vous recentrer sur une nouvelle beaucoup plus positive et fructueuse. C'est justement là que l'analyse de l'événement problématique joue un rôle primordial. Il est possible que dans la douleur, vous ayez effectué une analyse partiale, que vous vous soyez hâté dans vos conclusions, que vous ayez décidé de prendre des mesures radicales ou, même, que vous ayez été totalement démuni ; mais ne l'oubliez pas : vous agissiez dans la souffrance. Alors que si vous auscultez à nouveau l'événement avec le recul que vous avez aujourd'hui, avec la sérénité de quelqu'un qui regarde sa vie comme si c'était un film et avec la confiance que procure la distance, il est tout à fait possible que vous transformiez ce souvenir et que vous le jugiez d'une autre façon, pas aussi douloureuse, plus constructive, plus pertinente et plus réelle. À vous de jouer pour l'analyse !

Les regards extérieurs…

Nous vivons tendus vers l'extérieur, nous amusons trop la galerie et, parfois, l'opinion des autres nous importe plus que la réalité en soi. Il est important que vous analysiez la façon dont, selon vous, les autres voient ce qui vous est arrivé, ce que vous avez vécu, ce qui vous a meurtri… Cela dit, ce qui importe n'est pas leur opinion, mais plutôt l'opinion que vous croyez qu'ils ont. La clé se trouve dans vos convictions, dans ce que vous croyez. Nous augurons des regards, nous imaginons des comportements et interprétons des attitudes en fonction de nos convictions bien plus qu'en fonction des agissements des personnes qui nous entourent.

Je me souviens du cas d'un couple dont le mari est mort après une longue et douloureuse maladie. La femme s'est sentie libérée, pas par rapport à elle, mais par apport à la souffrance si intense et si dévastatrice à laquelle avait été soumise la personne qu'elle aimait le plus au monde. En secret, elle se sentait bien car sa souffrance et celle de son mari avaient cessé. Pourtant, juste au moment de la mort de son bien-aimé, une autre souffrance beaucoup plus violente a pris place ; la souffrance qu'elle croyait devoir feindre par rapport aux regards des proches, de la famille de son mari, de leurs fils et belles-filles, des voisins et amis. Le châtiment que s'est infligé cette pauvre femme a été aussi douloureux, voire bien davantage, que l'expérience traumatisante qu'elle avait vécue.

Je vous conseille donc d'ignorer les regards extérieurs, de vous défaire de ce que les autres pensent, de ne pas vous laisser influencer par le jugement de quelqu'un qui se forge une opinion à partir d'éléments partiaux et présumés.

Vous êtes le seul à savoir ce par quoi vous êtes passé. Vous êtes le seul à être conscient de la souffrance que vous avez subie. Cela ne vaut pas la peine de rendre des comptes à autrui. Celui qui est empathique et parvient à comprendre votre ressenti sans le juger sera le bienvenu ; les autres seront ignorés. Vous avez déjà assez souffert. Ne souffrez plus.

Les questions prépondérantes

Je sais qu'analyser le passé n'est pas une tâche aisée, nous le ferons donc ensemble. Si cela vous convient, je vous propose un exercice qui nous servira de fil conducteur. Choisissez tout d'abord quelque chose qui vous fait mal, quelque chose du passé qui a provoqué de la douleur, une déception ou une épreuve. Vous l'avez ? Je veux que vous vous posiez à présent plusieurs questions avec moi et, le plus important, que vous y répondiez dans le calme et avec sincérité. Prenez votre temps, rien ne presse. Je préfère une réponse réfléchie et bonne qu'une réponse hâtive et partiale. Vous êtes prêt ?

Qu'est-il arrivé ?

Cette première question se pose à nous : que s'est-il passé ? Cette question a l'air simple ; pourtant, ne vous fiez surtout pas aux apparences ! Au lieu de répondre dans la précipitation, réfléchissez quelques instants, quelques jours si besoin est. Je veux que vous vous demandiez ce qu'il s'est passé, pas ce que vous croyez qu'il s'est passé, ce que vous auriez aimé qu'il se passe, ce que vous avez pensé sur ce qui s'est passé ou votre interprétation de ce qui est arrivé. L'important est de se focaliser sur les faits. Essayez de raconter l'incident sans rien ajouter ou supprimer, sans interprétations, sans déformation. Si cela a lieu en ce moment même, vous êtes mieux loti, étant donné que le souvenir passé déforme souvent la réalité.

Essayez d'analyser l'incident. Afin de mener cela à bien, je vous propose de le mettre par écrit. Écrivez un récit, un rapport approfondi sur ce qui est arrivé ou sur ce qui arrive. Imaginez que vous devenez un émissaire des Nations unies qui exerce en tant qu'observateur et qui va établir un rapport sur ce qui vous arrive. Cela vous semble peut-être complexe, mais je vous encourage vivement à le mettre par écrit. De cette façon, vous ferez le ménage dans votre tête, vous séparerez le bon grain de l'ivraie, vous identifierez les sentiments, les opinions et les agissements, et lorsque vous le relirez vous pourrez corriger votre déclaration, votre rapport, votre description des faits.

Pourquoi est-ce arrivé ?

Nous continuons le rapport ? Pourquoi est-ce arrivé ? Pourquoi cela arrive-t-il ? Pourquoi souffrez-vous ? Je n'ai jamais été du genre à laisser passer les choses. Je m'explique : face à un problème, nous pouvons agir de deux façons : soit s'attaquer aux conséquences du problème, soit s'attaquer aux racines du mal. Dès lors que cela est possible, ce sera judicieux d'attaquer l'origine du problème, mais pour mener cela à bien, il est nécessaire de l'identifier complètement car que si nous nous trompons de cible, nous dépenserons toute notre énergie au mauvais endroit et nous nous mettrons en tête que nos efforts ont été vains.

Que se cache-t-il derrière l'épreuve ? Quelle est l'origine de votre souffrance ? Je me souviens d'une personne qui me disait que le point de départ de tous ses malheurs, c'était sa mère, alors que l'origine de tous ses problèmes, c'était qu'elle ne savait pas prendre de décision. Je me souviens d'un autre cas où le protagoniste croyait que l'origine de toute sa souffrance était son incapacité à gérer les conflits, alors que l'origine de tous ses problèmes, c'était son manque d'estime de soi. Analysez ce qui provoque votre souffrance et faites-le à l'aide d'un rapport objectif ou, en tout cas, aussi objectif qu'il peut l'être.

Pourquoi perd-on notre capacité d'analyse face à l'épreuve ?

Lorsqu'une épreuve s'empare de notre vie, un signal d'alarme est activé et met notre corps en état d'alerte. Le système nerveux sympathique s'active et provoque une série de changements au niveau hormonal qui se répercutent sur ce que nous pensons, faisons et sentons. Le corps est stressé, les niveaux de cortisol et d'adrénaline augmentent, et nous perdons l'équilibre crucial qui permet de penser avec le recul nécessaire. Nous pensons de mal en pis, étant donné que nous nous efforçons d'esquiver toute perspective ou bien encore de nous échapper le plus vite possible. L'épreuve prend donc ses aises au centre de notre vie, réclame toute notre attention et nous empêche de profiter des petites joies du quotidien.

Mais qu'arrive-t-il lorsque nous transformons cette épreuve en défi ? Lorsque nous éliminons l'élément de menace dans nos estimations ? Notre cerveau active toutes les fonctions supérieures et les met au service de notre mission : affronter un défi. Nous aimons les défis, nous aimons nous surpasser, nous aimons les victoires. Face à un défi, nous sommes excités, nous nous activons et nous sommes capables de développer des compétences que nous ignorions posséder. Gardez donc bien à l'esprit que face à une épreuve, nous pensons moins bien, alors que face à un défi nous pensons toujours mieux.

Comment avez-vous réagi ?

Troisième alinéa du rapport ! Le moment est venu d'analyser votre réaction face à l'épreuve. Jusqu'ici, nous avons passé en revue les différentes réactions face à l'épreuve. Je vous encourage à revoir le troisième chapitre de la première partie (p. 30) et d'essayer d'identifier la façon dont vous avez réagi face à l'épreuve.

Si vous êtes capable d'évaluer votre style de réaction, vous pourrez comprendre de nombreuses choses et vous serez plus apte à pouvoir gérer la douleur et à reconstruire votre vie. En intégrant les différents styles de réaction face à l'épreuve, vous pourrez dès lors être conscient de votre réaction au même moment où vous vivrez cette épreuve, de telle sorte que votre gestion de l'épreuve et, particulièrement celle de votre réaction, sera beaucoup plus efficace.

Pourquoi avez-vous réagi ainsi ?

Je vous incite à nouveau à chercher l'origine de la cause. L'origine avant tout, le début avant tout. Pourquoi pensez-vous avoir réagi ainsi ? Qu'est-ce qui a provoqué votre réaction ? Parfois, nous attribuons l'origine de nos malheurs à des causes externes, au contexte, à la pression ou au manque de chance ; il n'en demeure pas moins que l'origine de votre réaction est toujours en vous. N'oubliez pas : nous analysons l'origine de votre propre réaction.

Notre capacité de décision est toujours présente en nous, elle ne nous quitte jamais. Parfois, nous l'anesthésions ou nous l'ignorons, comme lorsque nous sommes ivres ou lorsque prenons une drogue quelconque ou que nous sommes simplement sonnés. Voilà où se niche le problème. Dès l'instant où nous perdons conscience de ce qui arrive, nous sommes fichus. Nous avons tendance à perdre la notion du temps et la conscience dans de nombreuses situations, pourtant si nous sommes capables de prévoir et d'anticiper nos actions, nous diminuerons énormément les risques associés à la perte de conscience. Si vous percevez, ou si l'on vous fait percevoir que vous déconnectez, que vous êtes absent, que vous êtes trop nerveux… Le moment est venu de dire stop et de vous reconnecter à vous-même.

Il n'y a qu'une solution pour ne pas perdre de vue la perspective : anticiper. Si vous stressez, il faut mettre un frein. Si vous ressentez de la pression, il faut y apporter une solution. Si vous avez la sensation que vous perdez le contrôle, vous devez dire stop.

Le jour où j'ai perdu le contrôle

J'adore la montagne, je vis à la montagne et je travaille à la montagne… À tel point que lorsque je ne suis pas en consultation avec un patient, au ski ou en balade, je travaille dans une entreprise au cœur de la montagne ou j'écris au milieu d'un pré, au soleil sur un sommet ou aux abords d'un ruisseau.

Quand j'écris à la montagne, je marche ou je cours une heure ou deux jusqu'au lieu choisi pour travailler… Je passe entre deux et quatre heures à écrire puis je redescends en courant à toute allure pour aller chercher ma fille à l'école, pour m'occuper d'une affaire à mon cabinet ou simplement sans aucune raison, parce que j'adore courir, j'adore la montagne et j'adore grimper et dévaler, parfois lentement, parfois à toute allure…

Je dois dire que lorsque je pars travailler à la montagne, je cherche toujours des versants très abrupts, ce qui fait que je peux gagner entre six cents et mille mètres de dénivelé en à peine quatre ou cinq kilomètres. Je me souviens qu'un jour, il y avait une descente très abrupte et très longue ; d'ailleurs, c'était une piste rouge d'une station de ski. J'étais fatigué, mais j'étais pressé. J'avais beaucoup écrit... Je me sentais si bien ! Bon, j'ai outrepassé mes limites, perdu le contrôle et j'ai fini par me tordre la cheville. Par chance, cela n'a été qu'une entorse.

C'était ma faute et celle de personne d'autre, rien que la mienne, et il est arrivé ce qui devait arriver lorsqu'on perd le contrôle. Je peux me dire que cela a été la faute à pas de chance, que les astres se sont déchaînés contre moi ou que j'aurais dû être plus vigilant. La réalité ? J'ai trop couru, j'ai dépensé toute l'énergie de mes muscles, mes jambes me soutenaient à peine et au lieu de descendre le versant de face, je me suis mis à descendre de travers, m'exposant ainsi, physique oblige, à une belle entorse à la cheville.

J'ai perdu le contrôle et je n'aurais pas dû. J'aurais pu faire de nombreuses choses avant : partir avant, ralentir dans la première partie de la descente, appeler ma femme pour qu'elle aille chercher notre fille, la laisser au centre de loisirs, appeler une amie pour qu'elle aille la chercher et mille autres choses ; pourtant, la raison principale pour laquelle j'ai souffert a été une perte de contrôle.

Nous continuons le rapport ? Allez, il ne nous reste que trois questions ! Allons les poser !

Quelles conséquences a eues l'épreuve ?

Nous avons évalué les causes de l'épreuve, mais à présent, il nous revient d'en évaluer les conséquences. Reprenez votre rapport avec le meilleur des esprits critiques. Le moment est venu d'analyser la répercussion de l'incident sur vous, sur votre vie et sur vos proches.

Quand je travaille avec des personnes qui ont une mauvaise estime de soi, c'est difficile de leur donner des conseils. Le problème de la mauvaise estime de soi, c'est que l'on ne croit pas mériter le bonheur et la joie, on se place tout en bas de sa liste des priorités et on finit par ne rien faire pour soi. Ainsi, j'analyse l'environnement de la personne avec laquelle je travaille et je cherche un point d'ancrage pour démarrer une action positive, une motivation plus forte que celle qu'elle pourrait proposer. Il y a toujours un enfant, un conjoint, des parents, un ami ou un animal qui a besoin de nous. Dès lors que j'ai identifié cet élément moteur, je m'efforce d'expliquer dans les moindres détails à mon patient sa mauvaise estime de soi, les répercussions que provoquent ses agissements et son inaction, son laisser-aller personnel et son manque de responsabilité envers lui-même et sur ses proches.

Vos agissements ont des conséquences sur vous et votre entourage, ne l'oubliez pas. Le moment est venu d'analyser les conséquences de cette mauvaise passe. Le moment est venu de vous poser une nouvelle question.

Quelle est votre façon de voir la vie ?

Nous souffrons souvent à cause du décalage qui existe entre nos attentes et la réalité. Au cours de notre existence, nous nous forgeons une idée de la façon dont devrait être la vie, à partir de ce que nous voyons chez nous et à la télévision. Les personnes qui nous entourent nous transmettent leurs convictions sur la vie et nous les intégrons sans les passer par aucun filtre.

Analysez l'idée que vous vous faites de la vie. Comment cette idée s'est-elle forgée ? La vie n'est pas comme elle devrait être, elle est comme elle est, et c'est l'origine de la plupart des problèmes et des souffrances du quotidien. Débarrassez-vous des idées et des schémas préconçus, efforcez-vous de vivre et de profiter de chaque instant. N'attendez pas qu'il se passe quelque chose, profitez de ce qui se passe. Ne vivez pas en jaugeant ce que cela aurait dû être, concentrez-vous sur ce qui est. Si vous voulez être heureux, je vous encourage à revoir vos attentes de la vie et à les réajuster.

Lorsque la réalité ne cadre pas avec vos attentes, vous pouvez déprimer, vous énerver ou stresser. Vous pouvez alors revoir vos attentes et les réajuster. Vous pouvez même prendre des décisions ou entreprendre les changements dont vous avez besoin pour être heureux.

Quelle leçon avez-vous tirée de l'incident ?

Posons-nous la dernière question du rapport. La souffrance n'est jamais vaine si nous sommes capables d'en tirer une leçon. Cette question a tellement d'importance qu'elle mérite un chapitre entier. Ne vous inquiétez pas, nous y sommes presque, mais avant cela, permettez-moi de vous faire part de quelques réflexions que je considère comme cruciales pour le processus de votre analyse.

La souffrance imaginaire

Il arrive que nous n'ayons pas souffert mais que nous ayons vu souffrir des gens qui sont des modèles pour nous, et cette observation a un fort impact sur nous. Nous nous forgeons une représentation mentale de ce qui est mal, de l'origine de la souffrance et de la douleur à partir de celle que nous observons chez nos proches. À partir de ladite représentation, nous évitons à tout prix l'origine de cette souffrance en question, que nous soyons dans le vrai ou pas. Si nous voyons des personnes de référence, un père, par exemple, qui souffrent à cause d'un travail ou par amour, nous en déduirons que travailler n'est pas bien, qu'aimer est nocif et nous en tirerons des conclusions sans être passé par la phase critique de l'analyse.

Je vous encourage donc à revoir votre copie et vos conclusions hâtives, vos attentes et vos convictions qui guident votre vie et que vous avez intégrées à partir de ce que vous avez vu chez d'autres personnes et de les soumettre au crible d'un bon processus d'analyse. En définitive, revoyez vos idées reçues et leur point d'origine, et posez-vous la question, si cela a du sens, de les conserver encore ou si elles ont besoin d'une mise à jour.

Le rôle de l'attitude

Imaginez que vous marchiez dans une forêt de montagne pleine de conifères et d'animaux. La vie de la flore et la faune y est très variée. Une forêt est d'ailleurs un paradis pour les personnes les plus observatrices (j'adore me promener dans les forêts denses de la zone nord de Moixeró). Néanmoins, si vous marchez dans une très belle forêt en restant sur les sentiers battus et la tête baissée, vous ne verrez rien d'autre que des pierres, de la terre et de la boue. Nous parlons du même paysage, du même endroit, de deux personnes qui empruntent le même chemin mais l'une avec la tête baissée et l'autre avec la tête levée ; l'une regarde le sol et l'autre regarde tout autour. Selon l'endroit où vous poserez votre regard, vous verrez des fleurs ou des pierres.

L'attitude de chacun n'est ni plus ni moins ce que je viens d'illustrer. Elle détermine la façon dont vous placez la tête, ce que vous percevez sur le chemin et ce dont vous profitez lors de l'aventure. La réalité est ce qu'elle est. La forêt est la même pour les deux promeneurs, mais chacun d'entre eux vivra une expérience très différente en fonction de son attitude. Une attitude négative ne change pas la réalité, mais elle la filtre de telle sorte que nous aurons une attention sélective et nous remarquerons davantage les éléments qui sont en accord avec notre attitude. Un point de vue constructif ne change donc pas la réalité, mais il nous permet de la vivre avec plus d'intensité et de plénitude, ce qui enrichit notre expérience et facilite les occasions de profiter des possibilités que nous offre la vie. C'est donc tout simplement mieux, lors d'une épreuve, d'un problème ou d'un défi, de choisir une attitude constructive car elle vous procurera les outils pour résoudre les problèmes du quotidien, elle générera en vous les aptitudes appropriées et vous permettra de tirer une bonne leçon de l'incident.

Ne détournez pas le regard en vous disant que vous ne pouvez rien faire pour reconstruire votre vie. Regardez l'événement qui vous pose problème bien en face et la tête haute. Vous avez le pouvoir d'analyse.

Vous avez le meilleur cerveau de toutes les espèces animales qui habitent sur cette planète : mettez-le donc au travail et à votre service. Soyez paré face à l'épreuve, affrontez-la et analysez-la. Le plus tôt sera le mieux ! N'attendez plus, ne perdez pas de temps, étant donné que le temps ne fait que compliquer les choses encore plus.

N'OUBLIEZ PAS...

- Analysez l'incident sans filtre car en réalité les filtres ne sont d'aucune aide.
- Ne restez pas ancré dans le passé. Arrêtez de revivre sans cesse ce qui vous est arrivé.
- Lorsque nous parlons de souffrance, le vécu subjectif de l'événement prend une plus grande ampleur que l'événement en soi.
- Réanalysez ce qui est arrivé avec l'aide des questions prépondérantes qui permettent le recul nécessaire.

Tirez les leçons de l'événement

Sokei ferma les yeux alors que ses mains touchaient chacun des sept fragments. Pour quelle raison t'es-tu cassé ? C'était ton destin ? C'est à cause de ma maladresse ? Que veux-tu m'inculquer ?

Rien de ce qui arrive n'est vain si nous sommes capables d'en tirer la leçon, de la souffrance que nous ressentons et de la douleur que cela a engendrée. Cela dit, nous ne pourrons pas tirer les leçons de cet événement si nous ne regardons pas en arrière, si nous ne nous arrêtons pas sur ce qui nous est arrivé. Je sais que cela peut s'avérer douloureux. Je sais que regarder le passé implique de revivre l'événement en question et de reprendre conscience de ce que nous avons eu tant de mal à évacuer. Je sais qu'il est plus facile de fermer les yeux, d'édulcorer les souvenirs et de faire comme si de rien n'était. Pour autant, croyez-moi, nier, refouler ou enfouir l'incident ne vous aidera en rien.

Quand ce que vous avez vécu a été terrible, monstrueux, il faut le transformer pour le comprendre et le surmonter. Pour autant, cette transformation ne vous aidera pas à en tirer une leçon. Vous devez refaire face à la réalité, une dernière fois, sans filtre rose ou noir : affrontez la réalité telle que vous l'avez vécue, celle qui vous permettra d'apprendre et de vous épanouir. Arrêtez de fuir votre passé, arrêtez de vous cacher, arrêtez de faire comme si c'était résolu : retournez-vous et regardez l'événement une dernière fois. Le moment est venu de tirer la leçon de ce qui est advenu afin de ne pas avoir à ressentir à nouveau la même souffrance.

Ensemble, nous allons tirer les leçons de l'incident et lui donner un nouveau sens afin de le comprendre et éviter qu'il ne se reproduise. Vous pensez sans doute que vous devez vous atteler seul à ce processus de redéfinition, mais ce n'est pas le cas. Je vous tends la main, mon expérience et ma volonté accrue pour vous guider dans cette reconstruction.

Les épreuves expiatoires

Au fil de l'histoire, aux quatre coins du monde, il y a quantité d'exemples de différentes épreuves expiatoires dont il était fait usage pour démontrer l'innocence d'une personne dans une affaire précise. Au Moyen Âge, les épreuves du feu étaient monnaie courante et on y soumettait les personnes accusées de sorcellerie et d'hérésie.

Quand quelqu'un a fait quelque chose de mal, ou croit avoir fait quelque chose de mal, il doit passer par une épreuve du feu afin de démontrer aux autres, et à lui-même, qu'il est fort ou qu'il n'est pas coupable de ce dont on l'accuse. L'épreuve expiatoire, peu importe sa teneur, peu importe son contenant, consiste, en général, en un acte de souffrance extrême qui, dès qu'il est surmonté, fait office de garantie d'innocence ou de rédemption de la personne soumise à si dure épreuve.

Mais vous alors, vous soumettez-vous également à une épreuve expiatoire ? Quelle est l'épreuve du feu à laquelle vous vous soumettez ? Le pire des juges, à notre égard, c'est souvent nous-mêmes et nous nous jugeons et nous nous punissons sans compassion à partir d'une conclusion hâtive la plupart du temps. Nous croyons que nous méritons de souffrir pour une épreuve que nous endurons ou que nous croyons avoir provoquée. Sans en être conscients, nous capitulons face à la souffrance et une situation anormale devient naturelle à nos yeux, croyant ainsi que nous expierons par notre châtiment auto-infligé.

Un nouveau sens

Commençons par donner un sens à l'incident. Notre esprit règne et veut tout dominer. Nous ne supportons pas bien l'incertitude, ni le manque d'information, pas plus que ce qui n'est pas clair. L'esprit s'efforce de donner un cadre conceptuel à tout ce qui nous arrive afin de le remettre dans son contexte. Quand ce que nous vivons n'a pas une grande intensité émotionnelle, notre esprit a plus de facilité à l'encadrer. En revanche, quand il a un impact émotionnel élevé, notre esprit se bloque et ne fonctionne pas de façon limpide.

Pour comprendre comment fonctionne ce processus, je vais vous parler de la neuropsychologie. L'esprit humain réside dans un système nerveux, celui-là même qui dirige absolument tout ce qu'il y a dans le corps. Le système nerveux est le grand ordinateur central qui traite toutes les données, auquel rien n'échappe, celui qui est capable de contrôler absolument tout ce qui arrive dans le corps. C'est celui qui est chargé de contrôler le cœur, la respiration et le reste des fonctions vitales basiques. Il régule également nos processus perceptifs qui amassent tout ce que le monde a à nous dire. Il nous permet de marcher et de courir, de sentir, d'aimer et de rêver, de se reposer et de sauter, de parler, d'être tristes et de ressentir le bonheur du baiser d'une personne que l'on aime.

Ce grand ordinateur central se fonde sur des cellules hautement spécialisées afin de pouvoir développer son devoir avec fiabilité. La base de la précision et du pouvoir de notre cerveau sont les neurones, des cellules capables de gérer une grande quantité d'informations complexes, interconnectés au moyen d'un enchevêtrement de connexions. Nous pouvons donc affirmer que, d'une certaine façon, tout ce qui nous arrive a une répercussion sur notre système nerveux, lequel déclenche une série de conséquences sur le reste de notre corps de façon inévitable et même nécessaire.

Tout cela pour dire que le cerveau, celui-là même qui contrôle le corps tout entier, a besoin de comprendre ce qui se passe car si ce n'est pas le cas, il stresse, et en stressant, il envoie une série de signaux dans tout le corps : c'est le reflet de son stress, et il en vient donc à stresser le corps. Nous avons un penchant naturel pour la survie, ce qui fait que notre cerveau s'efforce d'éviter le stress, et l'unique façon qu'il trouve pour le faire, c'est en procurant un cadre conceptuel précis à ce qui nous arrive, même s'il se trompe en le choisissant.

Notre système nerveux se précipite et se trompe dans sa proposition de cadre conceptuel, pourtant il n'a pas d'autre choix, il ne lui reste aucun autre recours. L'esprit veut avoir un paradigme sensé et l'avoir vite, qu'il soit pertinent ou non : grâce à un cadre de référence, la pression de l'incertitude disparaît et l'esprit peut se détendre à nouveau et revenir à ses tâches courantes, s'étant débarrassé du stress que lui et le corps subissaient. L'esprit ne veut pas que nous soyons heureux, mais que nous restions en vie loin de tout danger.

Nous allons examiner le cadre conceptuel que vous procurez à votre esprit et, en conséquence, à votre corps. Analysez votre cadre conceptuel, la façon dont vous interprétez ce qui vous est arrivé, ce que vous avez vécu et subi, étant donné que votre cadre conceptuel déterminera ce que vous percevrez. Rappelez-vous que le cerveau contrôle tout, y compris nos sens. Si je crois que je suis un raté, mon champ de vision ne sélectionnera que ce qui confirme ma perception. En filtrant ce que je perçois, j'aurai une vision partiale du monde, mais, en revanche, les émotions que je ressentirai seront réelles.

Chaque émotion que nous ressentons a une origine, un déclencheur, une stimulation qui la provoque. Parfois, nous sommes conscients de ce qui provoque une émotion, parfois nous nous trompons dans le choix de la stimulation que nous croyons être à l'origine d'une émotion et, d'autres fois encore, nous croyons qu'une émotion apparaît comme par magie. Pourtant, nous faisons fausse route. Les émotions prennent naissance au sein de nos perceptions et aussi de notre dialogue intérieur. Quel est alors votre dialogue intérieur ? Que vous dites-vous ? Vous voyez-vous comme un raté ? Vous voyez-vous comme une loque ? Vous culpabilisez ? Vous devez donc savoir, si c'est le cas, que vous vous punissez sans raison.

Le souvenir de la souffrance engendre en soi plus de souffrance. Je vous encourage à regarder votre passé, une dernière fois, afin d'analyser l'incident avec la perspective que vous avez à présent et de pouvoir ainsi refermer définitivement le tiroir dans lequel vous gardez l'événement douloureux.

L'attente de la souffrance

Au même titre que ce qui a lieu avec le souvenir, l'attente de la souffrance nous fait souffrir en soi. C'est pour cela qu'il est primordial que vous analysiez ce qui vous est arrivé et en tiriez la leçon, une conclusion, une nouvelle perspective.

Je vous encourage à modifier l'attente qui est la vôtre sur le futur si celle-ci alimente votre souffrance. Refoulez la réflexion selon laquelle vous ne pourrez pas surmonter l'épreuve et remplacez-la par la certitude que vous serez capable d'en venir à bout puisque vous détenez l'essentiel pour y arriver.

Vous avez peut-être souffert par amour et décidé de ne plus aimer, vous avez peut-être été blessé par un ami et décidé de ne plus vous confier à personne... Réexaminez vos conclusions et donnez l'occasion au futur de vous surprendre au-delà de vos prédictions fausses et puisées dans la douleur.

Commencez par vous accepter

Nous nous maltraitons nous-mêmes, parfois, sans en être conscients. Il n'y a pas de juge plus sévère que soi-même. Nous déformons l'incident et l'agrémentons d'une mauvaise image de soi. Nous nous punissons très sévèrement, nous pardonnons aux autres ce que nous sommes incapables de nous pardonner, nous nous traitons mal, nous nous aimons peu, nous nous châtions lorsque nous essayons de surmonter une épreuve du feu pour expier une faute…

Ça suffit ! Le moment est venu de changer cette dynamique. Commencez par vous accepter, soyez gentil avec vous-même, soyez attentif et reconnaissant envers vous-même, pensez à l'incident et parlez-en avec vous-même.

Avec notre façon de vivre, notre rythme frénétique, l'apologie, la course à l'individualisme et la concurrence démesurée, la personne blessée se doit d'inventer par elle-même ses propres règles de dépassement de soi. C'est bien dommage mais, la plupart du temps, nous ne pouvons compter sur personne, et nous perdons ainsi une magnifique occasion de gagner en perspective, de telle sorte que nous en venons à faire ce que nous pouvons pour créer des paradigmes censés donner du sens à ce que nous avons vécu et à ce que nous devons faire pour le surmonter.

Prêtez une attention particulière aux récits intimes de votre for intérieur, aux questions que vous vous posez, à l'origine et à la cause de ce qui vous est arrivé, ainsi qu'à ce que vous devez comprendre, apprendre et faire pour surmonter l'épreuve. Peu de gens vous comprendront. Peu de gens vous écouteront. Peu de gens vous tendront la main. La plupart des gens vont trop vite dans leurs réflexions, ont des préjugés sur ce qui est arrivé et formulent des opinions partiales et injustifiées qui peuvent apporter plus de douleur que de soutien. Pour gérer une épreuve, vous n'avez pas besoin de grand monde, soyez donc exigeant et choisissez les personnes susceptibles de ressentir réellement votre douleur.

Je ne pourrai jamais oublier ce qui s'est passé

Il ne s'agit pas d'oublier ce qui s'est passé. Il s'agit de gérer les souvenirs de l'incident, pardonner, archiver et en tirer la leçon. Ne ressassez pas sans arrêt. En réactivant le tourment, nous ressentons la même émotion, mais avec une intensité moindre. Ce qui veut dire que si vous rappelez à votre mémoire des épisodes tristes de votre vie, vous serez triste.

La réminiscence perpétuelle du passé provoque un effet indésirable sur nous : la peur de souffrir à nouveau. Afin de traiter la peur redoutée de souffrir encore, il nous faudra gérer le problème douloureux qui en est la cause. Le passé ne détermine pas notre vie, c'est une incidence, rien d'autre. Bien heureusement, nous pouvons terminer une étape et en commencer une nouvelle. Votre passé explique beaucoup de choses mais une chose est sûre : cela ne peut pas déterminer toute votre vie. D'ailleurs, si vous prenez trop en compte le passé, il contaminera sans doute le futur qui vous attend. Je suis expert pour ce qui est de découvrir le potentiel des gens, leurs vertus et leurs talents, de les aider à écrire leur propre vie et pour arriver à cela, nous n'avons absolument pas besoin du passé. Le passé ne m'a jamais intéressé. Il n'y a rien à en tirer. Il est impossible de le changer, absolument impossible. Lorsqu'une personne veut travailler avec moi, je définis tout d'abord un projet d'avenir, une feuille de route. Nous rivons toujours nos yeux vers le futur, nous ciblons nos objectifs et nous nous mettons au travail afin de les atteindre.

Citons Homère : « Laissons le passé être le passé. » Vous avez peut-être subi un grand traumatisme, vous avez peut-être enduré… Tout va bien. Tirez les leçons de l'incident et passez à l'étape suivante. Si vous jetez l'ancre de votre vie dans le passé, vous ne le quitterez jamais. Changer le passé est impossible, il vaut donc mieux que vous gériez vos souvenirs, que vous éliminiez ceux qui sont négatifs pour que votre nouvelle vie lève l'ancre.

Focalisez-vous sur le présent. Pour y arriver, vous devez mettre un terme au passé. Videz votre sac, libérez-vous de ce poids. Au cours de la vie, nous nous métamorphosons, nous nous épanouissons, nous évoluons… Vous pouvez donc ne garder aucun lien avec ce que vous étiez dans le passé…

Qui s'intéresse à votre passé ?

Pour ma part, à point nommé, il ne m'intéresse absolument pas s'il n'est pas compris comme il doit l'être. Ne me racontez pas votre vie, ne me racontez pas votre passé puisqu'il ne m'apporte rien et ne vous apporte rien. Il ne devrait pas vous intéresser non plus. Et ne croyez pas non plus que je sois le seul à me désintéresser de votre passé. Tous vos proches s'en désintéressent. Ne leur racontez pas à la première occasion comment vous étiez, ce que vous avez enduré ou qu'on vous a cloué au pilori. Aucun de vos proches, s'ils vous aiment et vous respectent réellement, ne devrait avoir de raison de s'intéresser à votre passé.

Il y a peu, un homme charmant et avenant, plein de qualités, me dit à peine cinq minutes après le début de notre conversation qu'il avait été polytoxicomane. « Qu'est-ce que ça peut bien vous faire ? Oui, *vous* ? Moi, ça ne m'intéresse pas du tout et ce ne devrait pas non plus vous intéresser », lui dis-je. Je ne voyais rien d'autre qu'une personne charmante qui traînait encore derrière elle un boulet.

« Pourquoi me racontez-vous que vous avez été toxicomane ? lui demandai-je.

— Il me semble que vous devez le savoir », me dit-il.

Il ne s'agissait pas d'une relation thérapeutique, et il ne savait pas non plus quel était mon métier.

« Mais qui peut bien s'intéresser à ce que vous étiez il y a des années ? Est-ce que je vous ai raconté que j'ai eu la coqueluche ? Que je me suis cassé deux fois le gros orteil du pied gauche ? Que petit, on m'attachait à une chaise à l'école ? Que j'ai failli m'étouffer en mangeant une glace ? »

Qu'importe notre passé ! Profitons du présent et préparons un futur qui éveille en nous le meilleur des rêves !

Réinterprétez votre passé à l'aune de l'objectivité. Vous êtes mieux paré à présent, et si vous regardez en arrière, vous pourrez le réinterpréter avec plus de recul. Redéfinissez-le. Mettez de l'ordre dans votre passé, comprenez-le, car nous déformons nos souvenirs. Contextualisez ce qui vous est arrivé. Votre environnement est tout autre aujourd'hui, vous ne vous sentez plus anxieux. Ce qui est arrivé n'existe plus.

Essayez de comprendre ce qui est arrivé en utilisant de nouvelles perspectives. Dites-vous que votre passé est un souvenir vague et déformé par le temps, façonné par vos peurs et par vos désirs, saupoudré d'une pincée de tragédie mélodramatique. Votre passé, un boulet énorme qui vous collera aux basques jusqu'à la mort… ou pas. Un sac à dos plein de pierres qui vous empêchera de marcher léger. Pour marcher, vous n'avez besoin de rien d'autre qu'un peu d'eau et de nourriture, un rêve et une destinée, et si vous voulez tout savoir : la destinée est sans fin.

Pardonnez et pardonnez-vous. Oubliez et archivez

Oubliez, pardonnez et archivez. Gardez les bons souvenirs et ignorez le reste. Faites comme vous voulez, mais arrêtez de regarder en arrière. Arrêtez tout de suite de penser au passé, à votre passé, de le rappeler à votre mémoire, d'y vivre ; s'il y a bien quelqu'un qui devrait se désintéresser totalement de son passé, c'est vous. Vous pouvez sans doute le réinterpréter avec le recul que vous avez aujourd'hui, pourtant, croyez-moi, ça ne sert pas à grand-chose. Ce temps, dans lequel vous allez passer un temps incroyable à vous replonger dans des souvenirs vagues, des images déformées et des mésaventures confuses entremêlées d'opinions et de tergiversations est vain : mieux vaut vous consacrer à préparer votre futur.

Passez en revue ce que vous avez intériorisé. Qu'on ait dit quelque chose ne signifie pas que ce soit vrai. Les gens portent des jugements comme s'ils étaient des experts en personnalité et en analyse médico-légale, sachant qu'ils sont dans le faux la plupart du temps. Le problème ne siège pas dans ce que vous disent les gens, mais dans ce que vous en acceptez.

Reconnectez-vous, reconstruisez-vous et donnez-vous une chance

Le passé, c'est du passé. Faites le point sur quelques éléments de votre vie, mais n'oubliez pas qu'il ne s'agit que d'une incidence. Ne permettez pas à votre passé de conditionner toute votre vie. Cela durera si vous vous entêtez à vous embarrasser de son poids : croyez-moi, cela n'a aucun sens d'agir de la sorte. Votre passé n'a aucune raison de conditionner votre présent et votre futur.

Peu importe qui vous avez été, l'important, c'est qui vous voulez être. Il est possible que dans votre quartier, ville ou village vous ne puissiez pas le concrétiser. Eh bien, prenez la clé des champs ! Quittez cet environnement asphyxiant, résolu à conditionner votre vie. Partez ! N'hésitez pas. Certains déménagements ont sauvé des vies. Cherchez un lieu pour renaître, pour vous retrouver, vous et la nature qui vous est propre, pour construire votre vie, libéré de tous les préjugés, spectres et stéréotypes. Un lieu où vous vous sentirez fort. « Tu fuis », diront les lâches. Tout au contraire, vous ne fuyez pas, vous prenez une décision intelligente. Vous êtes né là où vous êtes né, fruit du plus pur hasard. Quel sens peut-on donner à un lieu où vous ne trouvez pas vos marques ? Il y a tout à découvrir, il y a tout à expérimenter, il y a tout à redéfinir… Connectez-vous à votre résistance émotionnelle et lancez-vous dans l'écriture de votre propre destinée.

Votre conclusion, après tout ce processus, n'a aucune raison d'être la peur. Apprenez et soyez positif. N'en déduisez pas que vous ne pouvez pas, mais que vous pouvez, que vous avez le pouvoir de vous reconstruire. Vous avez été détruit et vous en avez tiré la leçon.

Réfléchissez à la routine que vous avez intégrée

Il nous arrive de faire des choses étranges pour nous démontrer à nous-mêmes que nous sommes forts, que nous avons pu surmonter une situation et que nous ne repasserons plus par les mêmes chemins. Je me souviens du cas d'un homme qui, tous les mois, lorsqu'il n'avait pas pris de drogue se faisait tatouer avec l'argent économisé, ce pour se démontrer à lui-même, une fois encore, qu'il avait tenu.

Je me souviens du cas d'un enfant qui échappa des mains de son agresseur car il avait couru sans relâche et, depuis, tous les jours, il s'entraînait à courir encore et encore comme moyen de protection : il plaçait sa sécurité dans sa capacité à courir longtemps et vite.

Prenez garde aux pratiques que vous intégrez car elles peuvent paraître pertinentes ; ce n'est pas toujours le cas. Si vous en avez besoin, posez un acte symbolique qui vous rappelle combien vous avez été fort, mais jamais combien vous avez souffert. Vos pratiques doivent être positives et montrer votre capacité à vous reconstruire. Si vous menez à bien des actes de consolidation, qu'ils vous donnent des ailes au lieu de les brûler dans la victimisation.

La conclusion la plus importante se trouve dans la réponse à la question suivante : quelle leçon ai-je tirée de ce qui m'est arrivé ? Vous pouvez apprendre beaucoup de choses, sans aucun doute, pourtant avant d'intégrer la première leçon venue, assurez-vous que ce que vous assimilez est bien réel, que les leçons ne soient pas faussées.

Tirez les bonnes leçons de l'incident puisque ce que vous en déduisez sera intégré à votre for intérieur et fera partie dorénavant du cadre de référence de votre vie. Le for intérieur prend naissance dans vos convictions, dans votre processus de réflexion, dans votre éducation, dans vos proches et dans vos acquis. Et ce cadre conceptuel régit votre vie, vos émotions, vos désirs, vos rêves, vos décisions et votre comportement.

Réexaminez votre cadre conceptuel, basé sur des schémas, des convictions et des opinions que nous confondons souvent avec les faits, car c'est ce cadre qui donnera du sens à votre vie et aux choses qui vous arrivent. Vous devez acquérir des ressources intérieures, apprendre et vous connecter à votre résistance émotionnelle, et cela se mène à bien uniquement en tirant les leçons de l'incident.

N'OUBLIEZ PAS...

- Ce qui est arrivé n'a pas été pas vain si vous êtes capable d'apprendre et de tirer la leçon appropriée par rapport à l'événement douloureux.
- Vous êtes certainement votre pire ennemi. Arrêtez de vous juger et mettez-vous à vous comprendre avec amour et compassion.
- Réexaminez le sens que vous avez donné à ce que vous avez vécu et mettez-le à jour avec une nouvelle perspective, dans un nouveau contexte.
- Laissez le passé être le passé. Tirez la leçon de ce qui est arrivé.
- Lorsque vous arrivez à la conclusion que vous devez tirer telle ou telle leçon, assurez-vous qu'elle est la bonne.
- Vos conclusions, les leçons acquises vont prendre part à votre vie comme version officielle des faits.

Connectez-vous à votre résistance émotionnelle

Sokei sécha ses larmes. Il ouvrit les yeux, esquissa un sourire. Il se sentait fort à présent, il se sentait confiant, suffisamment pour enfin réparer le bol. « Peu importe ce qui s'est produit, se dit-il. Le plus important, c'est ce qui va arriver à partir de maintenant. »

Mon objectif est clair, je veux que vous vous sentiez fort. Et il n'y a rien de mieux pour se sentir fort que de se connecter à sa résistance émotionnelle. Vous avez tout ce qu'il faut pour être heureux. Vous avez tout ce qu'il faut pour vous reconstruire. Il vous suffit de vous connecter à votre résistance émotionnelle.

La nature est sage et nous a dotés de ressources qui nous permettent de survivre au jour le jour, de nous reconstruire suite à une épreuve et de guérir nos blessures physiques et émotionnelles. Tout comme la résistance physique vous permet d'affronter des défis majeurs et de vous remettre après de grands efforts, la résistance émotionnelle est la clé qui permet de surmonter une épreuve. Mais commençons par le commencement. Qu'est-ce que la résistance émotionnelle ?

La résistance émotionnelle, c'est l'ensemble des aptitudes, des ressources, des techniques et des compétences qui, dès lors qu'elles sont apprises, comprises et intégrées, nous rendent plus forts, nous permettent d'être heureux, de gérer une épreuve. Chaque fois que nous apprenons une technique, ou intégrons une aptitude à notre répertoire, nous nous sentons plus confiants et forts puisque nous prenons conscience d'avoir une ressource supplémentaire et que nous sommes capables de générer des ressources pour mieux faire face aux défis quotidiens. Résultat des courses, notre résistance émotionnelle est issue de l'assurance que nous pouvons faire face aux défis qui se mettront sur notre route. C'est bien pour cela qu'il est hautement recommandé de vous connecter à votre résistance émotionnelle et que vous fassiez usage de tout son pouvoir pour mieux vivre en harmonie avec vos besoins et vos désirs.

Ce qui n'est pas géré s'accumule

La plupart des gens ont des problèmes qui proviennent de l'accumulation de petits conflits, de frustrations non résolues et d'attentes irréalistes qui n'aboutissent pas. Un niveau faible de résistance émotionnelle sera bien évidemment un handicap à l'heure d'affronter les exigences du quotidien. La différence entre une personne confiante et heureuse et une autre qui ne l'est pas réside dans la résistance émotionnelle.

Manifestement, la résistance émotionnelle est l'ensemble des ressources que nous détenons pour faire face à ces défis et problèmes. N'oubliez pas : la plupart des gens souffrent à cause de l'accumulation de petits problèmes et pas à cause d'une grande épreuve.

Avons-nous tous la même résistance émotionnelle ?

Je vais utiliser une nouvelle fois l'analogie de la résistance physique pour illustrer un concept important lié à la résistance émotionnelle. Tout comme nous n'avons pas tous la même force physique, nous ne disposons pas non plus de la même résistance émotionnelle mais, au demeurant, nous en possédons une part suffisante pour nous permettre de relever les défis imposés par la vie.

Nous nous différencions aussi bien dans notre faculté de résistance que dans la maîtrise des différentes résistances. Certaines personnes savent très bien prendre des décisions, pourtant elles doivent travailler leur capacité à gérer les conflits. D'autres peuvent identifier parfaitement leur état émotionnel et celui de leurs proches, sachant qu'elles éprouvent de sérieuses difficultés à pouvoir persévérer face à l'épreuve.

Nous sommes détenteurs de toutes les différentes résistances, c'est inné. Le problème, c'est qu'à mesure que nous grandissons, nous nous déconnectons de certaines d'entre elles et nous les oublions. Logiquement, si nous ne prenons pas les bonnes décisions, il nous sera difficile d'être heureux. Si nous sommes incapables d'aimer ou d'être aimés, nous ne serons pas heureux. Si nous sommes incapables d'éprouver, d'avoir des rêves, nous ne serons pas heureux. En fonction de l'éducation que nous avons reçue, et de la façon dont nous a traités la vie, nous aurons développé de manière inégale les différentes résistances émotionnelles. Mais ce qui est sûr, c'est que nous devons avoir la moyenne dans chacune d'entre elles. Il ne sert à rien de passer haut la main pour certaines d'entre elles et d'être éliminé pour d'autres ; cela vaut la peine d'investir un minimum de temps et d'effort pour augmenter et équilibrer la maîtrise des compétences de chacune des résistances.

Vous détenez certaines résistances mais pas toutes, cela importe peu ; l'important, c'est de savoir que vous pouvez les avoir toutes : cela s'apprend. Si vous me permettez à nouveau de prendre comme exemple la résistance physique, je vous dirai que vous pouvez vous entraîner pour chacune des différentes résistances émotionnelles, tout comme vous le faites avec votre résistance physique.

Les résistances émotionnelles peuvent s'apprendre

Le plus important dans le concept des résistances émotionnelles, c'est qu'elles sont susceptibles d'être apprises, assimilées et intégrées, ce qui fait qu'être heureux n'est plus quelque chose d'improbable mais devient, au contraire, quelque chose que l'on peut structurer en unités didactiques.

Nous pouvons apprendre à prendre des décisions. Par essence, ça n'a rien de compliqué ; il vous suffit d'apprendre à analyser le contexte de la décision, d'identifier les différentes options qui se présentent à vous, à jauger leur évolution à court, moyen et long terme, à choisir des priorités et à prendre la décision adéquate en faisant bien attention au rôle de distorsion que peuvent jouer la peur, le désir et la commodité. Pas si sorcier, n'est-ce pas ? De la même façon, vous pouvez donc apprendre à analyser les personnes, à identifier votre état émotionnel, à vous motiver ou à gérer une épreuve.

Grâce à la résistance émotionnelle, nous vivons une révolution dans le champ de la psychologie, étant donné qu'en travaillant par unités didactiques, nous brisons le paradigme de dépendance du thérapeute et nous en adoptons un nouveau dans lequel nous procurons des outils au patient ; nous nous assurons qu'il sait les appliquer et nous mettons fin à la relation thérapeutique, tout en lui assurant la confiance et l'indépendance que va lui procurer la maîtrise de ce qu'il a appris. C'est-à-dire que nous changeons le paradigme de relation thérapeutique, selon lequel le patient doit avoir recours *sine die* à son psychologue afin de se sentir bien, par un nouveau processus thérapeutique selon lequel seront analysées les résistances émotionnelles qu'il faut travailler et pendant lequel sera élaborée une feuille de route détaillée grâce à laquelle le « patient » (qui n'est déjà plus vraiment un patient) apprend les différentes résistances émotionnelles dont il a besoin, les assimile et devient capable de les appliquer aux différentes situations ; période lors de laquelle il est mis fin à la relation thérapeutique. Dans le temps, vous aurez peut-être besoin de rendre visite à nouveau au psychologue, mais ce sera pour un autre type de travail.

Je vous encourage donc à vous connecter avec votre résistance émotionnelle : vous trouverez en elle la meilleure ressource qui vous permettra de pouvoir surmonter une épreuve et guérir les blessures de votre âme.

Vous devez sans doute développer une ou plusieurs résistances

La résistance émotionnelle agit comme garant et moteur du bonheur ; c'est un mécanisme d'adaptation psychologique. Tout comme les mécanismes physiologiques d'adaptation nous permettent de nous adapter à un large éventail d'environnements, les mécanismes d'adaptation psychologiques nous permettent de nous adapter à un large éventail de situations, de problèmes et d'épreuves. Je vous propose de passer en revue quelques-unes des résistances émotionnelles et de réfléchir sur comment elles ont pu influer, déterminer ou même provoquer la situation dans laquelle vous vous trouvez.

Je commencerai par la capacité de comprendre, d'identifier et de gérer tout le spectre émotionnel. Certaines personnes vivent en étant déconnectées de leurs émotions, ou plus encore, vont même jusqu'à les occulter, omettant ainsi le rôle si important qu'elles jouent dans l'équilibre de leur comportement et du bien-être social induit. Peut-être avez-vous besoin de vous connecter à vos émotions, de les identifier et de les nommer par leur nom. Sans doute, avez-vous besoin d'apprendre à identifier l'état émotionnel de vos proches et de pouvoir le gérer. Il est possible que vous deviez apprendre à gérer l'expression de vos émotions. Lorsque vous les connaissez, vous pouvez identifier le moment où votre conjoint commence à déconnecter, où votre travail commence à vous étouffer, où la tristesse qui vous envahit ne semble plus naturelle et penche vers la déprime, ce qui fait que vous pourrez faire appel à un spécialiste bien avant que ce terrible mal-être vienne affecter tous les domaines de votre vie.

Il est probable que vous deviez perfectionner votre capacité à persévérer malgré l'épreuve et cultiver une résistance émotionnelle en plus. Vous confondez peut-être la persévérance intelligente avec l'obstination et cela vous a conduit à ignorer les signes de votre environnement qui vous indiquent que vous devez prendre des décisions ou changer l'orientation de ce que vous portez à bout de bras. Mais il est également possible que vous deviez gagner en persévérance pour mieux vous défaire de l'emprise de l'épreuve contre laquelle vous vous battez.

L'origine de tous vos problèmes se trouve peut-être dans une estime de soi plus ou moins basse qui vous bloque et vous fait sentir que vous n'êtes pas en mesure de vous battre pour atteindre vos objectifs ou vous fait adopter une attitude soumise et passive qui vous conduit tout droit à l'épreuve. J'insiste sur le fait qu'une estime de soi équilibrée est la meilleure des résistances émotionnelles, puisqu'elle vous permettra d'interagir d'égal à égal avec le monde.

Vous devez peut-être apprendre à interagir avec les autres. Peut-être que les relations que vous cultivez se font sur le ton de la passivité et de l'agressivité, que vous projetez vos peurs ou que vous vous méfiez à cause d'une expérience du passé mal gérée.

Et qu'en est-il si l'origine de votre problème demeure dans la façon dont vous prenez vos décisions ? Nous prenons de nombreuses décisions et nous sommes inefficaces lorsque nous les prenons. Il convient de prendre le temps de réfléchir à cette résistance émotionnelle, étant donné que de cela dépend une grande partie de nos problèmes.

Avec une bonne résistance émotionnelle, vous pourrez apprendre à mieux analyser les gens, à identifier les personnes toxiques et à établir des relations de qualité, ce qui évitera de nombreux conflits et de nombreuses ruptures. Grâce à la résistance émotionnelle, vous pourrez contextualiser ce qui vous arrive, faire la part des choses dans ce qui est l'endroit du délicat refuge de l'estime de soi et de ce qui a de l'importance ou n'en a pas. Et, qui plus est, la résistance émotionnelle comprend l'ensemble des résistances qui vous permettront de gravir la montagne ; des résistances que l'on peut apprendre facilement et que l'on peut intégrer sous forme de techniques ou stratégies.

Il existe de nombreuses résistances émotionnelles, bien que dans la liste suivante, je n'en propose que les principales. Je vous encourage néanmoins à voir si l'épreuve que vous vivez actuellement pourrait avoir un lien avec l'une des résistances émotionnelles suivantes.

Résistances émotionnelles

- Intégrez les émotions dans votre vie.
- Interprétez de façon pertinente votre état émotionnel.
- Nommez vos émotions.
- Apprenez à identifier l'état émotionnel des autres.
- Gérez l'expression de vos émotions.
- Persévérez pour atteindre vos objectifs.
- Gérez les épreuves.
- Renforcez votre estime de soi.
- Ne dépendez pas de la motivation des autres.
- Gagnez en responsabilité.
- Faites le choix d'avoir une attitude positive.
- Empruntez votre propre chemin.
- Cherchez des relations de qualité.
- Développez votre capacité à mieux communiquer.
- Coopérez avec d'autres personnes, travaillez votre compassion.
- Gérez les conflits.
- Fixez-vous des objectifs et prenez les décisions pertinentes.
- Demandez de l'aide si vous en avez besoin.
- Profitez des opportunités que vous présente la vie.

Les trois piliers de la résistance émotionnelle

La résistance émotionnelle vous permettra de prendre du recul et de mieux analyser ce qui vous arrive en prenant une certaine hauteur. Au lieu de réagir, apprenez à contextualiser, de sorte qu'en pensant différemment, en pensant mieux, votre réaction sera meilleure et plus adaptée à court, moyen et long terme. Enfin, vous sentir plus en confiance et compétent, vous permettra de passer à l'action et faire en sorte que le précepte récurrent qui dit : « tu parles, je la connais la théorie, mais de là à l'appliquer, c'est une autre histoire » devienne obsolète. Le changement est entre vos mains et la résistance émotionnelle vous permettra de le mener à bien. Mieux encore, la résistance émotionnelle est le moteur et le garant du bonheur.

Analysons un peu plus dans le détail ce en quoi consiste chaque phase. Vous verrez que dans la troisième partie du livre je structure chaque cas pratique en suivant les phases que je vous présente ci-dessous. C'est très simple, et il y en a trois.

Prenez du recul

Commencez par prendre du recul et par vous voir sous un autre jour. Dans de nombreux cas, ce nouveau regard est révélateur. Pour prendre ce recul, vous pouvez vous poser une question toute simple : quel est le sens de ce que je suis en train de faire ? Posez-vous cette question pour chacun de vos agissements et pour chacune de vos décisions. Arrêtez de vivre de façon routinière, arrêtez de vivre dans l'inertie, arrêtez de courir. Posez-vous, gagnez en perspective et choisissez la bonne direction.

Je donne mes consultations dans les Pyrénées en marchant avec mes patients. J'ai pour habitude d'emprunter différents parcours en fonction du temps dont nous disposons et du climat, mais il y a systématiquement une immersion agréable dans la forêt qui nous mène ensuite à une zone à la vue imprenable. Au début de notre parcours, nous ne voyons rien d'autre que des arbres et notre regard se concentre sur le chemin de nos pas. Notre esprit se focalise uniquement sur la marche et est dépourvu de toute perspective. Au-delà des arbres, il y a une vue panoramique sur toute la vallée de la Cerdagne, mais nous ne la visualisons pas encore. La forêt dense sur les flancs de Cadi ne permet pas de voir au-delà des beaux et hauts conifères qui la composent. La vallée est toujours là, pourtant nous n'en sommes pas conscients. Et donc, en prenant de la hauteur, la forêt laisse libre cours aux prairies d'altitude quand, soudain, apparaît la belle et majestueuse vue de toute la vallée entourée de montagnes. La perspective consiste précisément en cela, à prendre de la hauteur, à vous élever au-dessus de la forêt et à contempler une vue panoramique qui vous permette d'adopter un autre point de vue.

Pensez différemment

La seconde étape de la méthode est plus complexe : vous devez apprendre à penser différemment, à mieux penser. L'objectif, c'est d'apprendre à penser sans œillères, sans distorsion, et d'analyser correctement ce qui vous arrive, ce que vous croyez qu'il vous arrive ou ce que vous souhaitez qu'il vous arrive. Nous avons pour habitude d'associer la peur, le désir et la commodité à notre processus de pensée, ce qui le dénature et l'altère.

Si nous examinons notre processus de pensée, nous nous rendrons compte que des schémas prépondérants régissent probablement notre vie, en sachant qu'ils peuvent être erronés ou inexacts. Nous devons réexaminer et actualiser nos schémas mentaux et conceptuels afin de les ajuster à la réalité d'une façon plus constructive.

Le monde n'est pas comme il est, mais comme nous pensons qu'il est. Afin de le démontrer, je vous propose le petit exercice suivant : imaginez un instant que vous ne trouvez pas votre portefeuille. Le fait observable, c'est que vous ne le trouvez plus. Vous l'avez cherché dans le tiroir où vous le rangez d'habitude mais il ne s'y trouve pas. C'est la première fois que vous ne le trouvez pas et vous savez avec certitude que la veille, vous l'avez utilisé pour payer des courses. Plusieurs choses peuvent vous passer par la tête. Vous pouvez vous dire que le portefeuille doit se trouver dans la voiture et quand vous irez le chercher, vous constaterez qu'il est bien là. Vous pouvez vous dire aussi qu'on vous l'a volé dans le centre commercial sans que vous vous en rendiez compte, que vous l'avez perdu ou que vous l'avez laissé dans le magasin où vous avez fait des achats. Le fait est toujours le même : le portefeuille n'est pas dans le tiroir où il devrait se trouver, mais selon votre interprétation, votre réalité sera très différente. En fonction de ce que vous croyez, vous pouvez ressentir une grande anxiété ou pas. Vous pouvez en venir à faire opposition à toutes vos cartes de crédit, à porter plainte pour vol auprès de la gendarmerie ou aller vous coucher tranquillement en vous disant qu'il est dans la voiture.

Tout comme ce que vous vous dites au sujet de votre portefeuille conditionnera votre comportement, ce que vous vous dites au sujet des questions existentielles de la vie, comme l'amour, le travail ou la famille, peut conditionner votre vie, votre bien-être émotionnel et votre santé mentale. Hâtez-vous alors d'apprendre à penser différemment : contextualisez, analysez sans schémas préconçus, sans altération, sans préjugé ni quelconque influence. Si nous sommes capables de repenser nos schémas et d'identifier le moment où nous déformons la réalité en fonction de la peur, du désir, de la commodité et des fausses convictions, nous aurons fait un grand pas vers la liberté émotionnelle.

Dites-vous que votre esprit, dans de nombreux cas, fonctionne comme un grand ordinateur. N'est-il pas vrai que de temps à autre, vous devez mettre à jour le système d'exploitation de votre ordinateur ? Dans le même ordre d'idées, vous devez donc également mettre à jour vos schémas, réflexions et convictions afin de les adapter à la réalité. Il est vrai que penser convenablement a beaucoup plus de répercussions que vous ne le pensez. Il est possible que vous vous y preniez convenablement, merveilleusement, de façon équilibrée et adaptée, pourtant, même ainsi, vous devez mettre à jour vos convictions régulièrement car, même si elles étaient adaptées, le monde change, et si vous ne vous mettez pas à jour vous deviendrez « obsolète » et vous souffrirez en retour.

Passez à l'action

Au bout du compte, nous devons passer à l'action. Pas évident, je sais ; cela demande du courage et de l'audace. Ce qui ne se concrétise pas ne sert à rien.

Faire ce premier pas est le plus difficile mais, si vous le faites, plus rien ne vous arrêtera.

De nombreuses personnes ne passent pas à l'action à cause de leur mauvaise estime de soi. Même si elles savent qu'elles doivent le faire, elles en sont incapables. Nous sommes souvent capables de donner des conseils à d'autres personnes s'agissant de leurs objectifs et, généralement, nous faisons cela très bien. Ce qu'elles doivent faire, comment et quand, c'est clair comme de l'eau de roche pour nous, sachant que nous sommes incapables de passer à l'action quand il s'agit de notre propre cas ! Vous savez pourquoi ? Parce que nous ne nous mettons pas en valeur. Nous sommes tout en bas de la liste des priorités, nous croyons ne pas être importants et ne pas valoir la peine d'être heureux ou de faire quoi que ce soit pour l'être.

En d'autres occasions, nous ne passons pas à l'action car nous avons peur. Il est naturel d'avoir peur. J'ai peur. J'ai très peur. La peur en soi n'est pas grave, étant donné qu'elle assure la survie. D'ailleurs, votre cerveau veut que vous viviez, mais peu lui importe que vous soyez heureux ou non. Il est naturel d'avoir peur, mais grâce à l'une des plus importantes de vos résistances émotionnelles, vous serez en mesure de transformer cette peur en action.

Le courage et la résistance émotionnelle vont vous permettre d'acquérir cet élan dont vous avez besoin afin de pouvoir surmonter vos peurs.

Pour passer à l'acte, vous avez besoin d'un plan d'action et d'une feuille de route, c'est tout. Il est important que vous œuvriez en vue de convertir les bonnes intentions en un plan. De cette façon, ce sera plus simple de passer à l'action. Concrétisez les choses. Il ne sert à rien de planifier et de ne pas passer à l'action, car c'est l'aboutissement du processus de changement que vous vivez. Passer à l'action est le prérequis nécessaire et indispensable pour guérir votre blessure émotionnelle.

La clé pour surmonter l'épreuve

Nous nous confrontons à l'adversité d'une façon déterminante au quotidien, plusieurs fois par jour. Si vous avez une bonne résistance émotionnelle, vous pourrez affronter les défis quotidiens en toute confiance. Cette résistance vous permettra de vivre dans l'espoir, de prendre les rênes de votre vie et de décider du destin vers lequel vous souhaitez tendre.

La résistance émotionnelle est votre meilleure alliée, cela tombe sous le sens. C'est pour cela que j'aime me référer à la résistance émotionnelle en tant que moteur et garante du bonheur. Lorsque vous vous occupez de vous, lorsque vous alimentez votre âme, lorsque vous entraînez votre résistance émotionnelle, vous vous sentez plus fort et dès lors vous affrontez la vie avec une attitude différente.

En fonction des évaluations que vous réalisez sur ce qui vous arrive et sur votre expérience, vous pourrez mieux jauger les épreuves et mieux les affronter. En développant votre résistance émotionnelle, vous ne vous précipiterez plus dans vos conclusions, vous n'adopterez plus une attitude alarmiste, vous ne tomberez pas dans la désolation ni dans l'apitoiement. Vous sentant fort, vous analyserez les événements et vous prendrez de meilleures décisions, ce qui vous mettra dans une excellente situation pour affronter et gérer le quotidien, la vie et l'adversité.

Sentez-vous fort ! Vous avez tout ce qu'il faut pour surmonter tous les défis et toutes les épreuves que vous impose la vie. Mieux encore, vous avez déjà fait le plus dur. Jusqu'ici, vous avez analysé ce qui vous est arrivé, vous avez compris ce qui s'est passé et vous avez appris par l'expérience. Le moment est venu de reconstruire ce qui a été détruit, car il n'y a aucun sens que cela demeure ainsi plus longtemps.

Ne vous isolez pas

Ne vivez pas seul l'événement à surmonter, ne le vivez pas en silence. N'ayez pas honte. Parfois, nous nous isolons afin de nous protéger. Nous pensons que si personne ne pénètre notre espace, personne ne pourra nous blesser. Pourtant, en nous isolant, nous perdons l'opportunité de vivre des expériences positives et de reconstruire. S'isoler n'est jamais la solution. Lorsque vous vous isolez, vous vous fragilisez et cela provoquera la sensation que vous ne pourrez pas surmonter l'épreuve qui exige le meilleur de vous-même, de votre résistance émotionnelle tout entière, de vos ressources et compétences.

Ne construisez pas un mur pour vous protéger car vous ne ferez que vous isoler.

N'OUBLIEZ PAS...

• Vous avez tout ce qu'il faut pour reconstruire votre vie. Pourtant, cela ne se mettra pas en marche tant que vous ne vous connecterez pas à votre résistance émotionnelle.

• La résistance émotionnelle est la clé pour surmonter les épreuves et les défis de la vie.

• Chaque résistance émotionnelle peut s'apprendre et se développer.

• Quelques-unes des épreuves que nous subissons peuvent être provoquées par ces résistances émotionnelles sur lesquelles nous devons travailler.

• Afin de pouvoir surmonter une épreuve, vous devez prendre du recul, penser différemment et passer à l'action.

Reconstruisez ce qui est détruit

Sokei ne pouvait pas s'arrêter de sourire, il savait qu'il ne réparait pas une pièce cassée… Sa tâche était beaucoup plus noble que cela puisqu'elle consistait à redonner forme à un bol somptueux.

Réparer ou reconstruire ?

Il y a une différence entre réparer et reconstruire. Une réparation est un acte rapide, de l'ordre du rafistolage, *via* lequel nous essayons de récupérer la fonctionnalité de l'objet cassé, sans prétendre à aucun autre critère. Mais lorsque vous reconstruisez quelque chose, vous savez que l'amour et la leçon apprise fusionnent et créent une nouvelle pièce, une nouvelle vie, beaucoup plus forte et plus belle que la précédente.

Nous allons reconstruire ce qui a été détruit, mais nous allons le faire en nous focalisant sur ce que nous aimons, pas sur ce que nous avons subi ou vécu. Le moment est venu d'aller de l'avant, de relever la tête et de nous fixer un objectif. L'idée, c'est alors que nous nous reconstruisons, nous définissons notre futur, nos objectifs et nos priorités, tout en affrontant nos peurs avec audace et courage. Reconstruire ce qui est détruit est un exercice de courage : vous devez prendre en compte que vous pouvez vous détruire à nouveau.

La peur d'une rechute

Une même souffrance peut se répéter. Elle est toujours là ; pourtant, vous savez que toutes les fois où vous vous détruirez, vous pourrez, dans la foulée, vous reconstruire. Vous avez le don de la reconstruction, la capacité de vous régénérer, d'apprendre et de renaître de vos cendres plus fort et plus instruit. C'est la meilleure des motivations que vous pouvez trouver pour gagner en confiance dont vous avez tant besoin.

Les 15 actions qui guériront votre blessure émotionnelle

Je vous propose ci-dessous 15 actions que vous devrez réaliser pour vous reconstruire. Suivez toutes les étapes une à une. N'en omettez aucune, cela vous permettra de bâtir un édifice aux fondations solides et de reconstruire votre réalité.

1. Ne fuyez pas l'épreuve

Il y aura toujours une épreuve qui vous guettera, qui nécessitera votre attention et que vous devrez gérer ; tant que vous ne vous en préoccuperez pas, elle ne disparaîtra pas. Nous croyons que le temps guérit tout et nous imaginons que, comme par magie, nos problèmes s'arrangeront. Vous pouvez y croire, bien sûr, pourtant mon meilleur conseil, le miracle se faisant attendre, c'est de vous efforcer activement à remédier à l'épreuve.

Ne niez pas l'évidence, ne sous-estimez pas l'événement qui vous pose problème, ne banalisez pas les conséquences de l'épreuve. La première étape pour vous reconstruire, c'est l'acceptation. Ne fuyez plus, arrêtez-vous, retournez-vous et regardez l'épreuve bien en face avec la confiance de quelqu'un de décidé à mettre un terme à une histoire de souffrance et de douleur.

Arrêtez de fuir. Pourquoi fuyez-vous ? Ne vous dérobez pas, ne mettez plus autant d'énergie à nier l'évidence. Le moment est venu de prendre de l'aplomb et de gérer l'épreuve. Nous irons directement à la racine du problème, nous prendrons en compte les émotions associées à l'épreuve, mais surtout nous travaillerons et penserons à un plan d'action afin de tirer la leçon de l'incident et de sortir renforcé du revers subi.

2. Ne vous isolez pas

Face à un problème, nous avons pour habitude de nous isoler et nous perdons, dès lors, la perspective nécessaire et utile. Parlez avec vos amis et vos proches, ils vous donneront un nouveau point de vue qui élargira votre horizon.

L'épreuve est un fardeau que l'on supporte mieux si l'on est bien accompagné. Il est possible que vous vous croyiez seul, pourtant voyez si c'est réellement le cas. Je me souviens du cas d'un homme très affecté par la maladie de sa fille. Sa femme, en apprenant que leur fille était malade et qu'elle avait la même maladie que son mari, les a quittés, les laissant tous les deux seuls. Mon cher ami a fait une dépression, nourrie à parts égales par le cruel abandon de son épouse, par la culpabilité de se savoir transmetteur de la maladie et par la souffrance de sa petite princesse. Il se sentait seul et il s'isolait. Il se focalisait sur la petite et s'est déconnecté du reste du monde. En peu de temps, il est passé à un état de saturation. Il n'en est resté pas moins isolé, ne voulant voir personne. Il se sentait seul, alors qu'en réalité, il avait beaucoup de gens autour de lui qui pouvaient et voulaient l'aider. Un jour, je lui ai envoyé le lien d'une association sur la maladie qui le préoccupait. Il a pris rendez-vous à contrecœur. Cela a été sans doute la meilleure décision qu'il a prise lors de cette crise, car l'association s'occupait de cette problématique. Il ne se sentait donc plus seul et a commencé à surmonter la situation. N'oubliez pas, vous n'êtes pas seul. Il est possible que vous vous sentiez seul, je n'en doute pas, mais vous ne l'êtes pas.

3. Ne vous sentez pas impuissant

Nous croyons parfois ne rien pouvoir faire et nous oublions qu'il y a toujours une voie, toujours. Lorsque nous nous sentons impuissants, notre raisonnement s'embrouille, nous avons plus de mal à réfléchir et les solutions éventuelles sur lesquelles nous pourrions compter s'évanouissent, le dernier ressort étant la fuite.

Vous vous sentez sans doute perdu et déboussolé ; pourtant, de la même façon que cela arriverait en montagne, lorsque vous êtes perdu, vous ne pouvez pas rester les bras croisés à attendre un miracle. Si un jour, vous vous perdez en montagne, je vous conseille vivement de chercher un emplacement élevé et de vous diriger vers lui. Marchez en ligne droite, en direction de votre point de repère et vous verrez que, tôt ou tard, vous trouverez un lieu qui vous permettra de vous orienter. Il y a toujours une issue, même si elle n'est pas évidente, ni facile ni rapide. N'arrêtez jamais de la chercher.

4. Une épreuve sous-entend un changement

Il peut s'agir d'un changement momentané de votre réalité, parfois même permanent. Acceptez-le et découvrez le nouveau cadre, la nouvelle réalité dans laquelle vous vous trouvez. Informez-vous, demandez conseil, de l'aide à un professionnel… Mais actualisez votre cadre de référence. N'essayez pas de continuer d'agir comme vous le faisiez avant l'épreuve. Votre réalité a changé et vous devez mettre à jour votre façon de procéder dans cette nouvelle réalité. Vous ne pouvez pas continuer à faire comme avant, ce qui ne veut pas dire que vous deviez renoncer à vos désirs. La meilleure solution, c'est de toujours adapter vos intérêts, souhaits et priorités à la nouvelle situation, en prenant en compte les causes qui ont déclenché les conséquences de l'épreuve.

5. Assumez d'être face à un défi

Les défis doivent être traités tels quels. Si vous êtes capable de transformer un problème en défi, vous activerez toute votre résistance émotionnelle et vous la mettrez au service de vos attentes. Un défi est toujours quelque chose de positif et de stimulant, alors qu'un problème est quelque chose de négatif qui provoque un blocage. Vous devez apporter une réponse à l'épreuve, et cette réponse doit être pertinente. Elle se trouve entre vos mains, alors passez à l'action.

6. Concentrez-vous sur le long terme

De nombreux problèmes auxquels nous devons faire face, ou les épreuves que nous devons gérer, impliquent de prendre des décisions qui sont fâcheuses à court terme mais qui, sans aucun doute, auront des répercussions positives à moyen et long terme. Définissez comment vous vous voyez dans le futur, cela sera la meilleure des motivations. Visualisez-vous dans un futur motivant et inspirant. Peu importe ce qui s'est passé, ce qui importe beaucoup plus, c'est ce que vous pouvez devenir, mais afin d'y arriver, vous devez avant tout guérir vos blessures. Libérez-vous du poids de la culpabilité, videz votre sac à dos et marchez léger vers le meilleur de vous-même.

7. Focalisez votre énergie sur le court terme

La gestion de l'épreuve demande une action immédiate. Faites les premiers pas, prenez les premières décisions. Vous êtes peut-être déboussolé. Passez à l'action, prenez des décisions, étudiez la situation, apprenez et agissez. Faites quelque chose, obtenez des petites victoires et célébrez-les en étant fier de vos réussites. Tout grand voyage commence par un premier pas, faites-le donc sans attendre.

8. Changez et acceptez

Marc Aurèle nous propose de changer ce qui peut être changé, d'accepter ce qui ne peut être changé, mais surtout, le plus important, d'apprendre à différencier ce que nous pouvons maîtriser ou pas. Affrontez la réalité quand elle peut être changée mais, si ce n'est le cas, il est plus sage d'accepter l'épreuve et de commencer une nouvelle étape.

Je me souviens du cas d'une personne qui a eu un accident avec pour résultat la réduction de la motricité de sa main. Il a essayé toutes sortes de traitements, il a consulté des médecins, des guérisseurs et des chamanes ; il refusait d'accepter la perte de la motricité de sa main, et cela l'empêchait d'adapter sa vie à ses nouveaux besoins. Pourtant, à un moment, il a compris qu'il devait changer de stratégie, qu'il était possible qu'un jour, il récupère un peu de motricité même si, en réalité, la probabilité était faible. Il a compris qu'il devait commencer à adapter sa vie à ses nouvelles conditions et à accepter que, très probablement, sa main resterait en l'état. Juste à ce moment-là, après avoir accepté ce qui ne pouvait pas être changé, il a concentré tous ses efforts sur ce qui pouvait être modifié, ce qui lui a permis une amélioration de sa qualité de vie.

Les facteurs d'adaptation

Lors d'un malheur ou d'une épreuve, certaines personnes développent une série de facteurs d'adaptation. Lorsqu'elles n'ont plus d'argent, certaines personnes volent. Lorsqu'elles ont souffert, elles peuvent infliger de la douleur à d'autres personnes de façon cruelle. Lorsqu'elles ont connu la faim, elles peuvent manger outre mesure. Lorsqu'elles ont été au chômage, elles peuvent travailler comme des forcenées pour éviter qu'on ne les renvoie à nouveau.

Si ces facteurs d'adaptation semblent bons de prime abord, ce n'est pas le cas car ils ne jouent que sur une adaptation provisoire. En réalité, ils ne permettent pas d'étudier l'épreuve, ils freinent l'épanouissement et la résilience. Ils nous empêchent d'analyser tout ce que nous pouvons faire et nous précipitent dans l'action sans réflexion.

Je vous propose d'analyser les procédés que vous mettez en œuvre pour compenser votre souffrance. Revoyez-les et voyez si cela a du sens de continuer à les maintenir.

---

9. Analysez votre dialogue intérieur

Faites-le car il ne vous inspire peut-être pas confiance. Que vous dites-vous en votre for intérieur ? Comment vivez-vous l'épreuve ? Il n'existe aucune raison pour laquelle vous ne soyez pas capable d'affronter une épreuve, mais tant que vous n'y croyez pas et tant que vous ne l'assumez pas, vous n'arriverez certainement à rien. Si vous vous envoyez des messages de méfiance, logiquement, vous ne pourrez pas vous reconstruire.

Prenez le temps d'analyser comment vous vous parlez, ce que vous vous inspirez et l'influence que cela a sur ce que vous pensez, faites et ressentez. Imaginez que vous cohabitez avec un frère jumeau imaginaire qui est tous les jours avec vous, vous parle tout le temps et vous dit ce que vous pensez. Que vous dit-il ? Faites ce petit exercice et vous vous rendrez compte que la façon dont vous communiquez avec vous-même est cruciale.

10. Transmettez de la sérénité et de la tranquillité

Si vous avez des personnes qui dépendent de vous, transmettez-leur de la sérénité et de la tranquillité car vous passerez sans doute du temps à travailler sur les solutions à apporter à l'épreuve qui vous touche. De plus, n'oubliez pas que vos enfants, par exemple, n'ont pas tous les éléments dont vous disposez, ne savent pas ce qui vous passe par la tête et ne peuvent pas prévoir ce qui va arriver. Pour gérer leur anxiété, il est donc préférable qu'ils aient quelques éléments et vous sentent serein, enclin à gérer l'épreuve. La meilleure façon de transmettre de la sérénité, c'est d'en être habité. Détendez-vous. Je sais que ce n'est pas si évident, pourtant essayez de vous détendre et de vous tranquilliser. La meilleure stratégie pour y arriver, c'est de savoir que vous travaillez à reconstruire votre personne et votre vie.

11. Prenez vos propres décisions

Nous renonçons parfois à des choses pour contenter autrui et ce renoncement conduit à une attitude passive et un rejet des responsabilités. Résoudre une épreuve demande résolument de prendre des décisions, même déplaisantes. Mon meilleur conseil, c'est que vous soyez celui ou celle qui prend les décisions qui vont affecter votre vie. J'ai pu observer, dans ce nombreux cas, que l'épreuve était provoquée par des décisions qui n'étaient pas prises.

Le moment est donc venu de passer à l'action. Dans la troisième partie du livre, je décris dans le détail un procédé de prise de décisions, mais l'essentiel est que vous sachiez évaluer le rôle que jouent la peur, le désir et la commodité sur votre décision car ces éléments peuvent conditionner le résultat de vos actions.

12. Cultivez l'optimisme

Ne confondez pas : une attitude optimiste n'a rien à voir avec une attitude naïve. Une personne naïve croit que tout s'arrangera comme par magie, alors que l'optimiste sait qu'il peut faire partie de la solution du problème et qu'il est capable de faire face aux épreuves qu'il subit. Le pessimisme et le découragement s'inviteront sans doute chez vous ; peut-être même plus d'une fois. Le pessimisme est toujours à l'affût, dans l'attente de la moindre opportunité pour s'incruster dans votre vie et prendre le contrôle de vos pensées. Montrez-lui la sortie, qu'il vous laisse en paix et cherche un autre lieu où prendre ses aises.

Rationalisez ce qui arrive ; en réalité, vous ne savez de quoi demain sera fait. Vous n'avez pas le don de le prédire, n'essayez donc pas. Mais si vous le faites, ne penchez pas pour un futur négatif et pessimiste. Il est bien évidemment toujours plus encourageant de prédire un futur optimiste.

13. Abordez l'épreuve comme une opportunité d'apprendre et de réorienter votre vie

L'adversité est parfois le fruit de la malchance mais cela peut être aussi la conséquence de quelques actions, schémas ou idées. Le moment est peut-être venu de reconsidérer votre façon de vivre et de prendre quelques décisions. Dans le quotidien, nous ne nous en rendons pas compte, mais nous adoptons des comportements toxiques innombrables et nous prenons des risques inutiles et des mauvaises décisions. Si nous arrivons à vivre d'une façon plus consciente, nous nous débarrasserons d'une grande partie de ces non-sens. Voilà précisément où se trouve la clé, dans l'analyse du sens de ce que j'entreprends, de ce que je pense et ressens. Il est probable que l'épreuve que vous vivez se trouve être le premier signe qui démontre que vous devez évaluer les non-sens de votre vie et vous mettre au travail pour la réorienter.

14. Trouvez un exutoire pour vos émotions

C'est utile pour évacuer la pression et reprendre des forces. Ressourcez-vous car la guerre contre l'épreuve ne se gagne pas en une seule bataille. Donnez-vous l'occasion de vivre des émotions positives ; elles vous permettront de vous ressourcer et de retrouver la perspective dont vous avez tellement besoin. Gérez le sentiment de culpabilité s'il survient. Ce qui importe, ce n'est pas si ce qui est arrivé est de votre faute, mais si vous êtes prêt à le gérer et à en tirer la leçon. Écrivez, discutez ou dessinez mais ne gardez pas en vous ce que vous ressentez. La lutte sera sans doute longue ; travaillez-la au corps dans le temps, notamment dans les moments de repos et de réjouissance. Cherchez des émotions positives.

15. Ne prenez aucun risque inutile

Soyez prudent. Nous cherchons souvent à nous débarrasser à tout prix de l'épreuve et, sans nous en rendre compte, nous choisissons la première solution qui nous tombe sous la main. Lorsque vous souffrez, la première solution venue fait l'affaire. Ne vous y fiez pas, la première solution venue ne vaut rien. Dites-vous que vous êtes dans une situation de manque et de forte activation émotionnelle. Votre capacité de raisonnement est certainement affectée, il est donc important d'évaluer méticuleusement chacune de vos décisions. Réfléchissez et analysez, mais n'hésitez pas et soyez courageux quand c'est nécessaire. Parfois, nous ne pouvons pas faire autrement que de prendre un risque. Si c'est le cas, allez-y. Mais faites bien la part des choses entre la précipitation et le risque.

Ce sont donc les quinze étapes qui vous permettront de cicatriser votre blessure et de surmonter les épreuves. Dans la troisième partie du livre, vous pourrez lire des cas concrets d'hommes et de femmes qui ont suivi ces étapes.

Question de patience

Recoller tous les morceaux et se reconstruire après une telle souffrance ne se fera pas tout seul ; vous allez devoir persévérer. C'est comme un régime, on ne perd pas du poids en un jour. On ne s'entraîne pas non plus à courir un marathon en un jour, personne ne construit une maison en un jour… Les grands projets demandent du temps, revoyez donc vos attentes et armez-vous de patience.

La structure de la douleur explique les dommages causés

L'agression que vous avez subie détermine le nombre de pièces que vous devrez reconstituer. Imaginez qu'il est 7 heures du matin et que vous venez de vous lever. Vous vous préparez une tasse de café au lait et vous allez petit-déjeuner tranquillement dans le salon, tout en lisant la presse. En voulant poser la tasse sur la table, vous calculez mal la distance et elle tombe sur le parquet qui amortit le choc. À présent, imaginez la même scène mais, cette fois-ci, la tasse tombe sur des pierres froides. Une fois encore, imaginez que vous avez trébuché et la tasse a fait un vol plané de plusieurs mètres et son contenu s'est renversé sur le canapé, a rebondi contre le mur juste au-dessus de votre tête et est tombé sur les pierres. Même si, de prime abord, l'explication de l'événement est la même (« J'ai fait tomber la tasse de café »), son résultat et ses conséquences n'ont rien à voir, de sorte que le nettoyage des dégâts sera très différent selon le cas. Dans le premier cas, il suffira de laver le sol sur lequel le café au lait a été renversé ; dans le deuxième cas aussi, mais nous devrons ajouter une tasse cassée à notre collection et dans le troisième cas, nous devrons ajouter un mur et un canapé à nettoyer.

Écoutez donc avec attention les conseils que l'on peut vous donner, car il est probable que la structure de ce que vous avez vécu implique que vous deviez vous reconstruire d'une façon distincte de celle de la personne qui vous conseille avec les meilleures intentions du monde.

Ne dissimulez pas la douleur

Nous croyons que quelqu'un qui souffre est faible. La société juge les personnes détruites et les stigmatise durement comme si elles étaient incapables de venir à bout de leur souffrance. La personne qui souffre est montrée du doigt par d'autres qui souffrent également mais qui ne veulent pas le montrer. Lorsque vous pointez la douleur d'autrui et que vous l'affublez de faiblesse, c'est comme si vous étiez convaincu de votre propre grandeur, alors qu'on sait ce qu'il en est.

Ne cachez pas votre douleur, n'ayez pas honte de la ressentir. Vous n'êtes pas faible du tout. Au contraire, vous êtes plus fort que ceux qui vous traitent de lâche. Arrêtez de vouloir ignorer ce qui réclame votre attention. Je sais qu'il est plus facile de battre en retraite, je sais que vous avez la possibilité de fermer les yeux, mais vous devez reprendre pied et arrêter de dissimuler la douleur. Vous devez vous accrocher à la vie et reconstruire ce qui est détruit.

Nous nous sentons incomplets et nous cherchons ce qui nous manque, préoccupés par cette absence. Nous faisons fausse route ! Le problème, c'est que nous nous obstinons à faire taire cette douleur à coups de domination, de réussites, de victoires ; alors que tant que nous n'accepterons pas un changement de paradigme, nous continuerons de souffrir. Ce n'est pas dans notre nature d'être complet un jour, mais plutôt de prendre des décisions, de nous connecter à notre résistance émotionnelle et de jouir du moment présent.

N'oubliez pas...

- Ne fuyez pas l'épreuve.
- Ne vous isolez pas.
- Ne vous réfugiez pas dans l'impuissance.
- Une épreuve suppose un changement.
- Assumez d'être face à un défi.
- Fixez votre attention sur le long terme.
- Focalisez votre énergie sur le court terme.
- Changez et acceptez.
- Analysez votre dialogue intérieur.
- Transmettez de la sérénité et de la tranquillité.
- Prenez vos propres décisions.
- Cultivez l'optimisme.
- Abordez l'épreuve comme une occasion d'apprendre.
- Trouvez un exutoire pour vos émotions.
- Ne prenez aucun risque inutile.

Magnifiez vos cicatrices

Sokei parcourut de son doigt toutes les cicatrices de son bol, chemins en or pur qui montraient la valeur de sa création reconstruite.

Mon corps est plein de cicatrices. Je ne pourrais pas dire le nombre de points de suture dont je suis recouvert, un jour, j'ai arrêté de compter. Je ne peux pas dire à quoi correspond chaque cicatrice et je n'ai honte d'aucune elles. Mes cicatrices proviennent toutes d'un accident ou d'une négligence. Elles m'ont toutes appris quelque chose. J'ai appris à rebondir à partir de chacune d'entre elles. Certaines ont plus de trente ans d'existence, d'autres à peine quelques années.

Je me souviens de l'une de ces cicatrices, sur la tête. Il y a encore peu, c'était une cicatrice intime, mais à présent, mes cheveux tombant avec le temps, elle est devenue visible. L'origine de cette cicatrice remonte à un jeu d'enfant pendant une colonie de vacances. La nuit, nous jouions à attraper le drapeau de l'autre bande. Éparpillés dans la montagne, nous devions éviter à tout prix d'être éclairés par la lampe de poche d'un adversaire. Eh bien, je ne me souviens de rien, sauf d'avoir vu un garçon de l'équipe adverse et d'avoir sauté littéralement dans le vide et de m'être retrouvé allongé par terre, inconscient. Ce qui est sûr, c'est qu'avec cette cicatrice, j'ai appris que je ne pouvais pas sauter comme un fou sans savoir où j'allais atterrir. Cette conclusion ne s'est pas imposée d'un coup, elle a mûri peu à peu. Chaque jour, pendant tout le temps qu'ont duré les soins, j'ai eu le temps d'y penser et d'en tirer les leçons.

J'ai une autre cicatrice importante, une très grande sur un tiers de mon dos. Celle-ci, je me la suis fait en tombant de vélo, il y a à peine quelques années. Je me souviens que ma femme m'a soigné pendant que notre fille dormait dans son berceau. Tous les jours, alors qu'elle nettoyait la blessure, j'analysais l'incident. En fin de compte, tout cela est arrivé parce que j'avais décidé d'aller faire du vélo dans la montagne sans mes lunettes de vue, et sans elles je ne vois rien. Aussi simple que ça. Il se trouve qu'elles étaient cassées et je me suis retrouvé quelques semaines durant sans lunettes de soleil correctrices. Et, en cette journée qui ne pouvait qu'être funeste, j'ai surestimé mes propres compétences et décidé d'aller faire du vélo sans lunettes, et est arrivé ce qui devait arriver : j'ai fini par terre.

Mes cicatrices m'ont toutes appris quelque chose. La souffrance n'a jamais vaine, j'en ai toujours profité pour m'épanouir. Mais ne croyez pas que je n'ai de cicatrices que sur mon corps, j'en ai également dans mon cœur. Les psychologues sont des personnes aussi ; qui plus est, nous sommes des personnes dotées d'une sensibilité spéciale à plus d'un titre. Enfin, il y en a qui en ont le titre mais qui sont dépourvus de cette sensibilité… Tout ça pour dire que j'ai, comme la plupart du commun des mortels, souffert.

Je suis une personne sensible et empathique, ce qui est un grand avantage dans ma profession ; pourtant, je suis un terrain fertile sur lequel la souffrance peut pousser à l'envi. J'ai souffert dans mon enfance, dans mon adolescence, dans ma jeunesse et dans ma vie d'adulte. J'ai souffert dans ma vie privée, familiale et professionnelle. J'ai souffert en essayant d'aider une fillette de quatre ans violée par son père, j'ai souffert avec chacun de mes patients qui souffrent et j'ai souffert lors des tournants dramatiques de ma vie qui sont certainement les mêmes que les vôtres.

Maintenant, je peux dire que toutes les blessures de mon âme ont cicatrisé. Le hasard n'y est pour rien. J'ai été le principal auteur de la guérison de mes blessures. Je les ai nettoyées, soignées, désinfectées et guéries. Tout comme vous devez être méticuleux en désinfectant une blessure physique si vous ne voulez pas qu'elle s'infecte, vous devez l'être également avec les blessures émotionnelles.

J'ai dû souvent creuser une blessure, la soigner en profondeur, analyser la raison pour laquelle j'avais mal et endurer la douleur de l'alcool indispensable qui soigne tout mais qui brûle. Il m'est arrivé de ne pas pouvoir me guérir moi-même, et j'ai pu compter sur le soutien inestimable de Núria, ma conjointe. Elle m'a ouvert les yeux, elle a soufflé sur mes plaies lorsque le désinfectant me brûlait, elle m'a tenu la main pendant que mon cœur cicatrisait peu à peu.

Les cicatrices de mon âme ne me font pas honte, elles non plus. Aucune d'entre elles n'a été fortuite. Elles m'ont toutes inculqué quelque chose que je devais apprendre. Cependant, pour tirer les leçons de la douleur, il a fallu faire preuve de beaucoup d'humilité, d'une bonne analyse, d'un certain recul et d'une perspective imprenable.

Si vous me dites, là tout de suite, que vous n'avez pas une seule cicatrice sur votre corps et votre âme, je me verrais obligé de vous accuser de raconter le pire des mensonges, celui du fourvoiement. Lorsque nous parlons de blessures et de cicatrices, le fourvoiement est mauvais conseiller. Vous croyez peut-être que vous avez suffisamment bien nettoyé la blessure, qu'elle s'infectera quoi qu'il advienne ou que le temps la guérira comme par enchantement ? Je vous invite à revoir ces fausses convictions et à ne pas laisser votre santé entre les mains du hasard.

À présent peut-être, après avoir appris en quoi consiste l'art ancien du kintsukuroi, le moment est venu de passer en revue vos cicatrices et blessures. Si une blessure du passé vous fait encore mal, c'est qu'elle n'est pas encore cicatrisée. J'en suis désolé mais il vous reste du pain sur la planche. Soignons ces vieilles blessures pas encore guéries, vous voulez bien ?

Vous avez sans doute beaucoup souffert dans le passé. Pendant une longue période, la douleur vous a sans doute accompagné jour et nuit. Je sais ce que c'est dans mon propre corps que de passer une nuit blanche avec une douleur qui vous oppresse l'âme. Je sais ce que c'est que de devoir sourire quand votre gorge est sèche parce qu'un nœud la noue sans relâche. Je sais ce que c'est que de devoir sécher ses larmes, arrêter de mordre la poussière et de reprendre du poil de la bête pour sauver les apparences.

Certaines douleurs s'incrustent dans votre monde et vous empêchent de penser, de dormir, de vivre. Que pouvons-nous faire face à une telle douleur ?

Quand tout vous fait mal, le mieux que vous puissiez faire, c'est de construire. Construisez. Créez. Vous avez besoin d'un projet pour gérer la douleur du passé et la transformer ensuite en beaux souvenirs. Lorsque vous retrouverez un semblant de perspective, lorsque vous aurez réussi à prendre un peu de recul émotionnel, vous serez alors capable de réinterpréter ce qui vous est arrivé et d'embellir les cicatrices.

Concentrez-vous sur la construction d'une nouvelle réalité, votre réalité. Libérez-vous de la carapace qui vous freine, des brûlures et stigmates. Faites peau neuve, laissez le passé au passé et commencez à construire une nouvelle réalité dans laquelle vous choisissez la vie que vous voulez avoir et la façon dont vous voulez vous voir. Construire cette nouvelle réalité demande des efforts, mais il est crucial de le faire.

Une personne extraordinaire

Il y a peu, j'ai rencontré Lary León. Nous étions tous les deux intervenants à la prestigieuse conférence sur le bien-être et le bonheur, organisée par la revue *Objetivo Bienestar*. Je dois avouer que j'ai été séduit par son énergie, sa vitalité, sa personnalité et tout particulièrement par sa capacité à construire la réalité qu'elle désirait.

Lary est née sans bras et avec une seule jambe. Elle n'était pas une personne normale. Mais existe-t-il quelqu'un de normal ? Ce qui est sûr, c'est qu'on essaie sans relâche de nous normaliser, et beaucoup de gens tombent dans le piège… Mais qui est « normal » ? Les gens qui font des choses normales ? Et c'est quoi ces choses « normales » ?

Lary fait un tas de choses normales. Elle se coiffe, elle dessine des traits sur ses yeux, elle se maquille, écrit et dirige même une antenne de l'association Atresmedia. Elle se lève le matin et va travailler. Elle mange même comme tout un chacun. Si Lary fait des choses normales, est-elle alors une personne normale ? Eh bien, non ! Ce n'est pas une personne normale. Je continue à le croire et à l'affirmer, même si elle s'acharne à se qualifier comme telle. Lary est une personne extraordinaire qui a transcendé sa réalité et a été capable d'en créer une nouvelle, bien meilleure que celle qui l'attendait. Elle a construit cette nouvelle réalité lorsqu'elle était toute petite. Cela lui a même permis d'obtenir la perspective nécessaire pour réinterpréter sa vieille réalité. Lary aime se dire qu'elle est la réincarnation d'une sirène, que ses bras sont les nageoires et sa jambe, la queue.

Vous ai-je déjà dit que nous prenons la vie trop au sérieux ? Jouez avec l'humour qui vous permettra de garder des forces pour le plus important. Ne perdez jamais le sens de l'humour ; cela vous permettra de prendre le recul nécessaire et de pouvoir analyser ce qui vous arrive dans une certaine perspective.

Chère Lary, je remercie le jour où nos chemins se sont croisés car, comme toi, je crois que tu es ici-bas pour marquer les esprits.

Vous n'êtes plus un enfant abandonné

On peut se sentir tel. Si c'est votre cas, sachez que vous avez la clé pour aider des milliers et des milliers d'enfants qui grandissent en situation d'abandon émotionnel. Vous n'êtes plus un enfant abandonné. Cette période-là est révolue. Qui plus est, en réalité vous n'étiez pas un enfant abandonné, mais un enfant qui a dû se connecter à sa résistance émotionnelle pour pouvoir grandir de façon saine et équilibrée.

Votre histoire n'est pas celle d'un enfant, mais celle d'un héros. Vous êtes un exemple parfait de dépassement de soi et d'autonomie, et c'est l'image que vous devez avoir de vous-même. Vous avez eu votre lot d'expériences qui vous a permis de vous dépasser et de développer vos meilleurs atouts. C'est dans l'adversité que nous voyons ce que nous sommes et pouvons arriver à être réellement. Vous imaginez combien de personnes vous pouvez aider avec votre témoignage ?

Et qu'arrive-t-il si vous êtes une femme abusée ? Construisez-vous une nouvelle réalité. Vous n'êtes plus une femme faible, maltraitée par un infâme égocentrique. Vous êtes une femme libre qui a été capable de supporter les pires insultes, qui les a surmontées et qui est sortie renforcée d'une situation extrêmement complexe.

Et si vous êtes une personne atteinte d'une maladie ou d'un handicap ? Eh bien, vous êtes une personne atteinte d'une maladie ou d'un handicap, pas un malade, pas un handicapé. N'associez pas votre identité à une condition physique. Vous êtes beaucoup plus que votre maladie. Néanmoins, tant que vous n'y croyez pas vous-même, vous ne pourrez pas dépasser cette réalité et en créer une nouvelle qui vous permettra de vous épanouir et de vivre pleinement.

Il y a autant d'univers que de personnes. Chaque personne crée son propre monde, sa propre réalité. Nous créons notre propre scénario et nous donnons du sens à la réalité en fonction de nos peurs et de nos intérêts. Mais, parfois, certaines personnes s'entêtent à nous construire et à nous obliger à vivre dans leur monde, et nous vivons là, sans savoir que nous pouvons construire notre propre monde, notre propre réalité, à tout moment.

N'oubliez pas : *le* monde n'existe pas. Votre monde existe. Mon monde. Son monde… Tant que nous ne serons pas capables de créer notre monde, le monde de tout un chacun, nous ne pourrons pas nous entendre.

Quand les souvenirs font mal

Vous avez peut-être enfin construit une nouvelle réalité dans laquelle vous pouvez être pleinement vous-même, la personne que vous êtes vraiment, et non celle que l'on vous a fait croire que vous êtes. Je sais que vous l'avez construite, non sans effort. Vous avez enfin reconstruit votre vie et soulagé votre douleur. Votre blessure a cicatrisé et a laissé une belle preuve de votre résistance émotionnelle.

Votre vie s'écoule normalement quand soudain vous êtes rattrapé par un élément de votre vie d'avant, celle qui vous réprimait et vous conditionnait. Vous vivez dans un océan de bonheur, c'est donc dur à croire, mais la vision d'une personne ou le souvenir d'un événement peut vous ramener à la réalité que vous viviez jadis. Ce que vous pensiez être fini peut surgir à nouveau. Parfois, les souvenirs s'incrustent dans notre vie sans crier gare. Un regard, une photo, une conversation ou un geste peut vous renvoyer à cette époque où vous avez tant souffert. Tout va bien. Reprenez-vous : interprétez l'incident et évacuez-le de votre esprit. N'en ayez pas peur. Ne l'évitez pas. Ne croyez pas que vous avez fait un pas en arrière. Dites-vous que notre cerveau perçoit des choses dont nous ne sommes pas conscients.

Vous vous retrouverez peut-être un jour face à face avec la personne qui vous a fait souffrir. Tenez-vous prêt car cela peut arriver à tout moment. Il est normal de se sentir nerveux à la vue de l'agresseur qui vous a torturé ; pourtant, tout comme nous pouvons ressentir cette tension, nous savons que nous avons été capable de sortir de ce cercle d'influence et qu'il ne peut plus nous nuire.

Lorsque vous manquez d'assurance, regardez vos cicatrices car elles renforceront la confiance dont vous avez besoin. Vous n'avez pas travaillé autant sur vous pour qu'à présent, se rouvre une vieille blessure. Lorsque vous vous trouvez face à face avec la personne qui vous a fait mal, ne baissez pas la tête, ne détournez pas le regard, ne changez pas de trottoir. Continuez tout simplement de marcher la tête haute avec l'assurance de quelqu'un qui a été capable de surmonter l'épreuve, de recoller les morceaux et de se reconstruire. Marchez avec le dos bien droit et avec fierté. Votre accomplissement est tout à votre honneur, personne ne peut vous l'enlever. Et en passant devant cette personne, ignorez-la ou saluez-la. Faites ce qui vous chante, mais faites-le en sachant que vous ne faites rien de mal : vous n'êtes plus la même personne que l'autre a connue.

Votre blessure a laissé une trace, bien évidemment ; cela ne signifie pas qu'elle ne soit pas guérie. Vous ne devez pas vous sentir faible quand des souvenirs vous reviennent ou quand vous croisez des personnes indésirables.

Magnifiez votre cicatrice

N'ayez pas honte de votre cicatrice. Ne la cachez pas. Au contraire, embellissez-la : elle est la meilleure preuve de votre résistance. Les maîtres kintsukuroi ne dissimulent pas les cicatrices des œuvres qui leur parviennent pour être réparées. Qui plus est, ils n'ont aucun intérêt à les dissimuler. Ils les mettent au contraire en valeur en les restaurant avec des matériaux nobles comme l'or et l'argent.

Une pièce de poterie qui s'est cassée est une preuve vivante de sa fragilité. Une pièce de poterie qu'on a réparée en en dissimulant les fêlures est une pièce qui ne nous montre pas toute sa valeur ; la valeur qui réside dans sa capacité à être reconstruite après l'épreuve. Les maîtres kintsukuroi en sont conscients et veulent respecter la valeur principale d'une pièce reconstruite, sa cicatrice. Parfois, les cicatrices sont inévitables, mais que vous les traitiez avec respect et que vous les embellissiez dépend de vous.

Nos cicatrices magnifiées nous donnent la force nécessaire pour continuer à vivre dans le monde que nous aimons, dans le monde que nous avons choisi et construit. Parfois, nous pouvons nous sentir perdus, désabusés, découragés ou simplement fatigués. C'est compréhensible. Construire une nouvelle réalité n'est pas facile, surtout lorsque la douleur que vous avez subie vous a épuisé.

Cherchez dans votre cicatrice magnifiée l'élan dont vous avez besoin, l'énergie qui vous caractérise, l'audace dont vous avez toujours fait preuve.

Transformez votre douleur en pédagogie

Je suis ravi de vous annoncer que, s'agissant d'une épreuve, les conséquences ne sont pas toutes négatives. On vous a blessé. Je sais que ce n'était pas un choix de votre part et vous n'avez rien fait pour le mériter. Et alors ? Le plus important, c'est que vous ayez souffert, tout en étant capable de surmonter cette souffrance. Vous avez surmonté la douleur et vous avez pu reconstruire votre vie. Pas sans effort, je sais.

Votre blessure a laissé quelques séquelles. Pour autant, il n'y a aucune raison qu'elles soient toutes négatives. On vous a blessé et cela vous permet d'être plus sensible et de mieux comprendre d'autres personnes qu'on a aussi blessées. Je vous encourage à transformer votre douleur en savoir car vous pouvez transmettre des leçons, beaucoup de leçons. Vous avez été détruit et vous vous êtes reconstruit, vos cicatrices sont le meilleur exemple à suivre. Vous êtes un exemple concret de dépassement de soi. Parfois, nous observons des gens qui ont surmonté des drames et des difficultés immenses et, en nous comparant à eux, nous nous trouvons tout petits.

Un alpiniste réputé

Je me souviens de ma participation à des journées de psychologie et performance sportive. Alors que j'attendais mon tour, j'écoutais attentivement le témoignage d'un alpiniste qui avait surmonté d'innombrables épreuves et problèmes. Lors du repas précédant l'événement, l'un des assistants débattait avec ferveur avec un autre : « Cet alpiniste est un surhomme, regarde tous les problèmes qu'il a surmontés, c'est un exemple incroyable du dépassement de soi. »

Son affirmation était en partie vraie, mais je suis toujours en désaccord avec ses arguments. Ce sportif hors pair avait choisi librement et avec toutes ses facultés mentales de s'exposer volontairement au danger. Pour moi, il n'était pas un exemple valable de dépassement de soi Premièrement, son aventure était préparée, planifiée et organisée de façon volontaire ; elle était donc complètement artificielle. Une fois prêt, organisé et équipé, il a affronté les épreuves qu'il avait sélectionnées de son propre gré. Tout comme il aurait pu, s'il l'avait choisi de son propre chef, abandonner la lutte sans conséquences majeures, autres que l'agacement de certains de ses sponsors. Deuxièmement, l'alpiniste réputé, en plein discours de motivation, ne faisait que traduire des conséquences prévisibles en épreuves. C'est-à-dire que si une tempête de neige vous surprend dans la montagne ce n'est pas une épreuve, c'est quelque chose de bien plus prévisible. De la même manière, ne pas pouvoir dormir à plus de 5 000 mètres d'altitude n'est pas un problème en soi, mais quelque chose de prévisible, la conséquence désagréable d'une aventure programmée. Si nous prenons les conséquences désagréables de nos actes intentionnés pour des épreuves, nous nous fourvoyons beaucoup.

Ça suffit maintenant, arrêtez de vous voir tout petit et de croire que vous ne pouvez rien apporter à vos proches. Nous avons tous une mission dans la vie. Nous sommes tous là pour une raison. Nous devons tous donner un sens à notre vie.

Quel est le sens de votre souffrance ? Et bien, il y en a au moins deux, ça c'est sûr. Pour commencer, votre souffrance vous a rendu plus fort, vous n'êtes plus insensible. À présent, vous êtes paré pour la vie. Vous vous connaissez mieux, vous avez mûri et vous regorgez de ressources. Mais vous n'êtes pas seulement plus fort ; à présent, vous êtes capable d'apprendre à autrui à être aussi fort que vous.

Nous n'avons pas besoin de nous mettre la main au feu pour savoir que nous pouvons nous brûler. Nous n'avons pas besoin de mettre le pied dans un lac de montagne pour savoir que l'eau sera glaciale. Dans le même ordre d'idées, nous n'avons pas besoin de vivre une épreuve en particulier pour gagner en résistance.

Votre expérience est une ressource précieuse pour votre entourage. En premier lieu, parce que vous pouvez leur procurer des outils afin qu'ils apprennent à identifier ce qui peut leur arriver avant même que cela n'advienne. Vous avez beaucoup à leur apporter, à leur apprendre quels sont les indicateurs de quelque chose qui va mal avant qu'il ne soit trop tard ou que cela n'en vienne à se compliquer davantage. Mais vous pouvez également leur apprendre à gérer, à affronter et à se remettre d'une épreuve : vous êtes vous-même un exemple qui démontre que vous n'avez pas besoin d'être un surhomme pour surmonter la plus grande des douleurs.

Vous savez qu'il y a un futur et qu'il y a de l'espoir. Vous êtes un exemple clair et concret. Je vous encourage à magnifier vos cicatrices en inculquant à autrui la résilience et le dépassement de soi, concrètement, généreusement, au quotidien.

Transformez votre douleur en art

Certaines personnes affirment que l'art prend naissance dans la sublimation de la douleur subie par l'artiste. Nous pourrions énumérer une longue liste d'artistes qui ont trouvé dans l'art la façon de surmonter leur douleur comme Frida Kahlo. L'art, quelle que soit son expression, est un excellent outil pour refléter ce que les mots ne peuvent pas révéler. Lorsque nous sommes plongés dans un processus créatif d'art plastique, nous prenons le recul nécessaire afin d'adopter une nouvelle perspective qui nous permettra d'analyser la douleur que nous ressentons.

L'atelier des jeudis

En 2009, Núria, ma femme, a conçu et programmé des « ateliers thérapeutiques » pour des personnes atteintes de la maladie de Parkinson. L'objectif était de leur procurer les outils pour gérer la maladie et les émotions positives qui permettaient d'atténuer ou de compenser les émotions négatives causées par la maladie.

Je me souviens avec beaucoup de tendresse d'une réunion avec ma femme où nous traitions d'un thème qui nous préoccupait tous les deux : l'incapacité de certains participants à manifester les émotions qu'ils ressentaient. L'âge des participants était avancé ; la moyenne tournait autour des soixante-dix ans. La plupart des participants étaient des hommes. Essayez donc d'imaginer un homme de soixante-dix ans en train d'essayer de manifester, devant un groupe d'une vingtaine de personnes, ses émotions les plus intimes. Impossible !

Pourtant, au lieu de renoncer à notre entreprise, et conscients de l'importance que c'est de nommer les émotions, Núria a eu une idée ingénieuse : « Je sais ! dit-elle. S'ils ne peuvent pas parler de leurs émotions, qu'ils les dessinent ! » Sitôt dit, sitôt fait.

Ce jeudi-là, nous y sommes allés avec un rouleau de vingt mètres de papier, des pinceaux et de la peinture à l'eau, prêts à révolutionner, une fois encore, le fameux atelier des jeudis. Nous avons tapissé tous les murs, nous leur avons fourni des assiettes avec de la peinture de différentes couleurs et nous avons réparti des pinceaux de différentes tailles aux quatre coins de la salle.

Le résultat a été absolument émouvant. Les différents participants ont été absorbés par la tâche et ont apporté une solution artistique à leur douleur, à leurs émotions et à leurs inquiétudes. Quelqu'un a dessiné une spirale noire, quelqu'un d'autre a dessiné la mer et un autre a mélangé simplement les couleurs. La qualité artistique, les proportions ou la beauté des dessins n'étaient pas importantes. Peu importe s'ils étaient beaux. Ce qui à nos yeux était réellement merveilleux, c'est que cet acte thérapeutique a été le prétexte pour mettre sur la table les différentes émotions ressenties par les participants.

Mais, et si je ne suis pas un artiste ? Ne me dites pas que vous vous êtes posé cette question. Eh bien, bravo ! Vous vous rendez compte que vous émettez un jugement négatif sur vos capacités et vos atouts ? Qu'est-ce que l'art ? Il n'y a rien de plus libre que la définition de l'art. Si vous ne me croyez pas, vous n'avez qu'à voir les œuvres d'art contemporain, de *Street Art*. L'art est aussi varié et hétéroclite que peut l'être l'artiste. Peignez, dessinez, cousez, concevez, créez. La discipline que vous choisissez m'importe vraiment peu, mais créez de l'art. Dessinez sans vous préoccuper des proportions ou de l'esthétisme. Créez de l'art abstrait !

Écrivez. Écrire est l'un des exercices les plus thérapeutiques que vous pouvez entreprendre pour de nombreuses raisons. Pour commencer, lorsque vous écrivez, vous mettez de l'ordre dans vos idées, vos inquiétudes et vos problèmes. Écrire libère l'âme et l'esprit. Coucher sur le papier ce que vous avez dans la tête et le cœur a un effet de purge immédiat.

Construisez. Allez à la plage avec un seau, une pelle et un râteau, et faites des châteaux de sable. Dessinez et peignez des mandalas, empruntez les cubes de vos enfants et construisez quelque chose. Allez dans un magasin de bricolage et achetez ce qui vous chante. Faites du crochet. Concevez des bijoux. Créez des colliers et des bracelets en perles et offrez-les à vos amis. Taillez artistiquement la haie du jardin. Plantez un parterre de fleurs colorées. Commencez un puzzle ou terminez un collage. Faites des gâteaux, des tartes, des pliages ou de la marqueterie. Lancez-vous dans le modélisme, dessinez des vêtements, créez vos propres habits ou customisez vos tee-shirts. Peu importe ! Faites ce qui vous passe par la tête, à partir du moment où cela vous stimule et vous épanouit.

Apportez une solution à votre douleur au travers de l'expression artistique. Transformez votre douleur en quelque chose de beau. Embellissez vos cicatrices afin que dès lors que vous les regardez vous vous sentiez plus fort et plus confiant.

N'oubliez pas...

- L'important n'est pas que vous ayez souffert ou non, c'est que vous ayez été capable de vous dépasser.
- Une cicatrice nous rappelle que nous avons été forts.
- Vous pouvez tirer des leçons de toutes vos cicatrices et les transmettre aux personnes qui souffrent comme cela a été votre cas.
- Transformez la douleur en art.
- Construisez une nouvelle réalité.
- N'ayez pas honte de votre cicatrice.

TROISIÈME PARTIE

Bizen-Yaki, l'art de persévérer

Nous avons du mal à accepter notre incroyable capacité d'adaptation, notre capacité à créer les contextes que nous désirons, notre capacité à vivre notre propre rêve, et notre extraordinaire capacité à nous régénérer et à nous reconstruire. Nous préférons vivre ancrés dans nos habitudes, dans le train-train que nous avons intégré dans le plus profond de notre âme. Une routine qui nous procure une prétendue sécurité face à notre soi-disant fragilité et impuissance.

Nous créons notre réalité à partir de ce que nous pensons. Notre cerveau, notre ressource la plus précieuse, notre meilleur allié, traite des milliers de données continuellement sans que nous en soyons conscients et, à partir de ces données, il nous dicte des actes, des émotions, des décisions, des fantasmes, des rêves, des désirs et des peurs. Notre cerveau prend des décisions à notre insu, sans notre consentement. Ces décisions détermineront notre réalité, notre vie et notre futur… et notre personne sans que nous le sachions.

Nous pensons à partir de ce que nous percevons. Nos sens captent toute l'information qu'ils veulent et l'envoient à notre cerveau pour qu'il la traite, la gère et prenne les meilleures décisions possibles.

L'attention sélective est un processus perceptif très étudié. Nous percevons des millions de stimulations et comme nous ne pouvons pas les traiter dans leur ensemble, notre cerveau met en place une hiérarchie de priorités à nos sens. Notre préférence va tout d'abord à tout ce qui a trait à notre sécurité et, dès lors que nous savons que notre sécurité est garantie, nous continuons de filtrer ce que nous percevons en fonction de nos intérêts, nos priorités, nos convictions, nos peurs et nos désirs. Si vous venez de vous laisser pousser la barbe, vous prêterez une attention sélective aux barbus ; si vous êtes enceinte, vous verrez davantage de femmes enceintes dans la rue ; si vous voulez changer de voiture, vous n'arrêterez pas de voir le modèle de votre choix ; si vous croyez que nous sommes venus ici-bas pour souffrir, vous n'arrêterez pas de voir des âmes dont la vie n'est que souffrance ; si vous croyez que vous devez être une personne qui doit se sacrifier à la moindre occasion, vous verrez des opportunités pour développer votre abnégation…

Notre perception passe par un cadre de priorités, mais à partir de là, elle se consacre à choisir ce qui s'imbrique le mieux avec l'idée qu'elle se fait de la réalité, avec ce qui valorisera le mieux notre cerveau et avec ce qui nous sera le plus utile. Notre perception est un procédé conciliant et soumis qui filtrera la réalité afin de satisfaire le grand chef central, l'organe qui contrôle tout, qui régit tout : le cerveau. Notre perception n'est pas neutre, ni créative, ni autonome. C'est une fonction au service de notre cerveau et de ses intérêts.

Nous pensons également à partir de ce que nous sentons. Soudain, nous sentons des frissons dans le dos et notre cerveau (encore lui) décide de transformer ce frisson en peur, et cette peur, ce ressenti qui est né à partir d'une sensation physique, donne un cadre de référence à notre perception et à nos pensées. Les ombres nocturnes habituelles deviennent soudainement de terribles menaces ; les bruits normaux d'une maison deviennent d'éventuels intrus ; là où la paix demeurait, à présent règnent la crainte et la peur.

Tout ce que nous ressentons naît d'une stimulation. Parfois, c'est une stimulation intérieure. Il suffit d'une imperceptible douleur à l'oreille ou d'une digestion capricieuse pour nous mettre de mauvaise humeur. Une autre fois, c'est un agent chimique. Une petite dose de caféine peut suffire à nous énerver et à nous déprimer.

D'autres fois encore, il suffit d'imaginer quelque chose pour réveiller la plus intense des émotions, comme la jalousie dans un couple. En réalité, nous ignorons ce que fabrique notre conjoint, mais se l'imaginer avec quelqu'un d'autre suffit à nous faire paniquer. En effet, vous l'avez deviné, nous pensons également à partir de ce que nous imaginons. Le cerveau peut confondre l'imaginaire et la réalité. Et cela arrive également dans d'autres cas de figure. Nous confondons parfois un fait établi avec une opinion, un fantasme avec un pronostic, la peur avec une menace réelle.

Parfois, nous nous obstinons à ignorer les appels de détresse lancés par le cerveau et nous nous obstinons à le fourvoyer à tout prix, en lui faisant croire qu'il arrivera ce que nous désirons, ce que nous voulons, ce que nous imaginons ou ce que nous craignons. Qu'importe que ce soit réel ou fictif ! À partir du moment où nous donnons un cadre de référence à notre cerveau, il se mettra à penser en accord avec nos convictions, avec notre imaginaire ou selon nos priorités.

Nous pensons à partir de ce que nous croyons. Si vous pensez que vous êtes là pour souffrir, vous aurez de la souffrance. Si vous croyez que vous ne pouvez rien faire pour mieux vivre, vous resterez dans une impasse. Votre crédulité alimente vos décisions, vos peurs et vos désirs. Votre crédulité vous entrave. Et voyez comme ce contexte est ironique, votre crédulité naît de la façon la plus infondée que vous pouvez imaginer. Tout au long de la vie, vous intégrez des préceptes, des convictions et des lambeaux de réalité qui finissent par configurer votre propre univers, votre propre réalité.

Nous sommes ce que nous pensons, nous devons donc passer en revue toutes nos convictions et tout ce dont nous sommes persuadés dans la vie si nous souhaitons prendre un tournant. Vos pensées détermineront et conditionneront vos actions, vos perceptions, vos décisions, vos priorités et, en définitive, votre vie. Voulez-vous qu'ensemble nous passions en revue vos convictions par rapport à la réalité ?

Je vous propose pour cela que vous vous posiez une série de questions : qu'est-ce qui vous fait si mal ? Qu'est-ce qui vous pèse ? Et le plus important, pourquoi continuez-vous à supporter ce fardeau ? Nous devons toucher le fond pour ressentir le besoin d'effectuer un changement. Nous ne changeons pas jusqu'au jour où la douleur devient insupportable. Nous souffrons et souffrons encore, ou nous nous dérobons et nous nous cachons afin d'esquiver le changement, les décisions et l'action.

De nombreuses personnes changent lorsqu'elles n'arrivent plus à supporter la douleur. D'ailleurs, elle n'est rien d'autre qu'un indicateur de quelque chose qui ne marche pas. La douleur nous indique que nous devons effectuer un changement, et si nous ne le faisons pas tout deviendra encore plus compliqué.

Tout comme la douleur physique vous indique que vous devez arrêter et faire ausculter cette articulation, laisser ce muscle se reposer ou nettoyer cette blessure ; la douleur émotionnelle vous fait savoir que vous devez arrêter et analyser ce qui se passe dans votre vie, avec vos proches ou par rapport à vos objectifs.

Nous occultons trop souvent la douleur, nous la nions, nous l'ignorons. Nous avons le sentiment que si nous n'en tenons pas compte, elle n'aura pas lieu d'être, et nous oublions que nous avons besoin de la douleur pour vivre, qu'elle est adaptative et qu'elle nous permet de mûrir. Nous préférons prendre des calmants au lieu de prendre des décisions. Nous préférons nous dérober au lieu de regarder la vie bien en face.

Nous restons ancrés dans la douleur et nous sommes incapables de la surmonter, d'aller de l'avant, d'en tirer la leçon. Nous ne savons pas comment l'interpréter, nous ne comprenons pas son message et nous décidons de vivre avec.

Toute notre vie durant, on nous a convaincus que nous sommes venus ici-bas pour souffrir. Quel est ce fardeau que vous supportez ? Peut-être n'est-il pas assez lourd pour que vous vous rendiez compte que vous devez vous en débarrasser ? Lâchez du lest et libérez-vous de ce poids qui vous empêche de voler. Je sais que ce n'est pas facile de changer la façon dont nous voyons le monde et interagissons avec lui ; pourtant, rien de ce qui est bien ou extraordinaire ne l'est. Les bonnes choses demandent un effort, des décisions courageuses et des actions ciblées.

Comme vous avez pu le constater, vos pensées peuvent changer votre vie mais ne croyez pas qu'il s'agisse de quelque chose de mystique ou de magique. Vous vous êtes peut-être habitué à votre fardeau, à la douleur, à votre vie détruite, à marcher pieds nus sur vos propres lambeaux et à vous infliger un châtiment continu pour quelque chose de mal que vous croyez avoir fait. Même si d'autres réalités prévalent, croyez-moi, d'autres options vous attendent.

Je vous encourage à imaginer une vie nouvelle, une vie à partir de la guérison de votre douleur, une vie épanouie dans laquelle vous serez plus fort, et dès que vous l'aurez imaginée, à vous mettre au travail pour l'atteindre. Je sais que ce n'est pas une tâche aisée et, à toutes fins utiles, je vous indique quelques exemples concrets qui pourront peut-être vous aider lorsque vous trouverez l'inspiration et la motivation pour passer à l'action. Savoir ne suffit pas ; la connaissance ne provoquera aucun changement dans notre vie, le changement viendra dès lors que nous le prendrons par la main dans le feu de l'action, c'est-à-dire que rien ne changera si nous nous ne servons pas de ce savoir.

Passez à l'action

Je sais que passer à l'action n'est pas toujours facile, que cela demande beaucoup de courage, que ce n'est jamais le bon moment, que c'est dur de franchir la barrière de la peur, mais je vous invite à faire le premier pas, c'est mon meilleur conseil.

La représentation mentale que nous avons de ce qui peut se passer est pire que ce qui peut se passer réellement. Nous nous faisons des films, nous imaginons un futur terrifiant, nous nous tenons pour incapables, et cela freine quelque chose d'aussi simple que de faire le premier pas.

C'est pour ça que dans la troisième partie du livre, j'ai regroupé une série de cas concrets, d'histoires vécues par des milliers de personnes comme vous afin que vous vous en inspiriez et puissiez faire ce premier pas dont vous avez tant besoin. Il s'agit de personnes qui ont souffert à une certaine époque, mais qui ont été capables de recoller tous les morceaux de leur âme brisée et de leur vie anéantie, de reconstruire leur vie et leur rêve. Vous verrez dans les différents cas de figure que ce n'est pas si compliqué. Dans chaque chapitre, vous trouverez une description de l'incident, une analyse détaillée de la situation et une feuille de route concrète basée sur les trois étapes de la méthode que je décris dans mon premier livre : gagner en perspective, penser différemment et passer à l'action.

Se reconstruire après un licenciement

Le cas de Carla : « J'ai tout donné et on m'a virée »

Carla ouvre la lettre, la lit et s'assoit. Son corps tremble. Elle perd confiance en ses jambes et en leur capacité à la tenir sur ses pieds. Elle perd confiance en son corps tout entier. Et dire ce qu'elle avait réussi à devenir ! Elle pose les coudes sur ses genoux. De ses mains, elle se couvre le visage. Elle a honte d'elle-même. Elle a honte d'avoir honte. Une honte abyssale et âpre qui ne la lâche pas, qui ne la laisse pas en paix.

L'orgueil lui fait mal. L'échec lui fait mal. Elle souffre de s'être trompée. Elle souffre de souffrir. Elle cherche un événement agréable dans sa vie mais elle n'en trouve pas. Tous ses souvenirs sont tristes. Elle ne vit plus depuis des années. Elle a tout donné à l'entreprise, absolument tout. Son travail passait toujours avant elle. « Nous voulons des gens consciencieux qui s'impliquent »... Elle se souvient des paroles du directeur général lors de la première convention à laquelle elle avait assisté. Ils avaient été très courtois avec elle. Elle avait commencé comme stagiaire à la fin de ses études et, peu à peu, elle avait gravi les échelons jusqu'au jour où elle était devenue directrice d'un département pour tout le secteur de Madrid.

Sa carrière professionnelle a toujours été sa priorité de nombreuses années durant. Son mari la comprenait et la soutenait. Elle se souvient de lui qui l'encourageait à foncer si c'était vraiment la carrière professionnelle qu'elle voulait et si elle tirait profit de cette implication totale. Elle se souvient de sa mère qui lui disait qu'elle négligeait sa famille et qu'elle avait de la chance d'avoir un conjoint aussi compréhensif. Elle ne connaissait presque pas ses enfants. Son mari, professeur des écoles, avait plus de temps libre et s'occupait du quotidien. Elle ne connaissait même pas la taille de vêtements de ses enfants, leurs rêves, leurs désirs, elle ne savait pas si leurs vaccins étaient à jour. Elle se souvient de sa première convention. Elle se souvient de son premier jour de travail un matin pluvieux d'avril. Elle se souvient de son premier client. Sa première vente. Tout était merveilleux. Elle se souvient qu'elle se sentait enfin reconnue. Ou peut-être reconnue en apparence. Avec le recul, elle se prend une claque, l'incident ayant rebattu les cartes. Comment avait-elle pu être aussi bête ?

Carla avait besoin de reconnaissance, de pouvoir et d'un statut, et cela a été la monnaie d'échange utilisée par l'entreprise où elle travaillait. Il y avait toujours un nouveau projet sur lequel se pencher, un projet qui l'absorbait tout entière. C'est bien connu, les nouveaux projets demandent beaucoup de temps et de dévouement. De surcroît, lorsque vous ne maîtrisez pas quelque chose à 100 %, vous devez apprendre et y consacrer encore plus de temps.

Le temps... Si elle pouvait revenir en arrière, au moment précis où sa meilleure amie lui avait dit de reprendre sa vie en main. Elle a ignoré les avertissements de ses proches. Elle a ignoré sa sœur qui lui suggérait d'analyser le futur qui l'attendait. Elle a ignoré tous les signes qui lui montraient qu'elle devait faire quelque chose, que son empire s'effondrait, que son rendement était à la traîne à cause de ce désir de reconnaissance vaniteux d'être supérieure, d'être la meilleure. Mais être meilleure que qui ? « Regarde-toi. Tu voulais toujours plus et maintenant tu n'as plus rien. Tu as moins que rien. Tu as été une fillette stupide et immature », se dit-elle.

Elle déchire la lettre dans un accès de colère. Comment pouvaient-ils la remercier alors qu'elle avait tout donné. Comment pouvaient-ils faire ça par courrier sans lui donner la moindre explication de vive voix. Elle ouvre la main sans en être consciente et la lettre tombe par terre, et avec elle le moral de Carla, son énergie, son futur, sa confiance et son estime de soi.

Carla a tout donné à son entreprise, et cette dernière n'a pas hésité à la licencier pour une simple question économique. Rien de personnel. Il n'est question que d'équilibre et d'indicateurs. Rien de personnel ; pourtant, on lui avait demandé une implication et un engagement personnel absolu. Quel grand désespoir !

L'espoir de Carla s'est échoué en silence, dans la discrétion, la désolation, et s'est brisé en seize morceaux, seize grands morceaux, un par année travaillée dans cette célèbre entreprise à succès.

Prenez du recul

On vous a licencié ? Oui ? Alors, procédons par étapes et analysons les motifs de votre licenciement de façon objective.

Commençons par le commencement. Imaginons que l'on vous ait licencié à raison, pour mauvais rendement. On vous a licencié à raison ? Je vous encourage à effectuer un exercice d'autocritique et d'analyse. Cela est plus important que vous ne pouvez l'imaginer. On vous a licencié pour faible rendement, à raison ? Ne vous en offusquez pas. J'ai l'habitude de travailler avec des entreprises et je vois des centaines de travailleurs qui se démènent pour une entreprise, tout en essayant de dissimuler leur démotivation totale pour le travail qu'ils font ou le poste qu'ils occupent. Vous aussi, vous voyez sans doute cela en tant que client ou collègue.

Êtes-vous une de ces personnes qui regardent passer les heures et qui se contentent du minimum ? Si c'est le cas, tout va bien. Ne vous blâmez pas pour cela. La vie vous a offert une grande opportunité. Elle vous a mis devant un miroir afin que vous vous voyiez et évitiez de poursuivre votre existence dans l'aigreur et en détestant devoir vous lever tous les matins de votre vie jusqu'à la retraite. Quel âge avez-vous ? Cela fait combien de temps que vous détestez votre travail ? Franchement, c'est mieux que vous mettiez un terme à cette étape obscure de votre vie et que vous en commenciez une nouvelle. Tirez la leçon de ce qui vous est arrivé. Soyez sincère avec vous-même. Ne soyez pas dans le drame. Si votre rendement était faible, c'est sans doute parce que vous auriez dû quitter votre travail depuis belle lurette.

Vous rendez-vous compte du cadeau que la vie vous a fait ? Je comprends que la quête d'un nouveau travail vous terrifie. Je comprends que vous soyez désenchanté par le travail et que vous pensiez qu'il est impossible d'aimer son emploi. Je comprends que renoncer à une indemnité juteuse demande beaucoup de courage ; pourtant, croyez-moi, rien n'a plus de valeur que votre santé et votre bonheur. Dans de nombreux cas, un accord financier bénéfique pour les deux parties peut être trouvé. Si cela vous démoralise d'aller au travail et que cette situation dans l'entreprise ne peut plus durer, demandez ce qui vous est dû et négociez un départ digne. Rien n'a plus de valeur que de sortir du lit d'un bond avec le désir d'aller travailler sur un projet qui vous emballe et vous motive.

Autre cas, votre licenciement est peut-être un licenciement abusif avec une indemnité qui va vous permettre de penser à un nouveau projet professionnel ; vous avez donc l'obligation de profiter de ce cadeau que la vie vous a fait et tirer la leçon de vos erreurs et de chercher ou de créer un travail qui vous passionne.

Mais revenons à nos moutons. Le licenciement n'a rien à voir avec vous et avec votre rendement, mais avec une question économique. Ce genre de licenciement n'a rien de personnel, les affaires sont les affaires ; ne prenez pas ça pour quelque chose de personnel. Ne laissez pas votre amour-propre être attaqué par un élément conjoncturel et étranger à votre implication, lequel élément vous accablera et vous plongera dans une dépression profonde dont il vous sera très dur de sortir. Dans le cas de Carla, le motif de son licenciement est purement et simplement une réduction des effectifs. Elle travaillait dans cette entreprise depuis seize ans, ce qui sous-entend un salaire bien plus élevé que celui qu'ils pourraient octroyer à une personne nouvellement embauchée.

Quoi qu'il en soit, il faut analyser ce licenciement en profondeur car il pourrait s'ensuivre une facture émotionnelle beaucoup plus grave que prévue. Allons-y par étapes. Un licenciement ça fait mal, puisqu'il s'agit d'un changement que nous ne choisissons pas (sauf si c'est un licenciement pour faible rendement, comme nous l'avons vu auparavant) et qui nous bouscule, met notre confort sens dessus dessous et nous laisse totalement démunis. De plus, un licenciement entraîne un changement incertain, ce qui est en réalité un avantage. Mais le problème, c'est que nous avons tendance à le confondre avec un changement encore pire que celui-là. Non, ne vous méprenez pas, un licenciement est un changement incertain.

En réalité, vous ne savez pas si la vie qui vous attend à partir du licenciement va être meilleure ou pire que celle que vous avez eue jusque-là.

Nous allons donc évaluer le licenciement à sa juste valeur. C'est désagréable ? En effet, pourquoi dire le contraire. De là à penser que c'est une catastrophe, il y a un monde. Avec perspective, nous allons analyser à nouveau l'incident. On vous a licencié et vous avez sans doute une indemnité qui va vous permettre de voir venir et de payer les factures quelques mois durant. Ne semons pas la panique ! Moi, personnellement, cela fait seize ans que je n'ai pas de revenu fixe, pas de bulletins de salaire, comme des millions de personnes dans le monde.

Je sais que l'inconnu fait peur. Je sais que sauter dans le vide sans filet vous panique. Qui ne paniquerait pas ? Pourtant, c'est une erreur car vous ne sautez pas dans le vide sans filet. Vous vous aventurez simplement sur une voie qui vous était inconnue jusqu'ici. Mais n'allons pas trop vite ; plus loin dans le livre, lorsque nous passerons à l'action, je vous donnerai quelques clés pour vaincre cette peur compréhensible mais exagérée.

Un autre des motifs pour lesquels on peut vous licencier, et qui est profondément agaçant, c'est lorsqu'on se joue de vous. Permettez-moi de vous raconter le cas d'une personne avec laquelle j'ai travaillé quelques années durant. Cette personne faisait appel à mes services de formateur et consultant. On sait bien qu'avec le temps, on s'attache, et moi, qui suis une bonne pâte, je me suis attaché. Un jour, un jour sombre, elle m'a présenté à son futur bras droit, qu'elle venait de recruter seule. Lorsqu'elle m'a demandé mon avis, je lui ai dit sincèrement et avec affection qu'elle n'avait pas réussi le test, que c'était une personne dangereuse et qu'elle s'en mordrait les doigts. Vous savez ce qui est arrivé ? Elle s'est vexée. Je n'y comprenais plus rien ! Il se trouve que cette personne faisait appel à moi comme consultant expert en la matière pour analyser les cas les plus difficiles et, quand je me suis mis à son service avec toute l'affection du monde, elle a ignoré mon diagnostic. Pas difficile d'imaginer ce qui est arrivé : cette personne a fait de mon « mauvais » diagnostic un « bras droit ». Ils ont arrêté de travailler avec moi et quelques années plus tard, le jour même où j'inaugurais mon centre de bien-être émotionnel à Barcelone, elle est venue me voir pour me dire qu'on l'avait remerciée et que la nouvelle chef de service n'était autre que son « bras droit ». Triste et inévitable.

Il est donc probable que l'on vous ait licencié après que l'on s'est joué de vous. Chers amis, bonnes âmes, n'oubliez pas que vous travaillez dans une structure pyramidale où les ressources sont limitées et précieuses, ce qui veut dire qu'il y a toujours un requin prêt à prendre votre place. Triste réalité, travailler ne suffit pas, nous devons également passer du temps à nous protéger, à créer un réseau et démontrer que nous travaillons. Vous savez qui se jouera de vous ? Celui ou celle dont vous vous y attendez le moins. C'est pour cela que, sans devenir paranoïaque, mais en évitant d'être naïf, je vous encourage à mettre en place un système d'alarme et de protection qui vous protège et vous permette de vous focaliser sur l'important, sur votre travail et sur la réjouissance de vos contributions.

J'ai également connu des personnes qui ont été licenciées par crainte. Oui, soudain quelqu'un s'est mis à avoir peur, s'est senti menacé et a prévu un plan pour se débarrasser de la source de sa peur, c'est-à-dire vous. Vous n'êtes sans doute pour rien dans la peur de cette personne, mais il suffit qu'un supérieur vous ait complimenté en sa présence, vous ait comparé à lui ou elle, ou ait dit de vous que vous êtes une personne consciencieuse, bosseuse et impliquée. Cela suffit pour qu'une personne souffre de la théorie du complot et se mette possiblement à dire du mal de vous. C'est regrettable mais au lieu de canaliser sa peur de façon constructive, redoublant d'efforts ou apprenant de vous, elle éliminera sa source d'angoisse pour repousser la moindre menace qui se présente à elle. J'aimerais pouvoir vous avertir et vous dire de faire attention à ne croiser personne de ce type-là, pourtant cela ne dépend pas de vous. Les pires atrocités dont j'ai été témoin, les conspirations les plus cruelles qu'ont subies mes patients ont vu le jour dans la peur qui, parfois, était paranoïaque et infondée. Je vous conseille donc de ne pas prêter attention et de ne pas vous préoccuper de ce genre de personnes conspiratrices ni de celles qui se font une opinion de vous à partir du sac de nœuds que cette personne toxique propose.

Vous n'avez pas besoin de lever le petit doigt pour que quelqu'un vous prenne en grippe. Enfin, si vous travaillez bien et êtes responsable, ce qui est sûr, c'est que vous avez toutes vos chances. Il y a un proverbe japonais qui dit que le clou qui dépasse est celui qui se prend un coup de marteau. C'est ainsi. Si vous laissez entrevoir la médiocrité de quelqu'un, ce dernier n'aura pas la moindre gêne à se lancer dans une croisade contre vous, à créer un groupe d'ennemis jurés et à développer des stratégies toxiques qui feraient pâlir Machiavel. Ici, encore une fois, vous n'y pouvez pas grand-chose, étant donné que vous n'êtes pas expert en stratégies de harcèlement et de sabotage. Par ailleurs, vous serez sans aucun doute concentré sur votre travail, à produire et à accomplir vos engagements, à exécuter votre devoir avec brio.

Pour finir, il existe un dernier cas de figure : la malchance. Parfois, le hasard se monte contre vous, enraye votre quotidien et altère votre vie. On vous licencie par malchance, par hasard ; plusieurs numéros tombent dans le boulier et c'est vous qui êtes le malheureux élu. Aussi simple que ça, aussi cruel que ça, aussi fortuit que ça. Trois personnes aux salaires définis doivent partir, ils veulent envoyer un message au reste de l'équipe ou ils ont décidé de vendre l'entreprise et la nouvelle direction décide de se débarrasser d'une partie du personnel. Pas plus compliqué que ça. Ne reliez pas cela à l'estime de soi, ni à votre rendement, ne vous demandez même pas pourquoi ; il n'existe aucune raison : vous n'en trouverez aucune. Votre licenciement a été le fruit du hasard.

Jusqu'ici nous avons évoqué les différentes raisons pour lesquelles on a pu vous licencier : pour mauvais rendement, pour des raisons financières, parce qu'on s'est joué de vous, par crainte et par malchance. Parmi tous ces motifs, le premier est le seul qui a à voir avec vous ; le reste, pas grand-chose ou rien. Faites-vous donc le plaisir de dissocier le licenciement de l'estime de soi.

N'OUBLIEZ PAS…

- Dissociez le licenciement de votre estime de soi et concept de soi.
- Analysez le motif du licenciement libre de toute culpabilité et honte.
- Tirez les leçons de l'incident afin de ne pas revivre la même situation.
- Faites place nette et repartez à l'attaque plus sage et avec plus de ressources.

Pensez différemment

S'il vous est arrivé la même chose qu'à Carla, je vous encourage à revoir les attentes que vous avez du travail. Oui, je sais que le travail donne de la dignité et afficher une position respectable dans une bonne entreprise fait de vous un battant. Pourtant, cela n'a rien à voir avec votre estime de soi. D'ailleurs, c'est là que se trouve le problème : dans la reconnaissance sociale.

Cette prétendue reconnaissance sociale, ce prétendu statut nous pousse à faire tout ce qui est possible pour de ne pas perdre un travail. Nous vendons notre âme au diable pour une voiture d'entreprise. Nous délaissons notre vie pour une fiche de paie. Nous hypothéquons nos rêves pour une prétendue sécurité économique. Nous mettons en sommeil et enterrons nos talents et qualités afin d'être intégrés dans le milieu dans lequel nous travaillons. Et lorsqu'on nous fait émerger de ce rêve avec une gifle sous forme de licenciement, nous comprenons que nous n'avons été qu'une monnaie d'échange dans une relation commerciale où nous gagnons de l'argent en échange de notre travail, ni plus ni moins.

Carla a confondu ce qu'elle se devait d'être avec ce qu'elle était en réalité. Elle a confondu l'implication et l'engagement avec l'obsession, et confondre un désir avec la réalité est très dangereux. Elle avait des indicateurs suffisants pour recalibrer sa perception, mais elle n'a pas voulu assumer la réalité jusqu'au moment où il a été trop tard. Elle avait un objectif clair, pourtant elle n'en était pas consciente. Elle voulait réussir, se démontrer à elle-même qu'elle pouvait arriver à être une personne importante et admirable par sa position professionnelle, et elle a fait des choses qui, d'après elle, allaient dans le bon sens. Elle voulait surpasser son père, sa famille brillante et les spectres qui la tourmentaient.

Le moment était venu de dire stop. Nous avions déjà eu notre lot d'apitoiements. Nous avions déjà assez pleuré la grande désillusion. On ne se noie pas parce qu'on tombe dans une rivière mais parce qu'on y reste. Nous pouvons pleurer pour une désillusion, sans aucun doute, sans pour autant rester figés dans une grande déception. Allons de l'avant ! « En avant toute ! », comme dit un ami cher.

Je sais que ce n'est pas facile. Les décisions que nous ne prenons pas ne nous font pas mal. En revanche, les décisions difficiles, comme celle d'assumer la réalité et de nous reconstruire font mal. Il faut savoir dire stop et savoir ce que vous faites, sans perdre de vue votre objectif. Tout est une question d'expectatives. Si vous êtes conscient de la relation commerciale réelle d'un travail, lorsqu'on vous remercie, le coup vous déstabilise moins, votre amour-propre en pâtit moins et vous êtes dans une meilleure disposition pour vous lancer à nouveau sur le marché de l'emploi.

Attention ! Que les choses soient bien claires. Lorsque nous travaillons, nous devons être concentrés et nous surpasser dans le respect du contrat pour lequel on perçoit une rémunération en échange de tâches précises. Quoi qu'il en soit, vous ne pouvez pas focaliser toute votre vie et votre énergie sur le travail, étant donné que vous ne vivrez pas en harmonie.

Ce n'est bon ni pour vous ni pour l'entreprise dans laquelle vous travaillez. Adaptez vos attentes et vivez de façon équilibrée si vous voulez être heureux et ne pas tomber des nues le jour où l'on vous remerciera. Il y a toujours un nouveau projet, il y a toujours un effort, il y a toujours quelque chose d'autre, et toujours sous la menace qu'à tout moment vous pouvez arrêter de faire partie de ce groupe trié sur le volet des travailleurs les plus appréciés, du cercle de confiance de votre chef ; le même chef qui a joué avec votre culpabilité et votre peur. Qui joue toujours avec vos ambitions.

Une personne saine est une personne qui travaille, apprend, s'amuse, s'épanouit, aime, rit et danse de façon équilibrée, sans renoncer à vivre sa vie, sans entrer dans une spirale délirante, sans perdre le nord et sans arrêter de contextualiser. Carla a eu beaucoup de chance avec son conjoint, pourtant ce n'est pas toujours ainsi. J'ai vu de nombreux couples brisés, des grands-parents épuisés parce qu'ils doivent s'occuper des petits-enfants à cause des journées de labeur marathoniennes de leurs propres enfants, ainsi que des enfants, les victimes les plus vulnérables, en situation de détresse émotionnelle, perdus, sans guide, ni modèle.

Il y a des périodes qui exigent un effort au niveau professionnel. Des périodes où il faut consacrer plus de temps et d'énergie au travail ; pourtant, soyez vigilant car consacrer plus de temps n'est pas synonyme de travailler plus, et soyez vigilant également car tout effort a un début et une fin. Si cela fait longtemps que vous travaillez de la sorte, vous devrez sans doute y mettre un terme, gagner en perspective, analyser la situation et prendre des décisions comme celle d'élargir l'équipe, redimensionner les charges de travail, évaluer votre capacité à vous organiser, analyser votre rendement ou revoir les délais de remise du projet.

D'un autre côté, il y a ceux qui ont des attentes néfastes et croient qu'il est impossible de jouir de sa passion parce qu'ils travaillent et qu'aller travailler n'est qu'une succession de problèmes jusqu'au jour tant attendu de la retraite. Le travail est une démarche pour gagner de l'argent, que vous dépenserez ensuite dans des petits plaisirs afin de compenser les émotions négatives que vous inflige l'emploi en question. Regardez ce cercle vicieux : vous avez un travail que vous n'aimez pas, qui vous attriste ou qui vous stresse et, pour compenser ces émotions négatives, vous dépensez une grande partie de votre salaire dans des produits ou des expériences compensatoires.

Le travail n'est pas une punition. Pas du tout. Mieux, un travail qui ne vous plaît pas n'est pas une punition, c'est une torture ! Je me souviens d'une conversation avec un jeune d'une trentaine d'années complètement déprimé, en réaction à l'effet de torture que lui infligeait le travail au quotidien qui ne l'intéressait pas le moins du monde. Il avait remplacé son père retraité à l'usine, une pratique courante dans de nombreuses entreprises. Il se trouve que ce jeune avait d'autres envies, pourtant, comment laisser passer une telle opportunité ? Cela ne vous dit pas d'avoir un poste avec un contrat à durée indéterminée par les temps qui courent ? Il a sauté sur l'occasion, bien évidemment, et au bout de trois ans de labeur dans cette usine, il est venu me voir en Cerdagne pour que je l'aide à soigner sa dépression. Mon conseil a été clair. Pas d'antidépresseurs, pas de thérapie ; la solution à son problème résidait dans un changement de travail. Quelque temps plus tard, il a monté une école de danse, l'une de ses deux passions qu'il a combinées avec son travail à l'usine (histoire de voir venir), et au bout de quelques années, il a créé une boutique et un atelier de réparation de vélos. Aujourd'hui, il vit dans le bonheur, il vit dans la lumière, et il se lève amoureux de la vie, épanoui et désireux de conquérir le monde.

Cette histoire met en avant la bonne expectative, la plus appropriée et celle que je vous propose d'adopter : prendre du plaisir dans votre travail. Pour ma part, cela fait plus de seize ans que je ne postule à aucune offre d'emploi. Qui plus est, je me crée moi-même mes opportunités de travail. Personne ne m'a demandé d'écrire des articles de psychologie pour des journaux ou des revues. Je n'ai jamais vu d'annonce par laquelle on demandait qu'un psychologue écrive régulièrement sur la psychologie et l'actualité, c'est moi qui me suis proposé pour créer une rubrique de psychologie quotidienne.

Cela fait presque vingt ans que je crée mon propre travail. Très jeune, je me suis établi au cœur du Pallars, dans les Pyrénées catalanes, et j'ai demandé du travail comme moniteur de rafting. Un beau jour, j'ai appelé le directeur de *A punto con La 2* et, aujourd'hui, je tiens une chronique hebdomadaire dans cette émission télé. Un jour, j'ai décidé d'écrire un livre et j'ai cherché une maison d'édition afin de proposer sa publication. Vous lisez aujourd'hui mon deuxième livre. Si je peux jouir de mon travail, vous aussi, croyez-moi. Je n'ai aucune qualité particulière que vous n'ayez pas vous aussi. Je n'ai rien fait d'autre que penser et travailler, travailler et penser, prendre des décisions, être proactif et prendre des risques ; enfin, ces risques n'ont pas été si grands que ça. En définitive, j'ai été cohérent avec mon idée selon laquelle la vie est courte et qu'on ne vit qu'une fois ; nous devons donc en tirer du plaisir, au travail également.

Ne vous résignez pas à aller travailler dans un milieu qui ne vous passionne pas, qui n'éveille pas ce qu'il y a de mieux en vous, qui ne vous motive pas. Vous regorgez de qualités et vous pouvez travailler dans le domaine qui vous plaît, et s'il n'existe pas, créez votre propre emploi. Pensez différemment. Dites-vous que pouvoir travailler est une bénédiction, que de nombreuses personnes ne peuvent pas le faire : des personnes atteintes d'une maladie, des personnes qui sont en dehors du monde du travail, des personnes qui donneraient tout pour en retrouver un. Pour autant, n'abandonnez pas tout pour un travail, comme cela a été le cas de Carla. Ne vous traînez pas non plus comme un zombie tous les jours pour aller dans un endroit que vous détestez pour faire quelque chose que vous n'aimez pas. Cherchez ce qui vous convient et si ça n'existe pas, créez-le proactivement. Comment ? Je vais vous l'expliquer.

N'OUBLIEZ PAS...

- Revoyez vos attentes sur le travail.
- Dissociez l'estime de soi de vos succès professionnels : vous êtes bien plus que vos réussites au travail.
- La vie est comme elle est, pas comme vous voudriez qu'elle soit.
- Réajustez et recalibrez votre perception constamment afin d'éviter de grandes dérives et déceptions.
- Vivez intensément en plus de travailler. Adoptez une vie saine et équilibrée.

Passez à l'action

Allez, accompagnez-moi dans la réserve. Allons chercher de l'or fin. Vous êtes détruit et il faut vous reconstruire. Aujourd'hui, vous êtes plus fort. Ne cachez pas vos cicatrices car elles sont une marque de votre courage, de votre maturité et de votre fragilité transformée en solidité. La vie est une course de fond où vous chuterez forcément. Tomber n'est pas grave. Se casser n'est pas grave. Vous tomberez et vous vous casserez sans doute à nouveau. Peu importe. Vous

vous relèverez autant de fois que vous tomberez ; vous serez plus fort et plus sage.

La réflexion sans action n'est pas d'une grande utilité. Tout comme l'action sans planification est une dépense d'énergie inappropriée aux résultats hasardeux. Si vous vous trouvez dans une situation semblable à celle de Carla, vous trouverez ici un plan d'action qui peut vous aider et vous orienter. Nous avons déjà analysé les motifs qui vous ont mené là où vous en êtes ; nous allons à présent étudier les ressources dont vous disposez afin d'aller de l'avant et de vous reconnecter à votre résistance émotionnelle. Mais ce qui compte avant tout, c'est de tirer les leçons de la cassure, libre de culpabilité et de honte, afin de pouvoir vous relever avec plus de force, pour reconstruire votre vie et votre avenir.

Retissez un lien avec votre essence

Lorsque nous souffrons, notre estime de soi se défigure, ce qui est un risque grave quand on se présente à un entretien d'embauche ou quand on se lance dans un nouveau projet. Sous l'influence d'une émotion intense, nous ne pouvons pas prendre les bonnes décisions : la peur de souffrir à nouveau limite les choix réels dont nous disposons ; la peur paralyse et limite. Vous ne pouvez pas avoir un rendez-vous avec quelqu'un si vous souffrez et si vous êtes contrarié, que ce soit pour trouver un travail, un financement ou des clients pour votre nouveau projet. La première étape est donc celle de vous redessiner un sourire, de gommer le moindre aspect de colère, de ressentiment ou de haine et de récupérer la facette la plus enchanteresse de vous-même.

Soyez vigilant, vous croyez sans doute que vous ne vous sentez pas si mal, et même que vous maîtrisez la situation, pourtant le ressentiment a le même effet que la drogue. Début 2016, j'ai subi une gastroscopie avec anesthésie. Je me souviens avoir voulu conduire pour rentrer chez moi, en Cerdagne, depuis Barcelone, environ 150 kilomètres. Je croyais que j'allais bien, pourtant ma femme, l'infirmière qui s'occupait de moi, me disaient le contraire !

Si vous ne maîtrisez pas la situation, vous ne pouvez pas vous présenter à un rendez-vous. Vous devez tout d'abord vous reconstruire. Je vous propose de prendre un moment, une matinée, un après-midi et d'aller marcher. Pensez aux différentes personnes que vous aimez, aux personnalités publiques, à vos amis ou connaissances. Faites une liste avec leurs noms et notez à côté ce que vous aimez chez ces personnes. Cela peut être un bon point de départ. Ensuite, faites une liste des personnes que vous n'aimez pas du tout et notez à côté la raison pour laquelle vous ne les aimez pas. Ici, à nouveau, vous avez un premier guide pour identifier les aspects indésirables de la situation. Lorsque vos deux listes seront prêtes, je vous recommande d'effectuer un exercice d'introspection et d'essayer de vous définir en utilisant des adjectifs, des mots ou des phrases. Avec un peu de « ceci » et un peu de « cela », vous pourrez commencer à vous connecter à votre véritable essence.

Vous vous êtes peut-être trompé. Se tromper n'a rien de grave. Nous ne devons pas chercher l'erreur. Si erreur il y a, ça n'a rien de grave, étant donné que ce qui n'est pas bien, ce qui est réellement néfaste, c'est de rester ancré dans l'erreur, à plus forte raison si, comme Carla, vous êtes une personne capable de travailler méticuleusement, consciencieusement et dans la durée. Vous n'êtes pas un raté parce qu'on vous a viré. Remettons cela en perspective. Si vous ne voulez pas répéter la même erreur, vous devez donc vous reconstruire sur une base solide. Pour cela, vous devez ajuster votre estime de soi, être dans la juste mesure.

Vous regorgez de qualités et vous avez plus d'une corde à votre arc, comme le reste des mortels. Si vous êtes capable de tirer les leçons de l'incident, de prendre du recul, de penser de façon plus appropriée et de passer à l'action, d'ici quelques années, vous vous souviendrez de cet épisode comme d'une simple crise dont vous êtes sorti plus fort.

Il vous suffit de vous reconnecter à votre essence, un point c'est tout, à l'essence que vous n'avez jamais perdue. Vous croyez en être dépourvu : vous vous trompez. Vous l'avez, bien sûr que vous l'avez, et, de surcroît, vous n'êtes pas obligé de vivre ce que vous avez vécu comme un échec, mais bien au contraire comme une opportunité d'apprendre. Vous avez tout simplement pris quelques mauvaises décisions. Pas la mer à boire. Si vous êtes capable de tirer la leçon de l'incident, vous ne répéterez pas l'erreur.

Partagez votre essence avec autrui

Vous êtes enfin connecté à votre essence. Fantastique ! Le temps est venu de la partager avec autrui. Reconnectez-vous à votre entourage et votre environnement social, et si vous en êtes dépourvu, cherchez et créez-en un. Ce qui ne se voit pas n'existe pas, vous devez donc gagner en visibilité et vous montrer au grand jour. Trouvez une formation, inscrivez-vous à des cours, connectez-vous à d'autres professionnels et assistez à des groupes de travail. Mettez-vous en quête de l'emploi que vous désirez et envoyez une candidature spontanée. Ce que vous recherchez n'existe peut-être pas, mais ne vous en préoccupez pas, car vous pouvez très bien le proposer vous-même de façon proactive.

Préparez une lettre de motivation qui met en avant vos qualités et votre potentiel, cherchez des adresses postales et présentez-vous avec une proposition aux personnes indiquées. Lorsqu'une offre d'emploi est publiée, le sélectionneur qui passe le premier filtre est, en général, chargé des ressources humaines. Cette personne étudie les CV de plusieurs candidats, mais lorsqu'elle estime qu'elle en a un nombre suffisant, elle laisse de côté les autres, et peut-être que le vôtre se trouve sur cette pile et qu'il n'y jettera même pas un œil.

Je vous propose quelque chose de beaucoup plus risqué, mais de plus efficace. Dans quel secteur voulez-vous travailler ? Dans le commercial ? Cherchez donc le nom et l'adresse électronique du directeur du service commercial de l'entreprise où vous voulez travailler et envoyez-lui directement un courrier, lui expliquant qui vous êtes, ce qui vous motive de travailler dans son entreprise et ce que vous pouvez lui apporter que personne d'autre ne peut lui donner.

Transformez votre rêve en projet

Toutefois, il se peut que vous décidiez de créer votre propre projet en ayant conscience que l'énergie et l'enthousiasme que vous allez y consacrer auront une répercussion plus directe sur vous-même. C'est fantastique ! Vous pouvez dès lors vous mettre au boulot. Commencez par vous former dans les domaines que vous ne maîtrisez pas totalement. Une entreprise, aussi petite soit-elle, a besoin d'un professionnel avec des connaissances en finances, marketing, gestion…

Formez-vous en gestion d'entreprise et, dans la foulée, montez un *business plan*. Un bon business plan est ce qui différencie les entreprises qui ont du succès de celles qui n'en ont pas. Dans ce plan figure le moindre détail stratégique et opérationnel, de sorte qu'il sera plus facile d'identifier les problèmes éventuels, avant même de démarrer votre propre affaire ; d'un autre côté, cela vous permettra d'être bien guidé dans vos décisions. Travaillez, pensez, œuvrez, réajustez, prenez des décisions et votre projet se transformera en une belle réalité. Il n'y a pas d'autre recette. Cependant, soyez vigilant en analysant les facteurs qui suivent.

Le premier facteur est la peur, encore elle. La peur met des bâtons dans les roues, vous vous souvenez ? N'ayez pas peur. Vous ne devez avoir peur que de la peur. J'aimerais vous confesser quelque chose. Je suis un froussard. Si, si. Je l'assume sans en avoir honte. Ceux qui me connaissent peu n'y croiraient pas, étant donné que j'ai escaladé des montagnes, grimpé toujours plus haut, sur plusieurs milliers de mètres de dénivelé, couru sur des crêtes, pénétré dans les profondeurs de la terre et navigué sur une rivière en crue. Pourtant, ceux qui me connaissent bien savent que je suis un froussard. Vous vous demandez sans doute d'où me vient mon courage ? C'est avec plaisir que je vais vous l'expliquer. Je crois d'ailleurs, dur comme fer que nous manquons de gens courageux dans ce monde. Ma confiance en moi vient de ma résistance émotionnelle. Je sais que si j'analyse dans le détail ce qui m'arrive, je serai à même de réaliser une évaluation précise du risque. Mais cela ne suffit pas. Je sais que, tout comme vous, j'ai un sac à dos plein à craquer de ressources et de techniques afin d'affronter cette peur en toute sécurité. Je sais aussi que si je n'ai aucune technique pour affronter une situation particulière, je suis capable d'en créer une. Il n'y a aucune raison pour que je ne puisse pas donner de réponse à la plupart des situations dans lesquelles je me trouverais nez à nez dans la vie. Vous avez exactement la même capacité que moi. La connaissance vous libère. Faites donc l'effort d'apprendre, d'étudier, de lire, de voyager… Faites ce que vous voulez, mais apprenez, et alors vous serez libre. Lorsque quelque chose vous fait peur, approchez-vous en, étudiez la situation et faites fi des inconnues et de vos peurs.

Parlons du facteur suivant : le désir. Carla a mélangé le désir et la réalité, ce qui l'a conduite à la grande déception dont elle a souffert. Le désir est de mauvais conseil ; il nous fait croire qu'il est probable qu'advienne ce que nous désirons, alors que ce n'est pas le cas. En mélangeant le désir et la réalité, nous activons un mécanisme d'attention sélectif qui filtre les stimulations que nous percevons ; de telle sorte que nous écartons celles qui ne nous conviennent pas ou celles qui nous confrontent à la réalité que nous voulons éviter. D'un autre côté, ce processus d'attention sélectif nous pousse à magnifier le moindre signe, aussi petit soit-il, qui justifie nos idées décontextualisées. Nous nous entêtons à penser que nous avons raison, que nous allons bien, nous faisons la sourde oreille aux signes externes qui peuvent aider à recalibrer notre perception et… nous allons droit dans le mur avec notre attente irréaliste et impossible à mettre en œuvre.

Il nous reste un dernier ennemi juré de la réussite de votre projet, de la reconstruction de votre essence : les opinions externes. Émettre une opinion est un droit, pourtant cela s'avère être également peu fiable. Les gens peuvent donner leur avis à l'envi : cela ne signifie pas qu'ils aient raison, qu'ils soient dans le vrai ou que vous deviez les suivre au pied de la lettre. Attention, je parle des opinions positives comme négatives. Si elles sont positives mais infondées, nous nous réfugions en elles comme dans une forteresse, comme dans un contrefort qui conforte notre idée délirante. Dès lors que nous nous sentons soutenus, nous nous sentons plus forts et nous nous déconnectons davantage de la réalité. Rappelez-vous, vous devez analyser continuellement la situation à tout moment. Néanmoins, si les opinions sont négatives et sans fondement, il est tout à fait possible que nous tombions de haut, que nous nous découragions et que nous nous mettions à prendre des décisions bizarres à partir de données approximatives et hors contexte. Prenez donc garde aux opinions d'autrui. Particulièrement si ce sont des personnes que vous mettez sur un piédestal ou avec qui vous avez un lien affectif car vous croirez en leurs dires, sans vous demander s'ils sont pertinents ou non, s'ils sont vrais ou faux.

Le moment de vérité est arrivé, le moment de votre face à face obligé avec la frustration. Nous devons gérer la frustration car sinon, elle s'enkyste et elle finit par se transformer en ressentiment. De sa gestion effective dépendra votre futur. Vous ne serez plus jamais la même personne. Si vous ne la gérez pas bien, vous demeurerez frustré, aigri et atrophié… détruit et décomposé ; mais si vous la gérez de façon appropriée, vous ressortirez plus fort de cette situation, avec de nouvelles connaissances, avec une résistance émotionnelle régénérée qui vous octroiera plus de confiance en vous, plus d'aplomb et plus de ressources.

Vous savez à présent ce que vous devez faire et comment. Passez à l'action. Reconstruisez-vous. Si vous ne le faites pas vous-même, qui le fera pour vous ?

Savez-vous ce qu'a fait Carla ? Elle a décidé de se reconstruire suite à son licenciement et aujourd'hui elle est heureuse dans son nouveau travail. Elle a décidé de transformer sa passion en métier. Carla aimait beaucoup cuisiner, elle s'y consacrait toujours au moment des fêtes. Elle a donc travaillé sur un *business plan* et en moins d'un an, elle avait déjà monté sa propre boîte : un service de traiteur.

Par où je commence ?

- Reconnectez-vous à votre essence.
- Partagez votre essence avec autrui.
- Transformez votre rêve en projet.

Comment j'y parviens ?

- Analysez ce qui vous est arrivé.
- Transformez les émotions négatives (honte, apitoiement, ressentiment, orgueil...) de façon constructive, sans les récuser ni vous en accommoder.
- Ne vous culpabilisez pas si vous vous êtes trompé. Vous avez le droit à l'erreur, mais vous avez aussi l'obligation de tirer la leçon de cette erreur et ne pas la répéter.
- Ne mélangez pas le désir et la réalité. Rééquilibrez-vous continuellement afin de vous assurer que vous avez toujours les pieds sur terre.
- Ne vous mettez pas en quête d'un travail sans avoir étudié la question au préalable. Dans quoi voulez-vous travailler ? Comment vous voyez-vous à ce poste ?
- Transformez vos désirs en objectifs. Établissez un plan d'action et décidez ensuite s'il est viable ou non.

- Écoutez d'autres opinions, évaluez-les, mais ne les intégrez pas sans les soumettre à un examen approfondi.
- Prêtez attention aux éléments et aux signes qui vous indiquent que vous devez réajuster vos plans.
- Ayez confiance en vous et vos capacités.
- Construisez peu à peu. Ne soyez pas pressé, ne vous précipitez pas. Bien et lentement vaut mieux que vite et mal.

Reconstruire l'estime de soi

Le cas de Carlos : une douleur sèche et profonde

Carlos a le cœur lourd. Il réussit à contenir ses larmes jusqu'à son petit refuge. Il ne comprend pas pourquoi il est incapable de contenir ses larmes. Il ne pleure pas de rage, mais d'amertume, d'une tristesse ténébreuse et dense.

La maltraitance physique laisse une trace évidente, un signe sans équivoque qui, aux yeux de tout le monde, justifie même la décision la plus dure. Mais qu'importe ce que pense tout le monde ! Les regards les plus exigeants, les plus durs et les moins compréhensifs sont en général les nôtres. La douleur physique est temporelle. Aucun coup ne fait mal à vie. Notre corps est sage et sait se remettre rapidement de la douleur.

Mais il y a un genre de maltraitance pire que cela, une maltraitance silencieuse et souterraine, une maltraitance rusée et discrète, une douleur sophistiquée qui fait mal à vie, bien plus qu'un coup. Une douleur sourde et profonde qui assèche l'âme. Une douleur qui ne prend corps dans aucun coup, mais dans le mépris, l'abandon, le regard haineux, le rejet de votre être le plus intime. C'est cela, la pire des douleurs. C'est ce que ressent Carlos.

Il connaît la douleur de l'insulte et de l'incompréhension. Il connaît la douleur de la comparaison, une comparaison dont il sort toujours lésé. N'importe qui est mieux que lui, n'importe quelle réussite minuscule ou stupide est plus importante que les siennes.

Carlos va jusqu'au petit bureau chez lui, il fouille dans son sac à dos d'écolier et en sort un livre qu'il a emprunté à la bibliothèque. Quelle grande découverte la bibliothèque ! Carlos dévore les livres les uns après les autres. Il a soif de connaissance, il veut appréhender d'autres réalités, il veut comprendre, apprendre et grandir, mais surtout il veut arrêter de ressentir la douleur qui l'empêche de dormir la nuit avec la gorge sèche. « Oui, c'est ça, enferme-toi pour lire des âneries, tu régleras ainsi beaucoup de choses », entend-il en fermant la porte de sa chambre. Ses parents sont des personnes charmantes avec tout le monde, sauf avec lui. Enfin, avec tout le monde, pas vraiment..., seulement avec les gens qui leur donnent le sentiment d'être de bonnes personnes ou des victimes.

Carlos déteste la victimisation et le mensonge. Il déteste la manipulation et la critique de sa mère qui dit du mal de ses propres frères et sœurs. Il déteste le manque de dialogue, le manque absolu de respect et le régime dictatorial instauré par sa mère. Il ne comprend pas pourquoi son père vole à son travail et s'en vante. « Voler n'est pas bien. » « Si c'est à ton chef, si », a-t-il reçu pour réponse, en plus de « tu es bête, fiston ».

Soudain la porte de sa chambre s'ouvre. « Eh, pleurnichard, tu as encore mis maman en colère, lui crie sa sœur. Tu es un rat égoïste. » Carlos entend une kyrielle d'insultes injustes. Mais existe-t-il la moindre insulte justifiée ? « Autant que je m'en aille », pense-t-il. Il prend le livre et part se promener, sans but précis. N'importe quel endroit fera l'affaire ; en tout cas, ce sera mieux que chez lui.

Il pleure. Il a mal à l'âme. Il se laisse pleurer, tout en sachant qu'il doit faire quelque chose pour comprendre et surmonter sa douleur, sa tristesse. Il cherche une chanson qui le consolerait. Il cherche quelque chose de gai, une danse joyeuse et entraînante. Il veut combattre sa tristesse. Il s'assoit sur un banc et ferme les yeux. Il imagine un violoniste hongrois jouant sur son vieux violon, entonnant une mélodie triste, triste comme l'est son être. Carlos s'imagine jouant du violon. L'imagination est une magnifique ressource pour échapper à un monde qui ne nous plaît pas ! Il ferme les yeux et joue avec le violoniste. Il évacue toute sa tristesse dans une mélodie triste mais, au bout d'un moment, il est surpris car sa mélodie se transforme. Le rythme initial parcimonieux et triste s'est converti en un tempo enjoué et frais. Il se réjouit du rythme de sa nouvelle mélodie, la mélodie de celui qui sait que la douleur n'est pas éternelle si l'on fait quelque chose pour s'en débarrasser. Cet après-midi-là, alors que Carlos danse le regard vague au milieu de la rue, il sait qu'il ne laissera plus aucun aspect de sa vie aux mains du hasard. Maudit hasard qui se joue de sa douleur.

Le cas de Carlos est celui d'un enfant maltraité, mais ce que je vous explique ici est aussi valable si vous avez été maltraité par vos parents, par votre conjoint ou par toute autre personne, chez vous, à l'école ou au travail. Vous avez souffert, sans aucun doute, et ce qu'il y a de plus grave, vous avez souffert doublement, étant donné, qu'en plus de la douleur infligée par la personne qui vous a maltraité, vous avez dû souffrir en silence car vous ne vouliez pas être stigmatisé par vos proches.

Personne ne comprend la douleur. Personne ne comprend qu'un regard peut provoquer autant de douleur. Pourtant, ce qu'ignorent les autres, c'est que le regard n'est rien d'autre qu'un instrument, une ressource pour évacuer la haine ou le mépris que ressent pour vous la personne qui devrait vous aimer ou, pour le moins, vous respecter. En vous, siège un enfant désorienté et perdu, un enfant qui aspire à être aimé par ses parents, comme tous les enfants du monde. Vous ne comprenez pas la raison de tant de haine, la raison du rejet insensé, l'origine de tant de souffrance.

On vous a maltraité dans votre enfance. Vous n'avez pas eu de chance. C'est tout bonnement une question de chance. Selon la famille dans laquelle vous êtes né et les motivations toxiques de vos parents et frères et sœurs, de leur état émotionnel ou de leur équilibre psychologique, vous avez peut-être tiré le gros lot de la cruauté et de la maltraitance.

Mais procédons par étapes. Vous avez été victime de maltraitance. Je sais que vous en avez honte. Vous ressentez sans doute aussi de la culpabilité. Si chacune des personnes qui a été maltraitée portait un ballon rouge rempli d'hélium, je peux vous assurer que nous ne verrions pas la lumière du soleil.

La maltraitance se passe en silence. Personne ne comprendra que vos parents sont charmants uniquement en société. Quelques personnes en viennent même à réfuter ou à minimiser la maltraitance qu'ils ont subie.

Pensons avec perspective : jusque-là, vous avez été la victime passive d'un tortionnaire, mais maintenant, à cet instant précis, vous pouvez aller de l'avant et vous libérer des chaînes qui vous lient à une personne cruelle et impitoyable. Prenez les rênes de votre vie et refermez cette phase obscure. Rassemblez et rompez toutes vos chaînes. Laissez-les derrière vous. Arrêtez d'en porter le fardeau. Vous devez en finir avec ce qui est arrivé pour vous reconstruire. Ne continuez pas à en souffrir. Je sais qu'avoir une raison vous aiderait à comprendre tout cela, pourtant, souvent, il n'y a pas de raison qui explique l'aberration de la douleur.

Si vous avez subi une maltraitance enfant, vous devez savoir que l'unique raison qui peut expliquer cela, c'est le hasard. Un enfant est toujours une victime, toujours. Victime de la famille où il est né sans en avoir eu le choix, victime de l'état émotionnel de ses parents, victime de l'école où il a étudié et victime des jalousies et du comportement pervers des enfants qui l'entourent.

La donne change si nous parlons d'une relation de couple. Souvent, je me trouve avec des personnes qui « choisissent » de vivre avec des personnes toxiques qui les maltraitent. Nous confondons parfois l'amour avec l'admiration, ou avec la protection, ou même avec le statut. Prenez garde car le prix que vous aurez à payer sera très cher.

Carlos a dû entendre qu'il était fautif de tous les maux qu'on lui reprochait chez lui. Le sentiment de culpabilité est l'une des pires séquelles de la maltraitance psychologique. Le tortionnaire se fiche pas mal de votre souffrance et, en vous culpabilisant, il accentue l'effet dévastateur de sa toxicité.

En effet, vous êtes le coupable et le tortionnaire (que ce soit votre mère, votre père, votre conjoint ou votre chef) a toute légitimité pour vous maltraiter. Mais il y a une autre raison pour laquelle un tortionnaire joue avec ses victimes : c'est le fait qu'elle veut aller se reposer sur ses lauriers, sa conscience doit être en paix… et votre culpabilité lui apportera cette paix. Nous allons donc commencer par éliminer ce sentiment néfaste, par vous libérer de ce poids énorme que l'on a posé sur vos épaules et qui vous empêche d'avancer tranquillement vers votre propre destin. De quoi êtes-vous fautif exactement ? De rien du tout. Pourtant, si ce postulat est facile à avancer, il s'avère beaucoup plus difficile d'éradiquer cette maudite culpabilité qui vous parasite.

Un tortionnaire est capable de changer l'estime de soi de sa victime ; plus encore, il n'arrêtera pas jusqu'à s'être assuré que l'ADN de sa victime soit calqué sur la culpabilité. Vous savez comment il arrive à ses fins ? En changeant simplement votre style d'attributions causales, c'est-à-dire, la façon selon laquelle vous interprétez ce qui vous arrive à vous et à vos proches. Le tortionnaire place sa victime comme étant le point d'origine de tous les maux, que ce soit de façon directe ou indirecte. Si votre mère tortionnaire fait tomber le fer à repasser alors qu'elle se trouve dans la salle à manger et vous dans votre chambre, c'est de votre faute parce que vous l'avez rendue nerveuse et que son cœur s'est emballé. Si on lui diagnostique un cancer, c'est aussi de votre faute, étant donné que vous la faites mourir de chagrin. Tout, absolument tout ce qui arrive de mal au tortionnaire est la faute de sa victime.

Un autre changement que vise un tortionnaire sur sa victime, c'est de mettre à mal sa confiance en lui. Il sait parfaitement comment y arriver : en méprisant ses réussites et en lui insufflant l'idée qu'il ne sait rien, qu'il est incapable et qu'il ne peut pas se débrouiller seul. Plus loin dans le texte, vous trouverez les clés pour passer à l'action, mais je me permets de vous préciser, d'ores et déjà, que l'ère du changement réside en ce que vous modifiiez votre estime de soi et que vous vous donniez l'opportunité de vous connaître et d'abandonner les vieilles idées.

Le tortionnaire peut également vous isoler de votre entourage. Il est possible qu'il ou elle vous ait piégé dans une mise en scène, celle qui lui convient. Une mise en scène avec deux acteurs, vous et lui. Vous avez le rôle secondaire, vous êtes à son service, vous êtes tout juste un figurant. Si vous n'avez pas d'autres références, celle-ci devient votre réalité. L'astuce se trouve donc dans les références. C'est la raison pour laquelle il vous isole, afin que vous ne connaissiez aucune autre réalité. Il vous isolera peu à peu, subtilement, discrètement. Il n'aimera pas vos amis, vos activités et vos centres d'intérêt. Il vous absorbera à coups de maux qui le rongent et de besoins prioritaires et, avant que vous vous en rendiez compte, vous serez déjà pris au piège dans sa toile.

Je suis navré que vous ayez été victime d'une maltraitance psychologique. J'en suis profondément navré, d'autant plus si votre conjoint en a été la cause. Ne vous inquiétez pas, nous empruntons ce chemin ensemble. Vous avez déjà fait le premier pas, vous avez gagné en perspective et vous avez vu que ce qui vous est arrivé a été le fruit de la malchance, que vous n'y êtes pour rien et que vous devez apprendre à vivre à nouveau et à vous sociabiliser. Vous vous êtes perdu dans une forêt, mais le temps est venu de commencer à monter en haut du dernier versant, celui qui vous permettra de vous placer sur la cime de la montagne et de vous offrir la perspective dont vous avez besoin. Vous n'êtes pas seul, vous êtes avec moi. Je peux visualiser cela. Je peux vous voir à mes côtés. Nous sommes tous les deux ensemble, profitant de l'air frais sur nos visages, assis, contemplant la vallée qui s'ouvre devant nous, distinguant les montagnes que nous avons vaincues et les chemins que nous n'emprunterons plus.

N'OUBLIEZ PAS...

- Vous avez gagné en perspective. Vous savez à présent que votre passé ne prédétermine pas votre présent ni votre futur.
- Vous savez que vous êtes une personne qui regorge de qualités qui attendent de s'exprimer.
- Votre témoignage et votre exemple aideront des milliers de personnes. N'ayez pas honte, ne ressentez pas de culpabilité, ne vous sentez pas seul.
- Vous avez vu les choses comme elles sont maintenant, non pas comme on a voulu vous le faire croire. Le moment est venu de commencer à penser différemment.

Commençons par mettre à mal quelques mythes. L'idée de famille est surestimée. Oh là là, je l'ai déjà dit ! Si je ne le répète pas ici, je vais m'en mordre les doigts. Il est possible que vous soyez la personne la plus heureuse du monde et que vous viviez au sein d'une famille merveilleuse. Je vous en félicite ! Cependant, pour chaque famille heureuse, je vous assure qu'il y en a une centaine de malheureuses.

Il y a des familles merveilleuses. Dans ce genre de familles, le fourvoiement et la défense acharnée de quelque chose qui est davantage un désir qu'une réalité sont pléthore. Si vous vous trouvez un jour face à quelqu'un qui appartient à ce genre de familles, n'essayez même pas de le contredire ou de lui montrer la réalité. Lorsque les nouvelles sont mauvaises, on a pour coutume de tuer le messager.

Nous naissons là où nous naissons par pur hasard. Nous ne choisissons pas nos parents, ni notre contexte familial. Nos parents, notre fratrie peuvent être charmants ou être des *serial killers*. Cela ne dépend absolument pas de nous. L'idéal, sans aucun doute, c'est que vous vous entendiez bien avec votre famille même si, parfois, le prix à payer est trop élevé.

Je m'aventurerais presque à dire que la plupart de mes patients ont eu, ou ont, des problèmes qui viennent directement ou indirectement de leur famille. Ce n'est pas une étude, ce n'est pas de la science, mais je vous assure que les relations familiales engendrent beaucoup de souffrance durable dans le temps. On ne peut pas tout tolérer pour le simple fait que celui qui est en cause est votre père, votre mère ou votre frère. On ne peut pas tout tolérer. On ne peut pas tolérer la maltraitance physique ou psychologique, pas plus que la souffrance gratuite.

Attention ! Je suis en faveur de la vie familiale, mais seulement si elle est bonne pour tous ses membres. Je suis quelqu'un de très famille, mais ma famille n'est pas toute du même sang. Nous n'avons pas besoin d'avoir des liens du sang pour aimer une autre personne comme un frère ou comme un enfant. De la même façon, avoir un lien du sang n'implique pas que l'on doive ressentir un lien affectif.

Comment est la famille dans laquelle vous avez grandi ?

1. **Bonne famille**. C'est celle où l'on respecte tous ses membres qui la composent, où la communication est de qualité, qui a confiance en ces différents membres et où tout le monde participe dans l'intérêt du bien commun. Une bonne famille favorise l'autonomie de ses membres de telle sorte qu'elle ne génère pas de dépendance, ni ne la promeut.

2. Bonne famille en apparence. C'est le pire des cas. La famille est experte et veut, avant tout, sauver les apparences ; de telle sorte que c'est une famille idéale, un modèle aux yeux d'autrui, sauf pour vous. Ce type de familles compte toutes les caractéristiques d'une famille toxique sur le fond et celles d'une bonne famille sur la forme.

3. Famille toxique. Certaines personnes confondent les relations familiales avec les relations de domination et de soumission dans lesquelles leurs enfants se trouvent, ce pour mieux satisfaire leurs besoins, leur ego ou leur comportement psychopathe. En d'autres occasions, la maltraitance provient des enfants eux-mêmes, encouragée par la jalousie ou par des motivations étranges.

4. Famille temporairement toxique. Parfois, à cause de certaines circonstances précises (par exemple un licenciement, une séparation ou une maladie), l'harmonie et le respect se perdent au sein d'une famille. Si nous voulons éviter que la situation devienne chronique, nous devons tout faire pour retrouver l'équilibre le plus tôt possible. Ce genre de circonstances crée beaucoup de problèmes entre frères et sœurs, étant donné que certains ont été élevés dans un environnement sain, alors que les autres l'ont été dans un environnement toxique, de telle sorte qu'entre eux, il peut y avoir de l'incompréhension et un manque d'empathie.

Nous allons commencer par vous, par reconstruire votre estime de soi. Je vais être clair et direct. L'image que vous avez de vous-même est complètement fausse et déformée puisqu'il s'agit, en fait, de celle que le tortionnaire a créée de toutes pièces. Je vais également être clair dans mon conseil : brisez cette image et donnez-vous la chance de vous reconnaître.

Mais procédons par étapes. Revoyons les relations sociales qui sont les vôtres. Je vais à nouveau être clair : vous n'êtes au service de personne.

Une relation saine trouve son fondement dans le respect mutuel et dans la possibilité d'exprimer les besoins de chaque partie.

Il faut tout d'abord reprendre confiance, retrouver foi en vous-même. Mais qu'est-ce que la foi en soi-même ? Cela n'a rien à voir avec la foi religieuse ou la croyance qu'un être, un dieu ou une entité nous viendra en aide ou nous offrira un refuge. Je l'entends comme la capacité qui vous permet d'avoir confiance en vous, même si vous n'avez aucune preuve qu'elle vous épaulera. Au cours de la vie, nous aurons à nous confronter à des défis qui vont exiger le meilleur de nous-mêmes, alors que nous ne savons pas du tout si nous en serons capables. En de nombreuses occasions, face à un problème, un objectif ou un défi, nous regardons en arrière et nous nous replongeons dans le passé en quête de ce qui nous permettra de gagner en confiance, ou nous guidera dans notre désir de le surmonter, mais, parfois, nous ne trouvons rien. Il y a toujours une première fois, il y a toujours quelque chose de nouveau à surmonter, il y a toujours des situations que nous ne maîtrisons pas ou que nous n'avons jamais vécues. Quand cela arrive et que nous ne trouvons pas une quelconque idée ou un quelconque remède au sein même de notre expérience, nous restons enlisés et déboussolés.

Il existe néanmoins une résistance émotionnelle qui vous permettra de continuer d'aller de l'avant, même si vous n'avez aucune figure de proue qui oriente votre cap : la foi en vous-même, la certitude que vous pouvez affronter les défis que vous impose la vie. Pourquoi n'en seriez-vous pas capable ? Ce qui importe ici, c'est la conclusion de votre jugement sur vos capacités. Si vous croyez que vous ne pouvez pas appréhender de nouvelles compétences, vous n'en apprendrez aucune. Pourtant, si vous croyez que vous pouvez embrasser un nouveau savoir-faire, comme une nouvelle langue, en quelques mois vous construirez des phrases en espagnol, anglais ou, comme dans le cas d'un ami, japonais.

La foi en vous-même se base sur vos capacités et sur votre potentiel de réponse, qui est sans aucun doute beaucoup plus riche et plein que ce que vous pouvez imaginer. Vous détenez beaucoup plus de ressources que ce que vous pensez ou dont vous êtes conscient. Mieux encore, la plupart des ressources qui sont les vôtres ne seront pas mises en pratique tant que vous n'en aurez pas besoin ; c'est pour cela que ce qui importe en réalité, ce n'est pas votre historique de réussites mais votre potentiel d'affrontement et d'obtention de réussites. Lorsque vous vous trouvez face à une situation inconnue, vous ne savez pas si vous serez capable de la comprendre et de la surmonter, pourtant, vous ne savez pas non plus si vous serez dans l'incapacité de la surmonter. Ne soyez donc pas tendancieux dans votre réponse. En réalité, le dépassement ou non de l'épreuve est imprévisible, la plupart du temps, tant que nous n'y nous sommes pas attelés.

Le fait de vous sentir capable, d'être persuadé qu'il n'y a aucune raison de ne pas être capable d'affronter un quelconque défi, vous poussera sans en être conscient, à mettre en action votre motivation : la confiance en vous et votre vitalité se mettront en marche.

Face à un défi ou à une épreuve, la meilleure facette de vous-même s'activera, ce qui mobilisera des ressources de façon créative et centrée sur la solution du problème. Lorsque vous avez foi en vous et en vos capacités, vous vous sentez plein de force pour affronter des situations difficiles, nouvelles et inconnues. Il se trouve que nous ne savons pas de quoi nous sommes capables jusqu'au jour où nous franchissons ce cap.

Quand vous regardez en arrière et ne trouvez aucune ressource qui vous aide à affronter une épreuve, à ce moment précis, plongez-vous en votre for intérieur et assumez ; croyez qu'avec une feuille de route et une bonne dose de confiance en vous et en vos capacités pour prendre des décisions, vous serez capable de surmonter le plus grand des défis. Une personne qui a subi une maltraitance doit apprendre à affronter de nombreuses situations nouvelles ; elle doit donc avoir foi en elle-même et en ses capacités, lesquelles, par ailleurs, sont restées dans l'ombre par le désir explicite du tortionnaire. Si vous vous trouvez donc dans cette situation, vous regorgez en réalité de qualités à découvrir… Même si on vous a fait croire que vous êtes un incapable. Vous avez tout ce qu'il faut pour être heureux. Je sais que cela peut vous sembler être une tâche difficile, pratiquement impossible, mais ce n'est pas si compliqué. La confiance est une résistance émotionnelle nécessaire de base qui nous permet de vivre dans l'épanouissement et la liberté au quotidien.

Vous voulez connaître le secret pour gagner en confiance ? Revoir la façon dont vous évaluez les événements. Avez-vous déjà réfléchi à votre façon d'évaluer ce qui vous arrive ? Il y a beaucoup de messages motivationnels qui vous invitent à devenir confiant, pourtant ils ne vous disent pas comment le faire. Je vais donc vous expliquer comment y arriver, à partir de résultats d'investigations réalisées par des psychologues reconnus. Préparez-vous à analyser les évaluations que vous effectuez sur ce qui vous arrive !

Nous évaluons tout ce que perçoivent nos sens. Chaque élément sensoriel qui s'immisce dans notre champ perceptif s'évalue de façon inconsciente avec pour objectif d'analyser s'il représente une menace ou un danger. Il y a deux évaluations possibles : ce qui nous arrive est soit inoffensif, soit dangereux. Si nous l'évaluons comme étant inoffensif : parfait, mais si la conclusion de notre processus d'analyse nous montre que ce que nous avons perçu est une menace, le cerveau enverra au corps un signal d'alarme qui nous préparera à fuir ou à lutter contre la menace en question. Ainsi, le corps paré à l'action, notre esprit réalise une seconde évaluation avec, pour objectif, de discerner si nous avons des ressources suffisantes pour affronter cette situation. Là encore, il n'y a que deux réponses possibles. Si nous pensons avoir les ressources suffisantes pour affronter une épreuve, notre corps se détendra et ce sera comme s'il ne s'était rien passé. Dans le cas contraire, si nous concluons que les ressources font défaut et que nous ne savons pas nous défendre, notre cerveau lancera un signal d'alarme sous forme d'anxiété et de stress. Regardez comme les découvertes de Lazarus sont intéressantes et importantes dans sa théorie de l'évaluation (*apprai-*

sal). C'est la théorie que je viens de vous expliquer : elle permet de comprendre le mécanisme par lequel nous ressentons la peur et de connaître les stratégies dont nous disposons pour gagner en confiance. Dans le cas qui nous concerne, si une personne de référence nous a maltraités, nous a fait croire que nous sommes incapables d'affronter différents défis et situations, notre seconde évaluation nous placera toujours dans une position de désavantage et engendrera de l'anxiété et de la peur.

Mais ce qu'il y a de merveilleux dans ce processus, c'est que nous réalisons encore une autre évaluation lors de laquelle nous nous demandons ce que nous sommes censés faire pour affronter le danger perçu par les sens. Nous avons à présent tous les acteurs du film sur le plateau. Si nous mettons à la porte le vigile peureux qui analyse ce qui nous arrive et si nous en embauchons un autre qui a plus d'expérience, nous effectuerons de meilleures évaluations primaires. Si nous renvoyons l'acteur secondaire, celui qui dit que nous ne savons rien et qui voit tout ce qui nous arrive comme une menace : nous choisissons un autre acteur plus motivé et capable de transformer les problèmes en défis ; nos évaluations secondaires seront plus pertinentes. Enfin, si nous remercions le troisième acteur, celui qui n'a rien de créatif, et que nous faisons appel à un autre acteur capable de chercher des ressources, d'imaginer et de créer, notre confiance se verra renforcée car nous serons conscients que nous avons des ressources pour affronter l'épreuve et si ce n'est pas le cas, nous saurons où nous tourner pour les trouver.

Mon conseil

Pensez différemment. En poursuivant l'exemple du film, je vous conseille d'abandonner le plateau de tournage du film que vous vous êtes fait jusque-là, et de commencer à écrire le scénario de votre prochain long-métrage. Le film d'action dans lequel vous serez l'acteur principal.

Passez à l'action

Le moment est venu de vous mettre à l'œuvre, l'œuvre principale que vous construirez dans votre vie, la maison la plus importante que vous souhaitez habiter, le foyer de votre âme. Nous allons reconstruire votre vie avec un filet de sécurité, d'estime de soi et de courage. Je veux que vous soyez une personne libre et confiante.

Commencez par vous connaître vous-même. Peut-être, faites-vous partie de ceux qui n'ont aucune aucune idée de qui ils sont, ni s'ils sont capables de mener à bien une chose. Pendant des années les plus vulnérables de votre vie, on vous a fait croire que vous étiez un incapable, que vous n'y pouviez rien, que vous ne saviez rien et que vous ne valiez rien. On vous a ignoré, on a méprisé vos réussites et on vous a puni. Tout cela a entamé votre estime de soi.

Mettez-vous en quête de silence et essayez de retrouver votre essence. Découvrez-vous, explorez-vous. Ce n'est pas une tâche facile mais je sais que vous n'allez pas baisser les bras. Observez-vous sans vous juger et connaissez-vous chaque jour un peu plus, tout comme vous le feriez avec un nouvel ami, une nouvelle voiture ou une nouvelle maison.

Arrêtez d'avoir peur, arrêtez de vous inquiéter, arrêtez de courir. Oubliez la crainte, arrêtez de réagir et mettez-vous à analyser. C'est ça la clé : analyser au lieu de réagir. La vie est un processus dynamique, ce qui est une bonne nouvelle : vous pouvez grandir, apprendre, changer et surtout gagner en confiance.

Contextualisez ce qui vous arrive sans vous précipiter dans vos évaluations. Vous êtes capable à présent d'identifier si vous effectuez des évaluations partiales à partir de la peur ou d'une estime de soi négative ; c'est une source d'insatisfaction et de stress par excellence. Le premier pas pour gagner en confiance, c'est la compréhension de l'événement et de soi ; le deuxième, la détection des mêmes facteurs, et le troisième critère, la gestion.

Faites appel à l'attention rationnelle pour éviter l'effet tunnel qu'un esprit étroit et obtus a voulu vous enfoncer dans l'âme. Simplifiez la réalité, éliminez le facteur peur. Pour aller plus avant, je vous propose l'exercice suivant : imaginez que vous participez à une réunion et que vous donnez votre point de vue sur un projet et que, soudain, votre chef sort une feuille de papier et se met à prendre des notes. En réalité, vous ne savez pas ce qu'il écrit… mais vous ressentez de la peur, vous pensez qu'il écrit ce qui ne lui plaît pas, alors que vous n'en savez rien. Il a peut-être été séduit. Ou peut-être, simplement, il s'est souvenu d'une tâche à effectuer. Lorsque vous n'êtes donc pas complètement sûr de quelque chose, n'empruntez ni le sentier de la négativité ni celui de la positivité. En cela consiste, précisément, l'effet tunnel.

Vous avez beaucoup plus de qualités que vous ne le pensez. Vous êtes capable de beaucoup plus de choses que vous ne le croyez. Vous avez souffert en silence de la maltraitance de quelqu'un qui dit vous aimer, s'occuper de vous et vous éduquer et vous l'avez surmonté.

Redéfinissez le concept des mots « danger » et « menace ». Voyager n'est pas dangereux, prendre le métro n'est pas dangereux, louper un cours pour profiter d'un jour ensoleillé n'est pas dangereux, douter lors d'une présentation n'est pas dangereux, que vos collègues vous regardent n'est pas dangereux… Vous croyez peut-être que les gens sont dangereux et vous décidez de vous isoler. Vous croyez peut-être qu'aimer est dangereux et vous décidez de vivre dans la solitude. Vous croyez peut-être que vivre est dangereux et vous tombez dans une dépression. Je suis obligé de reconnaître qu'il y a certainement une part de danger dans tout ce que je viens d'énumérer, pourtant au lieu d'en faire le deuil, nous devons apprendre à gérer ce danger, cette menace. Le danger, c'est comme le sel. Le sel, en soi, n'est ni bon ni mauvais, cela dépend de votre consommation. Si vous en ingurgitez des grandes cuillerées, il est probable que vous en mourriez. Mieux vaut apprendre à savoir quelle quantité de sel est appropriée à votre consommation.

Je vais vous donner un exemple personnel. Tout au long de ma vie, j'ai pratiqué plusieurs sports et certains d'entre eux comportaient un risque élevé, comme l'escalade à haute altitude. L'escalade comporte un risque, mais selon la façon dont je la gère, je peux accroître ou contrôler ce risque en fonction de la façon dont je réfléchis sur certains paramètres, comme le choix de l'anfractuosité, mon niveau de préparation physique, l'état du matériel, le partenaire de cordée ou la prévision météorologique. Je peux vous affirmer que j'ai vécu les meilleurs moments de ma vie dans la montagne et que je n'ai pas voulu y renoncer. Je peux vous affirmer également que je n'ai eu aucun accident grave dans cette pratique, même si je dépendais, la plupart du temps, d'une corde et de rien d'autre. Au cours de ma vie, j'ai eu le choix entre deux chemins. Renoncer à mon amour de la montagne par peur, ou apprendre à évaluer et à gérer parfaitement le risque que j'encourais. Dans mon cas, je n'ai jamais douté.

Apprenez à différencier quelque chose de menaçant, de quelque chose dont le parcours est incertain ou inconnu. Ce n'est pas pareil et votre bonheur dépendra de cette identification correcte. Parfois, lorsque j'emprunte un nouveau chemin, dans les Pyrénées ou dans les Alpes, j'effectue cette évaluation. Habituellement, j'emprunte des chemins incertains ou inconnus, rarement des chemins dangereux. Quelque chose d'incertain est quelque chose dont le parcours nous semble flou. L'incertitude fait partie de la vie, du quotidien. Nous ne pouvons prétendre à une vie sereine et tranquille. La vie est un parcours incertain, ce qui est plutôt un avantage. Mère nature, qui connaît par cœur l'incertitude de la vie, nous a octroyé tout ce qu'il nous faut pour y faire face : la capacité d'analyse et celle de prendre des décisions.

Nous empruntons souvent des chemins incertains. Je vous encourage à vous informer avant de vous décider si cela vous est possible ; mais n'abandonnez jamais, en aucun cas, l'idée de parcourir un chemin par peur de l'incertitude. Lorsque vous vous trouvez sur un sentier incertain, activez votre système d'alerte, analysez ce qui arrive et prenez des décisions mais ne rebroussez pas chemin par peur.

Nous confondons parfois ce qui est dangereux avec ce qui est inconnu. Grande erreur ! Si vous êtes face à quelque chose d'inconnu, face à un chemin inconnu, cherchez une carte, un GPS ou une boussole : il convient, dans ces circonstances, de l'étudier, de l'analyser ou de le connaître. C'est pour cela que je vous conseille à nouveau de ne pas commencer quelque chose que vous ne connaissez pas.

N'oubliez pas, votre bonheur en dépend. En parlant d'évaluations, si vous voulez vraiment vous sentir confiant, il n'y a rien de mieux que d'avoir un bon éventail de stratégies d'affrontement, c'est-à-dire une bonne réserve de données qui vous guideront et vous orienteront dans les défis que vous mènerez.

Dites-vous que l'on vous a isolé de votre environnement pour vous empêcher de connaître de nouvelles réalités. Le moment est donc venu de côtoyer plus de gens, de connaître de nouvelles réalités et d'analyser de nouvelles stratégies d'affrontement. Enrichissez votre éventail de stratégies. Voyagez, lisez, rencontrez de gens aux parcours et aux cultures variés… Apprenez en étant curieux, confiant et ouvert. Tout cela dépend de votre attitude, c'est ça le secret : la soif de connaissances et d'apprentissage sans fin, l'apprentissage qui vous procurera la confiance dont vous avez besoin.

Votre capacité d'analyse est votre meilleure ressource

Quelqu'un qui a souffert s'isole et ne peut plus côtoyer personne ; ce n'est pas une solution. La solution, c'est d'apprendre à analyser les personnes et à différencier celles dont vous devez vous éloigner ou vous méfier, face à celles qui en valent la peine. D'un autre côté, certaines personnes, dans leur couple notamment, continuent de chercher un profil de relation semblable à celle qu'ils avaient avec leur tortionnaire, mais en apparence plus maîtrisée. En apprenant à analyser les gens, vous pourrez vous rendre compte des erreurs que vous perpétrez et y apporter une solution.

Exercez votre responsabilité

Les enseignants, tuteurs, moniteurs extrascolaires ou entraîneurs peuvent changer la vie d'un enfant maltraité. Comment ? En lui offrant de nouveaux choix, en lui inculquant des manières de vie plus saines, en lui proposant d'autres modèles de relation, en accentuant son estime de soi et sa confiance, et en lui donnant l'amour et la tendresse qui lui font défaut.

Si vous avez un élève maltraité, obtenez-lui une bourse afin qu'il puisse partir étudier à l'étranger, qu'il puisse profiter de colonies de vacances ou qu'il fasse du sport ou une activité extrascolaire chaque jour.

Si vous êtes professeur, vous devez passer à l'action ; j'en appelle à votre responsabilité d'éducateur. Vous pouvez penser à d'autres stratégies plus adaptées selon les cas : n'oubliez pas que vous avez la clé pour sortir un enfant qui souffre de son environnement toxique.

Par où je commence ?

- Vous n'avez aucune raison d'avoir honte. Si vous ne faites pas corps avec votre famille, peu importe, ne vous sentez pas mal pour ça. Vous avez peut-être des priorités, valeurs ou points de vue différents. Si vous ne pouvez pas vivre avec quelqu'un qui bat les femmes, qui maltraite d'autres personnes, qui vole ou qui est simplement macho, homophobe, menteur ou manipulateur, vous n'avez pas à en avoir honte.
- Ne vous sentez pas coupable. Rejetez la culpabilité que vous inflige votre famille. Et attention aussi à la culpabilité que vous font sentir les gens qui se positionnent sur une des parties (la famille), sans s'intéresser à l'autre, étant donné qu'ils se basent sur des suppositions erronées et ne s'intéressent pas le moins du monde à votre réalité ou votre opinion.
- Il est possible que vous n'aimiez pas votre famille. Rien de grave, on ne peut pas aimer ceux qui nous font du mal continuellement.
- Vous n'êtes pas une exception. Ne vous prenez pas pour un monstre. La plupart des gens souffrent directement ou indirectement à cause de leur

famille. La plupart des problèmes de santé mentale ne proviennent pas de grands traumatismes, ni de grands problèmes de travail, ni de grandes préoccupations, mais de la famille.

• Vous n'avez rien à justifier. Vous n'avez pas à donner des explications. On ne vous comprendra sûrement pas, peut-être déclencherez-vous un dilemme chez quelqu'un qui essaie de se convaincre que sa propre famille n'est pas si mal. Si quelqu'un vous pose la question, vous juge ou insiste, vous pouvez lui recommander de lire ce chapitre de *Kinstukuroi*.

• Terminez une étape pour en commencer une autre. Lâchez du lest, arrêtez de vous encombrer avec ce qui vous freine. Vous êtes là où vous êtes par pur hasard, vous êtes né dans la famille qui est la vôtre par pur hasard. Commencez à écrire votre propre destin. Votre famille n'a pas à vous brider ni à vous conditionner.

• Ne renoncez pas à former votre propre famille, ne renoncez à rien à cause de la douleur. Vous avez eu justement une grande leçon de vie et vous pouvez créer votre propre famille précieuse et bienveillante où règnent le respect et l'amour.

Comment j'y parviens ?

• Changez votre dialogue intérieur. Changez l'image que vous avez de vous-même, celle d'un chat sans défense par celle d'un lion plein de courage. Ce que je vous propose n'est pas une affirmation sans fondement, mais une affirmation basée sur la confiance que vous procure tout ce que vous avez vécu et surmonté.

• Sortez du cercle d'influence de votre tortionnaire si vous vous y trouvez encore. Si vous n'y arrivez pas, cherchez des référents et des soutiens externes qui vous aideront à compenser la situation, à ne pas perdre la perspective et à apprendre de nouveaux modèles.

• Apprenez à poser des limites aux personnes. Nous confondons parfois amabilité et soumission. Au fil de la vie, vous rencontrerez différents profils de personnes, des personnes très belles pleines de respect, mais également des personnes toxiques, irrespectueuses et inattentionnées, avec lesquelles vous devrez poser des limites.

Reconstruire sa vie

Le cas de Daniel : lorsque l'âme se brise

Il y a des gens qui croient que nous n'avons pas d'âme, pourtant ils se trompent. Il y a des gens qui la perdent en grandissant. Il n'y a que les gens sans âme qui peuvent être capables de briser celle d'autrui. Oui, il y a des gens qui ont une âme.

L'âme est quelque chose d'éthéré, quelque chose que l'on ne peut voir que si l'on a le regard approprié. On reconnaît facilement les gens qui ont une âme par leur sensibilité, par leur vie connectée à ce qui les entoure et parce qu'ils se préoccupent de ce que vivent ceux qui les côtoient, qu'ils les connaissent ou non. Ils ont un regard spécial.

Ce qui peut arriver de pire à ces personnes-là, c'est qu'on leur brise l'âme. En effet, les âmes peuvent se briser. Comme l'âme de Daniel. Il y a ceux qui croient que les hommes ne peuvent avoir une âme, que seulement les enfants et quelques femmes possèdent une âme, pourtant ils se trompent. Daniel avait une âme noble et compassionnelle et au travers de son regard candide, il cherchait d'autres âmes avec lesquelles se connecter.

Daniel a cru se connecter à une âme, il a cru qu'il vivrait toujours dans le bonheur au sein de sa famille pleine de bonté. Pourtant, un jour, un jour terrible, la mort lui a arraché son âme la plus chère, celle de sa fille, celle de sa princesse et de sa footballeuse, celle de son clown et de son étendard, celle de sa fille adorée et de son trésor le plus précieux. « Maudit cancer ! » Son âme vide ne pouvait que répéter ces mots encore et encore. « Maudit cancer ! » Daniel gardait toujours espoir que sa princesse adorée pourrait surmonter la maladie. Il se surprit à prier, à courir, à pleurer, à lutter et à chercher de l'aide d'un lieu à un autre. Il a tout essayé, mais cela n'a servi à rien.

Lorsque sa fille adorée est morte, il a remarqué que son âme avait explosé. Tant de tristesse accumulée pendant si longtemps, tant d'espoir inutile, tant de douleur et tant d'incompréhension… Oui, son âme a explosé comme une supernova dans l'espoir que sa fille fût l'une de ces étoiles qui brillent tant dans la nuit. « Mais qui croit de telles sornettes ! » se surprit-il à crier.

Daniel était vide, exténué. Tant de souffrance n'était pas humain, pas supportable, pas possible. Tatiana, sa femme, lui mit la main sur l'épaule.

« Daniel, nous avons besoin d'aide, dit-elle dans un murmure.

— Mon âme s'est brisée, a répondu Daniel, et personne ne peut reconstruire une âme brisée. »

Je connais presque tous les visages et travestissements qu'utilise la douleur. J'ai souffert avec mes patients, je les ai aidés dans leurs heures les plus sombres et, ensemble, nous avons lutté pour replacer le rêve et la force au cœur de leur vie. Croyez-moi quand je vous dis que je connais très bien la douleur et la souffrance. Je les ai côtoyées dans ma propre vie. Personne n'en échappe. La douleur est universelle. Pourtant, il n'existe aucune douleur plus terrible et cruelle que celle de perdre un enfant chéri.

Reconstruire l'âme d'un père est très difficile, pour de nombreuses raisons. Principalement parce qu'il n'existe aucune raison valable et capable de calmer ce sanglot haletant et sec. L'aberration vous plonge dans le désespoir le plus toxique et dévastateur que vous pouvez imaginer. Lorsqu'il n'y a aucune raison, la souffrance prend le visage de l'absurdité et de la cruauté.

Reconstruire une âme brisée est une tâche ardue où les plaies restent à jamais ouvertes. Où que vous posiez votre regard, un élément vous rappelle constamment votre princesse ; quoi que vous fassiez, vous auriez pu l'entreprendre avec elle. Tant à lui inculquer, tant à vivre. Face à la mort d'un enfant, il est plus utile que jamais de gagner en perspective et de prendre du recul, car sinon votre vie ne sera que mort. La mort nous accompagne au quotidien, c'est une loi de la vie, c'est inhérent à notre existence, pourtant ce n'est pas pour autant que cela est facile à gérer, surtout lorsque cela est inattendu.

La mort n'arrive jamais au bon moment, encore moins quand il s'agit de celle d'un enfant. Vous ferez usage de ce que je vais vous expliquer afin de gérer le deuil après la mort d'un être cher, que ce soit un enfant, un ami que vous aimiez comme un enfant, votre conjoint ou votre animal de compagnie. En effet, l'amour n'a que faire des genres, races ou espèces. N'oubliez pas que la douleur est différente pour chacun d'entre nous et que la mort d'un chien avec lequel vous avez passé plus d'une décennie peut aussi faire très mal.

Mais revenons à notre objectif : gagner en perspective. Nous devons nous éloigner un peu de la douleur ou, pour le moins, nous devons avoir quelques instants de paix. La vie vous a changé. Vous ne l'avez pas choisie, pourtant la vie vous a changé pour toujours. Ce qui était normal hier ne l'est plus aujourd'hui, et c'est le point de départ de tout processus de reconstruction.

Accepter la mort est un processus complexe que nous nommons le « deuil ». Il peut durer des années et se caractérise par un torrent d'émotions intenses et variables. Pendant le processus du deuil, notre état d'esprit est labile, variable et instable. Nous oscillons entre la tristesse et la colère, nous sommes incapables de penser avec clarté ; l'incompréhension et la quête d'une réponse nous torturent jour et nuit. Peu à peu, le temps passe et nous pouvons évaluer avec une certaine perspective ce qui nous est arrivé. Pourtant ce n'est pas toujours ainsi, et si nous ne gérons pas ce deuil, nous pouvons rester aigris pour toujours, déprimés ou amers, ce qui est injuste pour nous, pour nos proches et pour la personne décédée.

Notre enfant chéri, notre conjoint ou être aimé n'a pas eu le choix de continuer de vivre, nous devons donc lui rendre hommage en vivant pour lui. Je me souviens avoir rencontré un professeur qui avait perdu ses enfants et sa femme dans la fameuse inondation du camping de Biescas en 1996. Je me souviens l'avoir vu déambuler en ville. On aurait dit un mort vivant. En ce temps-là, je ne pouvais pas comprendre l'amplitude de son malheur, pourtant j'aurais aimé lui dire qu'il devait se remettre à vivre, qu'il avait l'obligation de vivre intensément, que sa famille n'avait pas pu choisir de vivre et que son meilleur souvenir et hommage consistaient à ne pas gaspiller le temps qu'il avait devant lui.

Je me souviens d'avoir lu une interview de Carole Bouquet où l'actrice expliquait que, lorsque son mari est mort, elle avait eu à choisir entre la mort dans la vie et la vie dans la vie, et qu'elle avait choisi de vivre. Cela n'a pas été une décision rapide ni instantanée, cela n'a pas été quelque chose d'instinctif, cela a eu lieu au contraire suite à un processus de deuil de plusieurs mois.

Mon conseil

Si vous avez perdu un être cher, vous devez savoir que vous êtes face au pire des défis. Malgré la dureté de la perte, vous feriez beaucoup mieux de reprendre le cours de votre vie, j'insiste, pour vous, pour les vôtres et pour la personne aimée que vous avez perdue.

Pensez différemment

Il y a peu, j'ai vu un film avec ma fille qui s'intitulait *Le Livre de la vie*, réalisé par Guillermo del Toro. C'est un film qui parle de la vie et de la mort, et qui nous présente la mort sous un aspect sympathique. La culture de la mort est traitée de façon très spéciale au Mexique. C'est un film que je vous recommande vivement ; il nous parle de l'existence de deux mondes parallèles, le monde des personnes dont on se souvient, où il y a une fête continue, et celui des personnes oubliées, où règne la tristesse. L'action du film se déroule le 1er novembre, le jour des morts, le jour où vous pouvez sentir la présence de vos êtres chers. Peut-être que la clé se trouve là, dans la façon dont vous vous souvenez d'un être qui vous est cher et qui reste présent.

Quand nous gagnons en perspective, le moment est venu de commencer à penser différemment. Nous sommes face à l'un de ces problèmes que vous ne pouvez pas attaquer à la racine, mais dont vous devez gérer les conséquences, les émotions associées… Nous ne pouvons pas faire revenir la personne que nous avons perdue ; cela n'induit pas que nous devions rester les bras ballants. Nous pouvons d'ailleurs agir à plusieurs niveaux, mais tant que nous ne pensons pas différemment, nous ne trouverons pas l'énergie nécessaire pour passer à l'action.

La vie est l'une des choses les plus dures à reconstruire. Le passé est un fardeau qui nous empêche d'aller de l'avant. Nous portons sur le dos une histoire qui n'est pas seulement la nôtre, et notre sac à dos pèse, se visse sur nos épaules et dans notre cœur.

Vous devez changer d'attitude. Ne soyez pas pressé. Vous subissez un deuil. Vous devez savoir, qu'à un moment donné, vous devrez aller de l'avant et vous remettre à vivre. Vous devrez le faire pour vous, pour les vôtres et pour la personne que vous avez perdue. Vous devez faire le premier pas, cela est primordial car votre rétablissement en dépend. Vous méritez de vivre et vous méritez d'activer ce ressort qui vous permettra de vous reconnecter à la vie.

Dites-vous que vous pouvez contribuer à ce que l'on ne souffre plus dans des situations semblables aux vôtres. Vous pouvez contribuer aux recherches sur la maladie qui vous a arraché votre enfant. Vous pouvez travailler dans une association afin d'éviter que quiconque ne subisse ce qu'a supporté votre enfant, vous pouvez partager votre expérience avec autrui, vous pouvez transformer votre douleur en art, vous pouvez faire beaucoup de choses, mais ce que vous devez faire avant tout, c'est prendre la décision de faire quelque chose. Peut-être que l'une de ces actions qui, d'une certaine façon, s'attaquent à la racine du problème de façon créative, sera la motivation qui vous permettra de faire ce premier pas.

La mort d'une personne que l'on aime paralyse le corps et l'âme et nous laisse dans un état de stupéfaction, de léthargie, de peine. Et tant que nous ne surpassons pas cela, nous ne pourrons pas commencer à prendre soin de nous.

Mon conseil

Nous refusons l'aide qu'on nous propose parfois et voulons être tout à la douleur. Sentir l'envie de vivre, de rêver ou d'être heureux à nouveau nous met dans la peau d'un être dépourvu de sentiments qui n'aimait pas assez la personne décédée. Nous nous mettons la pression, et nos réflexions nous mettent encore plus la pression, s'agissant de ce que penseraient nos proches.

Passez à l'action

Nous allons commencer par reconstruire votre vie. Vous venez de perdre une personne qui faisait partie de votre vie ; ce qui fait que vous ne pouvez pas continuer à faire ce que vous faisiez, ni continuer la vie organisée de la même façon qu'auparavant.

Peu à peu, la douleur passera, la tristesse s'atténuera et la hargne s'estompera. Peu à peu, votre état émotionnel s'améliorera et vous récupérerez votre capacité à raisonner de façon appropriée. Lorsque cela se produira, vous devrez profiter de ce halo de tranquillité et vous fabriquer une nouvelle vie. La mort fait mal, mais le souvenir du disparu aussi.

À chaque fois que vous passez devant cette chambre vide, à chaque fois que vous voyez ce lit vide ou cette photo, vous serez submergé par la souffrance.

Vous devez changer de vie, adapter votre environnement à votre nouvelle réalité, trouver une distraction, puisqu'il est impossible d'influer sur la racine du problème. Nous ne pouvons pas faire en sorte que revienne l'être cher, nous devons donc gérer nos émotions et les conséquences de cette épreuve.

J'ai toujours conseillé à mes patients qui ont vécu une perte de changer de lieu de résidence. Cet acte a une composante symbolique élevée ; il permet souvent de reconstruire sa vie.

Nous avons tous des rêves à accomplir, des plans que nous repoussons au moment de la retraite, des affaires que nous aimerions entreprendre et des aventures que nous aimerions vivre. La vie nous a frappés durement, pourtant elle nous dit aussi que notre vie a une fin et qu'il ne faut pas remettre à demain ce que nous pouvons faire aujourd'hui. Mettez-vous donc au travail afin d'accomplir vos rêves, ce qui est le meilleur hommage que vous puissiez rendre à un être cher. Il ou elle n'a pas eu cette chance ; ne perdez pas la vôtre.

Un rêve en attente

Certaines personnes, après la mort d'un être cher, mettent toute leur force et leur énergie pour matérialiser le rêve de la personne aimée. *A priori*, cela pourrait être un mauvais choix car, en réalité, il y a beaucoup d'aspects néfastes dans cette stratégie, comme la culpabilité de ne pas l'avoir fait avant, le souvenir permanent de la personne perdue et le rejet de vos propres nécessités. Mais je ne nierai pas les nombreux effets positifs de cette stratégie, étant donné qu'elle apporte une motivation existentielle, une raison et un fondement, un motif pour continuer à vivre, et cela est ce dont nous avons le plus besoin après la perte d'un être cher.

Autre bénéfice très positif : en de nombreuses occasions, accomplir le rêve de la personne aimée agit comme une action compensatoire, comme la conclusion d'une étape. Alors que vous travaillez à la réalisation d'un rêve, la motivation en soi est la meilleure des distractions (rappelons-nous qu'il nous est impossible d'aller à la racine du problème) et, d'un autre côté, une fois le rêve accompli, en plus des aventures vécues, l'étape vécue prend fin en général, ce qui est primordial pour se mettre à se reconstruire.

Quand nous reconstruisons notre vie, nous n'oublions pas, en aucun cas, l'être cher. Lorsque vous rangez ses photos, lorsque vous changez de maison, lorsque vous changez de lit, vous ne l'entendez pas comme une ineptie, ni comme une trahison mais, bien au contraire, comme une action nécessaire pour atténuer la douleur et pouvoir continuer à vivre. Harmonisez votre environnement et votre nouvelle réalité, adaptez-le à vos nouveaux besoins, à la vie qui vous a changé, à l'absence gravée dans le marbre. Autorisez-vous à vous souvenir de l'être cher.

Ne donnez pas plus d'importance à la mort qu'à la vie

J'ai vu de nombreuses personnes qui, pleurant leur enfant mort, ont oublié leurs enfants vivants ; qui, pleurant leur conjoint décédé, ont oublié leurs enfants ; qui, pleurant leur enfant, ont oublié leur conjoint ; qui, pleurant l'absence, ont oublié leur propre personne. Cher lecteur, cela ne doit pas arriver. Vous avez une responsabilité en tant que parent, conjoint et envers vous-même, une responsabilité que vous ne pouvez pas remiser.

La vie continue, imparable, incessante. Lorsque notre âme est brisée à cause de la perte d'un être cher, nous croyons que la vie est cruelle. Tout continue comme avant, rien n'a changé, le soleil continue de se lever pour tout le monde, les villes poursuivent leur rythme frénétique, les saisons se succèdent et tout continue comme avant pour tout le monde, sauf pour vous. Pourtant, en réalité, ce n'est pas ainsi ; la vie n'est pas cruelle, mais noble et équilibrée, et nous savons que nous devons aller de l'avant, que nous ne pouvons pas nous soustraire aux autres créatures qui continuent à vivre et qui ont besoin de nous.

Ne vous oubliez pas, n'oubliez pas vos proches. Ne donnez pas la priorité à la mort face à la vie. Je sais que ce n'est pas facile, pourtant vous devez essayer. Je sais que c'est plus facile à dire qu'à faire mais vous devez faire ce premier pas. Il n'existe aucune technique en particulier car c'est une question d'attitude ; une prédisposition qui doit guider vos pensées, vos émotions et vos actions. Choisissez la vie et n'oubliez pas que cette attitude vitaliste n'implique pas l'oubli de la personne chérie que vous avez perdue.

Canalisez la douleur

L'une des meilleures façons de canaliser la douleur que nous ressentons, c'est de la transformer en expérience et en conseils pour autrui. Je vais vous raconter le cas d'une fille adorable, décédée d'une maladie rare. La douleur de ses parents était terrible ; j'insiste sur le fait qu'il n'y a rien de pire que la mort d'un enfant. Suite à une période de deuil, les parents ont décidé de canaliser toute leur douleur de façon constructive et ont entrepris une lutte particulière contre cette maladie terrible et inconnue.

Ils luttent de deux façons très distinctes. D'un côté, d'une manière plus concrète et visible, en collectant des fonds pour la recherche et en offrant leur expérience au secteur médical, à l'association des personnes affectées par cette maladie et aux parents d'enfants malades. D'un autre côté, à un niveau plus abstrait, pour ainsi dire, ils mettent la pression sur les pouvoirs publics et les entités médicales, et contribuent à diminuer la douleur d'enfants et parents en menant toutes les actions possibles.

Nous ne pouvons pas toujours apporter une solution à la racine de notre problème, mais nous pouvons apporter une solution à la racine du problème d'autrui. Cette stratégie se base sur la transformation de la douleur en quelque chose de constructif. Construire est beau et en visualiser le résultat vous rappellera constamment la beauté et la grandeur du geste. En de nombreuses occasions, le bel édifice élevé sur la douleur prend la forme d'un bel hommage, d'une espèce de monument du souvenir de la personne aimée : c'est un souvenir positif, le souvenir de la contribution, le souvenir que la mort de votre être aimé a servi à créer un monde meilleur, et qu'il n'est plus une mort perdue, insensée, vaine et stérile.

Gérez vos souvenirs

Quand nous perdons un être cher, notre raison est embrouillée. Le processus de la mort est une source inépuisable d'impacts émotionnels très intenses et douloureux. Si notre personne aimée est décédée des suites d'une maladie, nous avons sans doute passé ses derniers jours à voir comment elle souffrait et sombrait ; si elle est morte à cause d'un accident soudain, nous ressentirons certainement des émotions négatives, comme la culpabilité de ne pas avoir eu cette conversation avec elle, celle de lui avoir fait un reproche ou celle de s'être mis en colère. Mais, peu importe le cas de figure, même lors d'une mort très douce, tout le processus du décès et des funérailles implique une série d'images, de mots et d'émotions qui resteront gravés dans notre mémoire, accompagnés de douleur, d'incompréhension et de souffrance.

Il est injuste que ces souvenirs éclipsent l'infinité des bons souvenirs que nous avons de cette merveilleuse personne. Avec notre bien-aimé, nous avons ri, joué, chahuté et vécu. Il est injuste que vous demeuriez avec un souvenir triste. Je vous encourage donc à choisir un souvenir dont l'évocation rendra justice au vécu et non à la souffrance. Mais pour bien choisir un souvenir et son évocation, il faut faire un premier pas. Un album de photos des beaux moments vécus par exemple. Jetez un œil en arrière et passez en revue tous ces bons moments. À chaque fois que vous voyez une photo ou une vidéo d'un moment agréable, sans en être conscient, vous vous replongez dans ce bonheur par sa simple évocation. Le souvenir d'un événement peut évoquer des émotions semblables, mais d'intensité moindre, à celles vécues alors.

Faites un album. Contemplez vos photos, vos vidéos, vos souvenirs. Pendant que vous confectionnez l'album de vos souvenirs, vous ressentirez de la joie et de la tristesse, vous rirez et pleurerez. Peu importe, ce mélange d'émotions opposées est naturel et probable. N'ayez crainte, laissez-vous pleurer et sourire. La création de cet album est une sorte de recueil de votre vie qui vous aidera à retrouver les beaux moments et à donner un contrepoint aux souvenirs intenses associés à la souffrance et propres à la fin d'une vie. Lorsqu'il sera prêt, rangez-le dans un endroit joli et accessible. Ne le laissez pas à côté de votre lit, ni au milieu du salon. Vous pouvez le ranger dans une armoire ou un tiroir. Son accès doit être rapide, vous pouvez le consulter autant que vous voulez.

Vous avez voyagé dans le temps, dans une époque meilleure. Vous avez engrangé des émotions et souvenirs. À présent, est venu le temps de choisir un souvenir parmi tous ceux-là, le plus beau, le plus joyeux ou le plus représentatif ; il sera votre souvenir d'évocation.

J'ai un ami qui, lorsqu'il rencontre quelqu'un ou ajoute un nouveau contact dans son agenda, fait une photo afin de l'identifier, et il va même jusqu'à vous faire prendre la pose autant de fois que nécessaire jusqu'à ce qu'il obtienne une photo jolie et sympathique qui lui évoque une émotion positive à chaque fois qu'il la voit. Je vous encourage donc à faire pareil.

Le souvenir d'évocation de l'être cher qui est décédé ne peut être triste ou négatif, ne peut avoir lieu dans un hôpital, dans une veillée funèbre ou avec un visage ravagé par la douleur. Votre souvenir d'évocation doit être joli et doux, l'un des meilleurs moments vécus, et feuilleter l'album des jolis souvenirs vous permettra de le trouver.

Vous ne pouvez pas vous souvenir de votre bien-aimé souffrant, vous devez vous rappeler toute sa beauté, son sourire et sa vitalité… au lieu de ses larmes. Ce souvenir sera le seul qui vous restera de lui, choisissez donc un beau souvenir qui vous accompagne partout. Comme dans le film de Guillermo del Toro, un souvenir agréable vous le rendra plus présent.

Lorsque les parents meurent

Nous autres parents avons une grande responsabilité envers nos enfants. Avoir un enfant est l'un des plus beaux actes d'amour et de responsabilité. Étant donné qu'il ou elle ne nous a pas demandé de venir au monde, nous avons l'obligation d'en prendre soin et de lui donner tous les outils pour qu'il soit autonome, libre et fort. Oui, j'ai dit autonome. Nous confondons souvent être parents avec surprotéger. Il n'y a rien de pire que de créer de la dépendance chez nos enfants.

Certains pères ou mères se sentent fortifiés dans leur rôle, étant donné que s'ils font tout et donnent tout pour leurs enfants, ils se sentent indispensables et importants, et ils constatent que leur rôle de parent a du sens. Pourtant, ils ne rendent pas service à leurs enfants. Une personne adulte, lorsque meurent ses parents, ne doit pas se sentir désemparée. D'ailleurs, j'éduque et je continuerai d'éduquer ma fille dans l'autonomie afin que le jour où sa mère ou moi ne serons plus là, elle ne se sente pas désemparée, perdue et détruite.

Notre travail comme éducateurs prend fin lorsque nos enfants sont autonomes, forts, équilibrés et libres. Et cela implique de leur procurer les outils nécessaires pour qu'ils aient confiance en eux et afin qu'ils puissent gérer une perte.

Déconnexion temporelle

Une autre stratégie que je peux vous conseiller pour gérer la perte d'un être cher, c'est la déconnexion temporelle. Lorsque la souffrance devient incontrôlable, démesurée, notre esprit s'épuise de tant d'émotions intenses et confuses. Cette activation émotionnelle si intense doit se calmer afin de pouvoir commencer à penser avec une certaine perspective. Parfois, nous ne pouvons faire autrement que laisser la vie s'écouler quelques jours ou quelques semaines. Si cela arrive et si après avoir essayé plusieurs stratégies nous n'arrivons pas à aller de l'avant, réfléchissez à l'éventualité de déconnecter temporellement, de changer d'air, d'aller vivre quelques semaines chez un ami ou chez un membre de la famille, de vous établir à la campagne, d'aller dans une autre ville ; en définitive, d'aller voir ailleurs et de vous « distraire » dans une ambiance complètement différente. Peut-être, pouvez-vous vous rendre dans une station thermale, dans un monastère, dans la maison de village de vos parents, dans l'appartement en bord de mer de vos frères ou dans la cabane de montagne d'un ami, peu importe. La clé, c'est que vous vous retrouviez, que vous changiez d'air et que vous soyez entouré de proches qui vous sont chers et qui vous aident à atténuer cette douleur peu à peu.

Vous verrez que votre esprit pourra peu à peu reprendre le contrôle, en pensant, en analysant et en rationalisant la situation. Peu à peu, vous serez à même de revoir les choses avec clarté, de contextualiser et de construire une nouvelle vie selon votre nouvelle situation.

Attention à la culpabilisation

Nous avons parfois besoin de chercher un coupable qui donne une explication à la douleur, une tête de Turc qui nous permet de nous accrocher à un point émotionnel. Ce sont souvent les couples qui ont perdu un enfant et qui ont transformé leur douleur en rage, en colère, en haine et en culpabilité contre leur conjoint.

Prenez garde à ce déplacement de l'objet de la douleur car vous pouvez ruiner la vie de quelqu'un qui souffre autant que vous. Face à une affliction comme la mort d'un enfant, cela a peu de sens de culpabiliser le conjoint.

Ne jouez pas avec la culpabilité car elle vous conduira à la haine, et la haine vous portera inextricablement vers la souffrance. Centrez votre énergie sur la recherche de soutiens au lieu de chercher des coupables, cela est beaucoup plus sain pour vous et vos proches.

Et vous, quels sont vos désirs inassouvis ?

Lorsque l'orage passe, pensez à vous. Regardez-vous dans le miroir. Vous avez souffert. Vous essayez de vous reconstruire. Le tsunami d'émotions commence à se calmer. Peu à peu, la tristesse vous laisse en paix. Le temps est venu de vous poser la plus dure et salvatrice des questions : quels sont vos désirs inassouvis ?

Ne quittez pas ce monde sans avoir joui un maximum de la vie. Ne vous résignez pas à survivre, à être un zombie émotionnel, à déambuler du travail à la maison et de la maison au travail. Vous avez l'obligation de vivre, et vivre n'est pas pareil que survivre. Quels sont vos désirs inassouvis ? Quels sont vos projets ? Quels lieux voulez-vous visiter ? Vous étiez détruit… Pourtant, vous avez réussi à vous reconstruire. Vous êtes plus fort à présent, plus beau, plus majestueux. Regardez-vous dans le miroir. Vous méritez de vivre. Vous méritez d'être heureux. Le bonheur ne se trouve pas de l'autre côté d'une dimension dont les antipodes sont la tristesse. Nous pouvons être triste et heureux à la fois. Nous pouvons avoir un socle de bonheur bien installé et ressentir de la tristesse en voyant un enfant souffrir. Tout comme nous pouvons être tristes de la mort d'un être cher et vivre des moments de bonheur.

Faites-le, ne vous résignez pas à souffrir. Pensez à vous et à ce que vous méritez. Vous n'avez rien à expier, vous n'avez aucune dette à payer, vous devez vivre, un point c'est tout et profiter de cette chance que vous offre la vie.

Attention aux comportements de compensation

Lorsque nous devons nous reconstruire suite à la mort d'une personne qui nous est chère, nous nous trouvons dans une situation d'une grande vulnérabilité. La mort nous a arraché un morceau de notre âme, un vide béant pour viatique. Je vous propose de le remplir avec de l'or, de suivre l'art antique des maîtres kintsukuroi, au lieu de remplir ce trou avec des comportements de compensation toxiques comme le font certaines personnes.

Il y a des gens qui essaient de combler ce vide avec de l'alcool ou de la drogue, d'autres avec des comportements téméraires qui défient la mort, comme une sorte de suicide accidentel, que ce soit en faisant une course de voitures ou en réalisant des activités risquées. Il y a ceux qui s'abandonnent à la mort dans un cri de désespoir, qui l'invoquent afin qu'elle mette fin à leur souffrance. Il y a ceux qui châtient autrui, qui torturent des animaux ou qui se torturent eux-mêmes. Ces stratégies peuvent donner le sentiment de compenser cette douleur, pourtant, croyez-moi, elles ne vous serviront à rien. Lorsque l'on perd un enfant, l'amour de sa vie ou même un animal de compagnie cher, on perd la tête momentanément.

Si vous vous trouvez aux côtés de quelqu'un qui subit un deuil et qui adopte des comportements compensatoires toxiques, je vous encourage à essayer de l'aider avec douceur et de lui montrer que ce genre de comportements est toxique. Essayez de lui apporter la perspective qu'il a perdue. Vous pouvez être un phare dans la tempête la plus sombre. Vous n'avez pas besoin d'être psychologue, puisqu'il n'est pas question de connaissances, mais de sensibilité.

Laissez-vous pleurer

Il n'y a rien de superflu en nous, d'un point de vue biologique. La nature et l'évolution sont les meilleurs concepteurs qui soient. Des milliers d'années d'évolution ont permis de nous doter de tout ce dont nous avons besoin et de nous délester de tout ce qui est accessoire.

Non seulement, la tristesse et les pleurs ne sont pas néfastes, mais ils sont plutôt sains et nécessaires. Nous vivons dans une époque où l'on fait l'apologie du bonheur et où l'on diabolise et blâme la tristesse. La tristesse, tout comme la dépression, fait partie des émotions qui nous permettent de survivre. La tristesse et son expression ultime, les pleurs, ont une fonction adaptative. Cela nous permet de nous replier et de nous concentrer sur nous-mêmes afin de pouvoir penser et nous reconstruire. Les pleurs ont donc une double fonction très importante : d'un côté, ils nous permettent d'évacuer la tension émotionnelle accumulée par notre système nerveux et de se défaire de l'engourdissement affectif, et, d'un autre côté, ils avertissent nos proches que nous avons besoin d'aide.

Laissez-vous donc pleurer. Ne réprimez pas les pleurs. Pleurer va vous aider. Si votre corps le demande, pleurez. Pleurez tout votre soûl, car après avoir pleuré vous vous sentirez mieux. Pleurez sans culpabilité, sans gêne, à chaudes larmes, jusqu'à la dernière. Pleurez autant de fois qu'il vous sera utile, et lorsque vous aurez pleuré jusqu'à la dernière larme, séchez vos joues et reconnectez-vous à vous-même, paré pour la vie, conscient de votre force et capacité renouvelées.

Ne vous isolez pas

Lorsque vous souffrez, vous voulez qu'on vous laisse tranquille. Ce qui est compréhensible jusqu'à un certain point. On croit que la douleur se vit mieux dans la solitude mais c'est tout le contraire. Nous avons besoin de moments intimes, de réflexion apaisée et de silence. Pour autant, nous savons que les personnes qui côtoient un environnement social se remettent mieux et plus vite du deuil et de la mort d'un proche.

Trouvez l'équilibre entre la solitude et la compagnie. Connectez-vous avec les bonnes personnes qui vous entourent. Acceptez leur aide. Participez à un repas de famille ou à une soirée entre amis ; cela vous sera agréable. Laissez-vous dorloter par les personnes qui vous aiment et surtout ne vous isolez pas. Vous n'avez pas besoin d'un grand environnement social. Dans ce genre de cas, « moins et bon » vaut mieux que « beaucoup et mauvais ». Laissez-vous câliner, laissez-vous aimer, acceptez les actes de tendresse et de soutien. Décrochez le téléphone, ouvrez cette lettre, appelez vos êtres chers et vos amis. La peine est un fardeau très lourd qui se traîne plus aisément lorsqu'elle est partagée.

Gérez le flash-back

Il est possible que la mort d'un être cher provoque un stress post-traumatique. Si c'est le cas, les souvenirs vous assailliront sans prévenir, sans demander votre avis, de jour sous forme de flash-back ou de nuit sous forme de cauchemars. Lorsque le désarroi prend le contrôle de votre vie et que l'anxiété en devient la complice, il faut passer à l'action, étant donné qu'il n'y a pas que la tristesse qui vous torture, l'anxiété a décidé, elle aussi, de prendre le train en marche.

Incorporez des règles d'hygiène à votre quotidien. Votre système nerveux est excité, incontrôlable, stressé. Passez à l'action, proposez un havre de paix à votre corps et à votre esprit. Arrêtez de consommer de la caféine ou des stimulants, baissez votre niveau d'activité, pratiquez un sport, prenez un bain chaud, dormez, reposez-vous, marchez et méditez. En définitive, détendez-vous par l'action et par la passivité.

Un flash-back est une image extraordinairement réelle et vivace de l'événement, l'image concrète d'un moment de charge émotionnelle négative élevée. Ce genre d'images s'incruste sans crier gare à n'importe quel moment de votre vie.

Lorsque cela arrive, invitez-la à partir. Prenez le contrôle et ne la laissez pas être le détonateur d'un torrent de souvenirs tristes et douloureux. Distrayez-vous activement et cherchez votre image de souvenir, cette scène que vous avez décidé d'associer à la personne aimée. Allez la chercher dans votre esprit, dans vos souvenirs. Changez l'écran que vous avez devant les yeux, tout comme nous le faisons avec le téléphone. Faites glisser le doigt sur l'écran et changez la douleur par la beauté d'un souvenir.

Ne vous abandonnez pas

Le processus de deuil est une réaction complexe et souvent mal gérée. La douleur de la perte est si intense que la pensée et la vie de certaines personnes se tournent entièrement autour de la disparition d'un être cher. Cette focalisation fait que, peu à peu, l'on perd tous les différents intérêts d'avant le décès, dont l'intérêt de nous-mêmes, de la vie, de prendre soin de nous et de vivre. Chaque jour se ressemble, chaque heure est creuse, et cette attitude d'abandon finit par déboucher sur des complications dans la gestion du traumatisme.

Quand on s'abandonne, on se fiche de ce qu'on mange, et même on se fiche de manger ou pas. Nous nous abandonnons lorsque nous marchons dans la rue sans nous soucier par où nous passons, quel chemin nous avons emprunté et quelles personnes nous avons croisées. L'abandon devient visible quand nous ne prenons plus soin de notre hygiène personnelle, de notre image et de notre façon de nous habiller. Les personnes qui s'abandonnent vous parlent avec le regard perdu ; on dirait qu'elles vous écoutent, et même qu'elles acquiescent, mais, en réalité, vous pouvez voir comme leur esprit se trouve à des millions de kilomètres de vous.

S'abandonner n'est ni facile ni difficile, ce n'est pas être lâche, ni même être faible. S'abandonner, c'est parfois la conséquence d'une douleur insupportable, le seul choix possible face à un monde qui s'effondre ou l'unique option qui nous reste.

Quoi qu'il advienne, Chère lectrice, Cher lecteur, ne vous abandonnez pas, et ne laissez pas un ami ou une personne qui vous est chère s'abandonner après la mort d'un être cher. Lorsque nous nous abandonnons, une chute libre vers le vide nous aspire. Quand nous nous abandonnons, nous condamnons notre vie, nous finissons par mourir ou par vivre comme des âmes en peine. Si vous voyez quelqu'un qui s'abandonne, tendez-lui la main. La réponse a du bon en général, étant donné que dans de nombreux cas, cet abandon provient d'un manque de choix. Peu importe si cette personne a des choix à faire ; ce qui importe, c'est que cette personne qui s'abandonne croit qu'elle en a ou pas. Quoi qu'il en soit, tendez-lui la main car dans cette chute, dans ce vide, lorsqu'une main, une lueur, un sourire apparaît, c'est comme si soudain la personne qui souffre retrouvait la perspective et se reconnectait à la vie.

Compensez votre souffrance

Quand l'âme se brise, lorsque meurt un être cher, nous pouvons être sûrs d'une chose : la douleur ne va pas nous lâcher de sitôt. Se remettre de la mort d'un enfant est compliqué, et il sera pratiquement impossible d'éviter la douleur au cours de la vie. À chaque fois que vous visiterez un nouveau lieu, lorsque vous verrez dans la rue son vélo préféré ou lorsque vous verrez des parents et des enfants jouer dans la joie, la tristesse s'emparera de vous. Dans ces moments-là, votre cicatrice vous fera mal, vous attristera quand vous la regarderez et c'est en cet instant qu'il vous faudra voir une cicatrice embellie.

La douleur de la perte d'un être aimé nous accompagnera tout au long de notre vie, avec une intensité moindre ou accrue. Lorsque la date de son décès approche, nous avons encore plus mal ; lorsque nous nous distrayons, un peu moins. Même si elles ne sont pas omniprésentes, les occasions de penser à la personne perdue sont si nombreuses qu'il devient très compliqué de croire que nous ne continuerons pas de souffrir tout au long de notre vie. Nous devons nous y préparer, l'anticiper et le gérer. La meilleure stratégie est sans aucun doute la compensation de la souffrance, mais elle doit être saine, équilibrée et douce. La souffrance se compense avec la vie, en vivant, en profitant des émotions positives et des sensations agréables. Notre balance se doit d'être toujours équilibrée. Notre corps peut tolérer sans problème un petit déséquilibre, une perte momentanée de notre équilibre ou même une douleur aiguë, mais il ne peut pas réparer de grands et d'intenses déséquilibres qui se prolongent dans le temps.

Intégrez un plan de compensation à votre quotidien. Élaborez une liste d'actions, de pensées ou de souvenirs qui provoque en vous une émotion positive qui vous permet de compenser la souffrance. Cela peut être une promenade, un souvenir, l'écriture d'une lettre ou une pensée. Vous pouvez compenser votre souffrance par un voyage, par une bonne lecture ou par une discussion entre amis. Compensez la douleur avec un analgésique émotionnel qui vous permet d'atténuer la douleur et de vous distraire.

Reconstruisez activement votre équilibre émotionnel. Luttez en vue de rétablir cette homéostasie nécessaire pour continuer à vivre, pour continuer à prendre soin de vous et pour continuer à être connecté. Compensez la douleur activement, libre de toute culpabilité et de honte car cela est tout sauf une attitude frivole.

Notre vie est régie par le processus de besoin et de compensation. La motivation est le moteur de la vie et elle provient toujours d'un déséquilibre qui doit être compensé. Lorsque nous avons faim, nous devons compenser cette sensation, ce besoin. Lorsque nous avons soif, un mécanisme de compensation s'active et consiste à boire. Et donc, de la même façon, nous compensons le sommeil, la douleur ou n'importe lequel de nos besoins.

Les besoins

Les besoins jouent un rôle adaptatif. Notre corps communique avec nous au travers des besoins. Le besoin de manger, de boire ou de dormir nous maintient en vie. Le besoin d'affection, de réussite ou de reconnaissance nous permet d'atteindre des objectifs importants pour nous et pour nos proches.

Le mécanisme homéostatique se régit par le besoin. Face à un déséquilibre, le corps ou l'esprit lance un signal sous forme de besoin, nous pouvons donc affirmer que le besoin a une fonction adaptative claire. En général, nous croyons que les besoins sont mauvais. Pourtant, ils ne sont pas seulement bons, mais nous en avons également besoin, permettez-moi la redondance.

Il se trouve que, la plupart du temps, nous ne savons pas interpréter le message que nous envoie notre corps et nous répondons à ce décalage avec des besoins qui ne vont pas dans le sens des demandes qu'il nous envoie. Ainsi, le besoin d'avoir une aventure extraconjugale n'est autre que le besoin de prendre le temps d'analyser notre vie de couple et de faire face à une reconsidération. Le besoin d'acheter des choses peut indiquer que nous avons besoin de reconsidérer notre style de vie. Le besoin de manger compulsivement peut nous indiquer un niveau d'anxiété très élevé et que nous devons reconsidérer nos priorités. Le besoin de reconnaissance ou de protection nous envoie un message clair sur notre estime de soi.

D'un autre côté, il est également vrai qu'il existe une grande et complexe industrie du besoin qui base son activité sur la création superficielle de besoins avec le but de vendre des produits. Ce n'est pas une affirmation conspirationniste, mais la pure réalité. Il suffit de regarder un peu la télévision pour constater qu'il existe des tas de produits créés pour combler certains manques qu'en réalité nous n'avons pas. Ainsi, une nouvelle voiture vous donnera cette confiance dont vous avez besoin, un sac très cher marquera votre statut et votre pouvoir, et des vacances au paradis feront que vous impressionnerez vos collègues de bureau.

Cher lecteur, ne niez pas vos besoins, ne les évitez pas. Essayez d'y pourvoir et de les comprendre. Analysez-les et découvrez le message que vous envoie votre corps, et n'hésitez pas à subvenir à vos besoins de la meilleure façon.

Le besoin, comme la douleur, est bon et adaptatif. La douleur nous empêche de poursuivre une action qui nous nuit, d'aller chez le médecin et d'éviter ainsi des complications postérieures. Quelque chose de semblable se produit avec les besoins, peu importe leur nature, mais souvent nous ne savons pas comment les comprendre, les gérer et les satisfaire. Il y a des gens qui prétendent les éliminer de leur vie, pourtant loin d'être une alternative pertinente, cela n'est rien d'autre qu'une incohérence vitale qui se cache derrière des justifications bizarres.

Nous avons besoin d'amour, nous avons besoin de confort, nous avons besoin de nourriture, tout comme nous avons besoin de reconnaissance. Le problème, ce ne sont pas nos besoins, mais plutôt comment les comprendre et les gérer.

Par où je commence ?

• Commencez pas pleurer et par laisser votre tristesse s'exprimer.

• Acceptez que votre vie change et adaptez-la peu à peu à votre nouvelle situation.

• Ne donnez pas plus d'importance à la mort qu'à la vie.

• Apportez une solution constructive à votre douleur.

• Gérez vos souvenirs.

• Faites ce que vous avez toujours voulu faire.

• Prenez soin de vous, ne vous abandonnez pas.

• Compensez votre souffrance, ressourcez-vous. Tout comme dans une course de fond, vous devez vous hydrater et vous alimenter. Vous devez vous ressourcer.

Comment j'y parviens ?

Lorsqu'un être cher décède, la tristesse s'empare de nous et relègue au second plan le reste du monde, nos besoins et nous-mêmes. Pourtant, nous ne pouvons pas nous oublier nous-mêmes. Si nous adoptons les règles d'hygiène suivantes, nous pourrons mieux gérer la mort d'un être aimé :

• Dormez car le corps et le cerveau se ressourcent lors du sommeil. Dormez selon vos besoins. Faites une sieste si vous en avez besoin.

• Mangez. N'arrêtez pas de manger, et lorsque vous mangez, faites-le bien. Si vous vous retrouvez seul, n'arrêtez pas de cuisiner. Mangez de façon équilibrée, nourrissez-vous de fruits et légumes, éliminez les aliments et habitudes toxiques. Mangez de façon équilibrée, sans chercher dans la nourriture une solution, sans voir la nourriture comme un remède ou comme une gêne.

• Distrayez-vous. Vous ne pouvez pas cogiter de façon obsessionnelle sur la mort. Cherchez activement des distractions. Que vous pensiez beaucoup à l'absence de l'être aimé ne signifie pas que vous l'aimiez plus ou qu'il vous manque plus. Rendez visite à vos amis et à votre famille, allez au théâtre, allez marcher, lisez, voyagez. Faites ce que vous voulez, mais distrayez-vous car cela vous permettra de recharger vos réserves d'énergie dont vous avez besoin pour affronter le dur processus du deuil.

• L'activité physique est le signe d'un bon état d'esprit car elle libère de l'endorphine, elle nous distrait et nous permet de nous connecter avec le milieu naturel. Faites une activité physique (marchez, courez, pédalez, nagez), mais à chaque fois que cela vous est possible, faites-le dans un environnement naturel, agréable et inspirant. Faites-le seul ou accompagné, mais n'arrêtez pas de bouger.

• Parler est bon pour le cœur car cela allège le poids qu'il supporte et donne une forme à la tristesse qui nous envahit. Ne gardez pas en vous ce qui vous tourmente. Parlez, partagez avec autrui, et en partageant vous verrez comme cela prend une forme plus douce et élaborée. Vous verrez comment la douleur s'atténue et devient plus supportable.

Reconstruire l'amour

Cœurs brisés

Le cas de María

Elle ne pouvait pas imaginer que son amour se briserait en mille morceaux. Elle l'a découvert par hasard, comme cela se produit en général. Elle avait des invités à la maison. Elle est allée aux toilettes, mais c'était occupé. Elle est montée aux toilettes de l'étage, et là, elle a entendu son mari qui parlait au téléphone. Elle n'arrivait pas à le croire. Elle ne voulait pas le croire.

Elle est entrée dans la chambre d'à côté et l'a surpris. Il s'est mis en colère, stratagème propre au menteur qui essaie de changer de sujet et de gagner du temps. Elle lui a pris le portable des mains pour voir à qui il parlait, elle a vu les messages et les photos.

Son cœur s'est brisé en mille morceaux. Son mari lui a jeté leur relation de dix ans à la figure. La déception se mélangeait à la tristesse, la rage et la culpabilité. La culpabilité que ressent celui ou celle qui a été victime d'une maltraitance émotionnelle.

Le cas de Jesús

Son amour s'est échoué, le premier amour, le plus beau et intense. Il savait que le premier amour est le meilleur, celui où il y a tout à découvrir. Il savait qu'il s'en remettait sans réserve à quelqu'un qui avait plus d'expérience sur le sujet de l'amour. Il le savait et il s'est donné sans condition. Mais d'après vous, est-il possible de l'exiger lors du premier amour ? Il s'est donné et s'est mis à nu sans garde-corps. Il s'est donné corps et âme à quelqu'un qui lui avait juré un amour éternel.

Il savait que le premier amour est le plus beau, mais aussi celui qui fait le plus mal quand il prend fin. Et il a pris fin. Et avec lui se sont brisés également son âme, sa vie, ses rêves et sa poésie. Il le savait et malgré tout cela, il n'a pas pu l'éviter. « Je ne souffrirai plus jamais à cause de l'amour », s'est-il juré, alors qu'il recollait les morceaux de son cœur en pièces.

Le cas d'Isaac

Il la regardait depuis la table. Il a décidé de boire un verre de plus. « Comment ai-je pu tomber amoureux de quelqu'un comme ça ? Que nous est-il arrivé ? Nous croquions la vie à pleines dents, nous nous nourrissions de baisers et, aujourd'hui, je ne peux pas la regarder sans ressentir de la peine et de la colère. Étions-nous le couple parfait ? » Le vin embrouillait ses souvenirs. « Nous n'aurions peut-être jamais dû nous marier. » En réalité, il ne savait pas s'ils avaient partagé quelque chose, un jour. Apparemment oui, pourtant le temps qui passe n'avait cessé de leur démontrer que cette nuit de la Saint-Jean à Minorque les marquerait à vie, mais dans le mauvais sens du terme.

« Mais comment ai-je pu me marier avec quelqu'un que j'ai connu dans une fête, bourré ? » Maintenant, tout semblait clair... ou si confus. L'amour est capricieux. Il avait voulu l'aimer...

Ils manquaient de force. Ils avaient trop d'enfants. Il avait besoin d'un coup de fouet. Il s'est servi un autre verre. Il était de plus en plus saoul. Il s'est levé avec la nausée. Il voyait devant ses yeux la photo des enfants au-dessus de la cheminée. « Je lui en parlerai peut-être demain ». « Je vais dormir chérie », dit-il à sa femme, et il a traîné son corps et sa dignité en a pris un sacré coup.

Le cas de Natalia

Elle voulait qu'il l'aime. Elle le désirait tellement. Elle se fichait pas mal de ce qu'il lui demandait. Elle confondait l'amour avec la soumission. Elle voulait se sentir aimée. Il a vu qu'elle voulait de l'amour et il l'a laissée l'acheter. Elle l'a achetée volontiers. Elle a cédé à ses moindres caprices.

Rien n'est plus cher que la solitude. Elle se plaisait à le satisfaire, et le satisfaire était facile, son compte courant bien garni avait réponse à tout. Leur histoire avait le vent en poupe. Leur relation était fantastique, apparemment... Jusqu'au jour où, après avoir passé quelques jours chez des amis, elle s'est rendu compte de ce qu'était l'amour véritable, l'amour dont on a besoin pour créer une famille, pour élever des enfants, pour surmonter les épreuves de la vie et pour vieillir ensemble main dans la main.

Cette nuit-là, elle n'a pas pu dormir. Cette nuit-là, elle s'est rendu compte qu'elle ne pouvait pas acheter l'amour. D'ailleurs, pourquoi devrait-elle l'acheter ? Ne serait-elle pas capable de le trouver un jour ? Cette nuit-là, elle a compris que c'était mieux d'être apparemment seule, plutôt qu'apparemment bien accompagnée.

Cette nuit-là, elle a fondu en larmes, elle a déchiré sa photo et a mis un terme à leur relation. Ce qui lui faisait le plus mal, c'était de ne pas avoir été capable de le faire avant. Natalia a ramassé les morceaux de sa honte qui jonchaient ses rêves et elle s'est endormie en sanglots, épuisée par tant de souffrance.

Prenez du recul

Et vous ? Êtes-vous sûr que ce que vous avez découvert est une mauvaise nouvelle ? L'amour qui prend fin, c'est une mauvaise passe, une déception, une douleur terrible… Pourtant, vous serez d'accord avec moi que, si vous regardez cela sous un certain angle, il n'y a pas de raison pour que ce soit une mauvaise nouvelle. En premier lieu parce que quand l'amour prend fin, par infidélité, par lassitude ou parce qu'il n'avait jamais existé, c'est peut-être que cette situation que vous pressentiez est devenue évidente. D'ailleurs, dans de nombreux cas semblables à ceux que j'ai décrits, la personne trompée, la personne lassée ou la personne au cœur brisé craignait quelque chose, s'attendait à quelque chose. Il se trouve que, souvent, nous nous fourvoyons consciemment car, dans le cas contraire, nous devrions accepter et assumer des conséquences douloureuses et désagréables. Après quasiment vingt ans à travailler et à voir des problèmes de couple, je peux affirmer que, lorsqu'une relation prend fin, ce qui est le plus douloureux, c'est de vous être fourvoyé vous-même, en rejetant la réalité que vous perceviez.

Bon, votre conjoint vous a quitté, vous a trompé, a été infidèle ou vous a ignoré, ce qui est dur à vivre, j'entends bien. Pourtant, si vous regardez cela d'un côté positif, vous avez dès lors la preuve que vous avez besoin d'un changement dans votre vie. En général, nous attendons que la douleur soit insupportable et que la souffrance soit profonde pour changer. Il est possible que pendant longtemps, vous avez vu que votre relation ne fonctionnait pas et que vous étiez incapable de faire quoi que ce soit pour la remettre sur pied. Mais le moment est enfin venu !

À présent, cela vous semble logique. La fin s'est accélérée. Le dénouement a frappé à votre porte. Je comprends votre douleur et votre surprise ; pourtant, je me dois de vous dire que pratiquement 100 % des gens que j'ai aidés à surmonter une infidélité ou une rupture amoureuse ont été, par la suite, beaucoup plus heureux dans leur vie.

Mettre fin à une relation n'a aucune raison d'être un mauvais changement ; mieux encore, c'est un changement de nature incertaine. Nous ne pouvons pas dire que c'est un changement pour le pire car nous ignorons ce que nous réserve l'avenir. Il est vrai qu'au début, tout s'assombrit. Les émotions s'emparent de la raison.

Se remettre d'une rupture n'est pas facile, et c'est encore plus dur s'il s'agit d'une séparation. Il faut chercher un nouveau logement, partager les biens, gérer les enfants, s'il y en a, et une longue liste de problèmes et de négociations que nous n'aurions jamais imaginés s'allonge jour après jour. Quoi qu'il en soit, ce ne sont pas les conséquences négatives d'une séparation, mais des conséquences désagréables. Ne vous trompez pas. Ne confondez pas quelque chose d'inconfortable avec quelque chose de négatif. Je vous répète que pratiquement 100 % des personnes que j'ai aidées à surmonter une séparation, après un début désagréable et une réorganisation nécessaire, se sont remis à jouir de la vie de façon intense, ce qu'ils n'arrivaient plus à faire depuis des années.

D'un autre côté, nous ne pouvons pas dire non plus qu'une séparation va être un changement pour le meilleur car si nous ne faisons rien, il ne se passera rien. Le hasard vous sourira peut-être, pourtant je vous encourage à provoquer la chance. Vous n'avez aucune idée de la façon dont va se dérouler votre avenir, pourtant ce dont vous devez être conscient, c'est qu'il ne tient qu'à vous de prendre un tournant positif dans votre vie. Dans les différents cas que j'ai expliqués dans l'introduction, aussi réels que fréquents, après quelques mois chaotiques, les différents protagonistes jouissaient de la vie intensément, en se demandant comment il était possible qu'ils ne se soient pas rendu compte que la personne avec laquelle ils partageaient leur vie ne les aimait pas le moins du monde.

De la même façon, je vous dirai que, pratiquement dans tous les cas, je dois travailler très dur pour que mes patients puissent réapprendre à aimer et ne pas renoncer à quelque chose d'aussi important que de partager la vie de quelqu'un. Mais je vais trop vite en besogne ; j'ai tellement envie de vous expliquer comment vous pouvez surmonter une déception amoureuse… Allez ! Nous allons penser différemment.

Mon conseil

Il est toujours mieux de mettre un terme à une histoire que d'essayer de la prolonger à tout prix. Lors des premiers signes qui indiquent que le couple bat de l'aile, évaluez s'il peut durer ou non. S'il existe la moindre possibilité de continuer cette aventure, allez-y ; mais avec une date butoir. Par contre, si la relation est caduque, tirez un trait sur cette histoire au plus vite.

« Comment puis-je être sûr que mon conjoint m'aime encore ? Comment en avoir la preuve ? » Souvent, l'un des membres du couple ressent de la méfiance et de la peur. Peut-être que cette peur est justifiée par un changement d'attitude du conjoint… Mais, quoi qu'il en soit, lorsque la peur se fait sentir, la méfiance s'accapare de notre esprit et notre âme, nous tourmente et nous prive de la capacité de profiter de la relation de couple.

« Je partage de moins en moins de choses avec mon mari », « Puis-je retrouver ma femme ? », « Pouvons-nous ressentir à nouveau de la passion dans notre couple ? », « Comment puis-je aimer mon conjoint à nouveau ? », « Pourrons-nous surmonter une infidélité ? », « De longues années durant nous nous sommes centrés sur les enfants et le travail, et nous nous sommes négligés. Est-il possible de rattraper le temps ? » Des couples au parcours de dix à vingt ans m'ont souvent posé ces questions. Lors de cette période, les deux membres du couple ont vécu en parallèle, ensemble mais déconnectés. Ils ressemblaient souvent plus à des colocataires qu'à un couple qui un jour s'était consumé de passion et se prêtait un avenir plein de projets.

Comment en sont-ils arrivés là ? Un jour, vous annulez un repas avec votre conjoint pour le travail. Un autre jour, vous n'arrivez pas à passer du temps ensemble car l'un des enfants est malade. Un autre jour encore, vous êtes trop fatigué pour avoir un moment intime… Vous devez vous lever tôt pour le travail et vous êtes de mauvaise humeur… Les vacances arrivent et vous avez besoin de vous déconnecter de tout et d'avoir du temps pour vous… C'est déjà Noël et vous n'avez pas envie d'aller chez les beaux-parents car vous préférez faire une petite escapade, ce qui entraîne une dispute.

Nous sommes à nouveau en vacances mais nous n'avons pu prendre qu'une semaine ensemble à cause du travail. Nous ne nous sommes pas rendu compte mais des années, des lustres, une décennie sont passés. Et soudain, les enfants sont majeurs et je ne me reconnais plus, je ne reconnais pas non plus la personne qui vit avec moi. Et alors, les doutes surviennent le jour, la crise, la peur, les décisions impulsives, les disputes, le désenchantement…

Donnez-vous une chance de vous reconnaître

Pendant toute cette période, j'ai changé et mon conjoint aussi. Nous sommes deux inconnus, ce qui est un problème et en même temps une chance. C'est un problème car je ne peux pas continuer de faire la même chose qu'il y a cinq, dix, quinze ou vingt ans. Mais c'est aussi une magnifique opportunité pour nous retrouver. Pour parler à nouveau. Pour explorer nos corps à nouveau, nos âmes, nos peurs et nos désirs. Pour parler du futur. Pour terminer une étape et en commencer une autre.

J'ai vu de nombreux couples décider de rompre leur relation sans se donner la chance de se retrouver. Des couples qui avaient seulement besoin de reconstruire un pont de communication entre eux. Des couples qui avaient seulement besoin de passer du temps ensemble, dans la solitude, à flirter, à parler, à rêver.

La légende du fil rouge

Une ancienne légende japonaise raconte que les âmes destinées à s'unir sur la Terre sont attachées à un fil rouge invisible pour qu'elles ne s'égarent pas. Dès lors qu'elles se sont rencontrées, le fil rouge peut se tendre, s'étirer ou se contracter, mais jamais il ne casse.

Il arrive qu'un couple idéal, un couple avec un taux de connexion très élevé, un couple qui peut être heureux tende son fil pour différentes raisons. Parfois, à cause d'une maladie, du stress, de la pression familiale, des enfants ou de scénarios infinis qui nous imposent des défis et problèmes. Ces couples, ceux qui sont vraiment unis pas le fil rouge, devraient consacrer du temps à reconstruire leur relation avant de décider de l'abandonner.

« Pourquoi l'amour est-il parti ? » À chaque fois que l'on me pose cette question, je réponds par une question : « Sur quoi avez-vous basé votre relation de couple ? Sur le corps ? Sur l'attirance physique ? Sur la passion ardente ? Sur le divertissement ? Est-ce qu'un jour il y a réellement eu de l'amour dans la relation ? » La vie nous impose différents scénarios en tant que personnes et en tant que couples, lesquels peuvent créer des tensions et de la distance dans le couple.

Et soudain votre vie est devenue compliquée

J'ai rencontré des gens qui n'ont pas su gérer une expérience ou un problème, ce qui a fini par affecter la relation du couple. Nous pouvons vivre des événements cruciaux qui provoquent une sorte de distorsion de notre état d'esprit, de pensée et de comportement, à l'impact émotionnel élevé. Cela peut même provoquer des changements dans notre personnalité. Il s'agit, en général, de situations telles qu'un licenciement, une grossesse, le diagnostic d'une maladie, un accident, un déménagement…

La moindre situation qui génère du stress, de l'anxiété ou de l'incertitude, peu importe sa nature, a des effets négatifs individuellement et sur notre couple. Lorsque le stress apparaît, nous devenons plus irritables, plus intolérants et moins compréhensifs. Nous communiquons moins et le contenu de la communication est souvent plus négatif et plein de reproches. Nous perdons l'étincelle et, en même temps, tout ce qui nous rend plaisants et intéressants. De surcroît, ce changement survient de façon insidieuse, lentement, sans que nous nous en rendions compte. Soudain, nous n'avons plus rien à voir avec la personne que nous étions. Notre conjoint ne nous comprend plus, ou bien alors notre conjoint a essayé d'être tolérant et compréhensif mais sa patience a des limites. Selon notre façon de gérer ces situations traumatisantes, elles auront un impact distinct sur nos relations de couple. Cependant, le premier pas est toujours le même. Le point de départ consiste à vous rendre compte de l'état émotionnel dans lequel vous vous trouvez, ce qui n'est pas toujours simple.

Cette situation peut parfois durer. Se retrouver peut être une aventure très stimulante, intéressante et amusante. Ne prenez pas de décision lorsque vous êtes à bout de souffle. Vous ne pouvez pas mettre un terme à une relation sans analyser ce qui s'est passé. Si vous consacrez du temps à l'analyse de votre couple dans son contexte, comme vous avez réussi à le faire jusqu'ici, sur le pourquoi du comment d'une séparation éventuelle et les possibilités réelles de victoire dans la continuation du couple, vous serez en condition de prendre une décision pertinente, qu'il s'agisse de rester ensemble ou de rompre. Pour prendre une décision pertinente, je vous propose de mettre la main à la pâte.

Commencez par analyser votre situation, cherchez des solutions et envisagez les conséquences à court, moyen et long terme pour chacune des choix. Fixez-vous alors des priorités et décidez quel est le meilleur choix.

Mais commençons par le commencement, par réapprendre à aimer. Au fil de ma pratique clinique, j'ai pu observer que de nombreuses personnes qui se séparent de leur conjoint toxique et nuisible en ont gardé une trace profonde, alors que c'est une chance. Dans de nombreux cas, le rôle de cette trace a été négatif et a influé sur le cours des relations de couple. La culpabilité et la honte ont noirci le tableau de ce qui en réalité a été une libération.

La plupart des séparations de couple ont lieu parce qu'un faux positif s'est immiscé dans la relation ; lorsque nous croyons que quelqu'un est à sa place, alors que ce n'est pas le cas, nous faisons face à un faux positif. Si nous commençons une relation de couple avec un faux positif, comme dans le cas qui nous préoccupe, notre histoire se transformera vite en une expérience frustrante, négative, douloureuse et conditionnera les autres relations à venir.

J'ai connu des gens qui ont décidé de ne pas se remettre en couple, de ne plus refaire confiance à personne. En général, ce type de décisions est motivé par la souffrance et la douleur. Face à une expérience intense, des mécanismes de défense précis se mettent en place et élèvent un rempart pour protéger notre cœur.

J'ai connu des gens qui, après une ou plusieurs relations tempétueuses, ont décidé d'avoir une attitude soumise et passive face à leur nouveau conjoint. Apparemment, cette attitude leur confère tranquillité et stabilité, mais seulement en apparence et à court terme. À moyen et à long terme, la passivité se transforme en frustration et en agressivité implosive ou explosive.

Il y a des gens qui adoptent une attitude résignée face à une nouvelle relation à la suite des expériences précédentes. La résignation efface la volonté et peut avoir, par ailleurs, l'effet inverse de celui recherché car l'autre moitié du couple peut se lasser de porter le poids de la relation. De plus, à moyen terme, cela évolue sous forme de reproches ou de déconnexion par saturation. Dans le pire des cas, la résignation survient au moment du choix du conjoint, ce qui fait qu'aucun critère ne s'applique et l'on finit par accepter le premier candidat venu, qu'il soit le bon ou pas.

J'ai vu des gens qui pensaient devoir adopter un rôle dominant par rapport à leurs expériences précédentes. Ce type de conduite, là encore, est hautement toxique et provoque de la souffrance à moyen et à long terme. La domination efface complètement la personne soumise et crée de la dépendance et de l'anxiété.

Il y a également des gens qui croient qu'aimer, c'est manipuler, être cruel ou appliquer un châtiment. Ces personnes ont sans doute des besoins qu'elles ne peuvent satisfaire qu'au travers d'une relation de couple toxique.

Quel que soit le cas, afin de pouvoir jouir d'une vie de couple épanouie et satisfaisante, il est recommandé de réapprendre à aimer. Nous en sommes peut-être arrivés là à cause d'expériences précédentes négatives ou de conclusions tirées d'expériences négatives qui sont partiales, décontextualisées et généralisées mais, aujourd'hui, le temps est venu de réapprendre à aimer et, dans la foulée, de réapprendre à s'aimer soi-même.

Mon conseil

Face à une expérience émotionnelle intense et de valence négative, notre processus cognitif (sous-entendu, la pensée) est affecté, de sorte qu'il perd la faculté d'analyse et réduit sa capacité de penser avec clarté, de façon contextualisée et en tirant des conclusions valides et fiables. Dans de nombreux cas, j'oserais même dire que l'origine de ces problèmes de couple se trouve dans les conclusions tirées de nos premières expériences liées à l'amour et au couple.

Passez à l'action

Le temps est venu de passer à l'action, de commencer à travailler sur nous-mêmes, sur notre cœur et sur notre conception de l'amour. Bien sûr, bien évidemment, on vous a brisé le cœur. Soit, n'en restez pas là, recollez les morceaux ; c'est ça, ceux que vous gardez dans le tiroir le plus obscur de votre passé. Recollez-les, afin que nous puissions nous mettre au travail. Nous devons reconstruire votre cœur afin qu'il puisse se remettre à battre la chamade, à s'émouvoir d'un baiser, à frissonner d'une caresse, à se réjouir de l'amour.

Passez en revue vos expériences précédentes

Nous allons regarder le passé depuis le présent. Vous pouvez aujourd'hui profiter de la perspective que vous offrent le temps et le recul nécessaires. Si cela vous convient, nous en ferons usage pour mieux analyser l'événement qui vous pose problème. Permettez-moi de partager avec vous un exemple qui illustre une situation assez inhabituelle.

Je me souviens d'une patiente qui a vécu une mauvaise première expérience de couple. Il ne s'est rien produit d'exceptionnel, mis à part qu'elle a vécu une déception amoureuse dès le début de la relation. Elle en a donc tiré la conclusion que cela lui avait fait du mal et elle s'est réfugiée sous une carapace dans laquelle personne ne pouvait pénétrer. Sans le savoir, sans en être consciente, cette carapace a été la responsable de l'échec des quatre relations suivantes. Le bout du tunnel était toujours le même. Elle n'arrivait pas à se détendre et à se laisser aller ; elle butait contre son propre épanouissement ; elle était toujours tendue et sur la défensive. Les couples n'arrivaient jamais à devenir intimes, les doutes prenaient le dessus et ils finissaient par abandonner. Travailler avec elle a été complexe et difficile. D'ailleurs, jusqu'à ce qu'elle prenne un peu de recul, elle n'a pas pu se rendre compte que c'était elle-même qui provoquait la fin de ses relations.

Je vous propose de choisir une relation qui a pris fin contre votre gré. Prenez maintenant un peu de recul et analysez ce qui s'est produit. Ne vous inquiétez pas, je vous accompagnerai et vous guiderai pendant tout le processus. Il est certain qu'avec le recul, vous verrez qu'il y a des aspects de cette relation précédente qui n'étaient pas bons et d'autres qui l'étaient. Il s'agit d'analyser, libre de tout préjugé, ce qui s'est produit et d'en tirer les conclusions les plus pertinentes. Quand nous souffrons, nous souhaitons nous débarrasser au plus vite de la tension que nous ressentons, ce qui fait que nous nous précipitons dans une fuite en avant qui entraîne un coût émotionnel élevé.

Je me souviens du cas d'un patient avec lequel nous avons passé des heures et des heures entières à parler d'une relation difficile. La personne avec laquelle il vivait était avec lui par intérêt et pas par amour. Lui, fou amoureux, s'cst rendu à mon cabinet pour un trouble anxieux. Après le diagnostic, j'ai pu constater que l'anxiété était réactive et que son origine était la conjointe. Enfin, elle ne provenait pas exactement de la conjointe, mais de ses contradictions dues aux données dissonantes entre sa perception et la réalité. Ce qui veut dire que la réalité qui émanait de sa perception et ses sentiments étaient en conflit. Il voyait continuellement des choses qui ne lui plaisaient pas, qui juraient avec ce qui aurait dû être ou qui étaient même contradictoires avec ce que devait être une attitude amoureuse du côté de sa conjointe. Il le voyait, et pourtant, il ne voulait pas l'accepter. Ses amis, sa famille et même les amis de sa conjointe l'avertissaient et essayaient de lui montrer la réalité.

Je l'ai aidé à analyser la situation, à chercher des preuves, à étudier les dissonances qu'il ressentait, à prêter attention à ses perceptions, et il a décidé d'arrêter le processus. Il a quitté le cabinet et je ne l'ai plus revu, il n'a plus franchi la porte pendant cinq ou six mois. Il avait enfin trouvé le courage nécessaire pour prêter attention à ses perceptions et quitter sa conjointe. Mais il y a eu un prix à payer. Quelques mois de relation lui ont coûté une addiction à l'alcool et à la marijuana qu'il utilisait comme anxiolytique, en plus d'une estime de soi détruite. Il s'était rendu compte qu'on l'avait manipulé et qu'il avait été incapable de le voir malgré les signes qu'il avait perçus. En réalité, la seule chose qui s'était produite, c'est qu'il avait essayé de forcer la réalité pour qu'elle réponde à ses désirs, se fourvoyant lui-même. Il a pris une décision et a tenté de tenir le cap malgré les éléments évidents qui lui démontraient l'inadéquation de ses convictions et de ses plans.

Lorsque nous nous sommes remis au travail ensemble, il avait gagné en perspective et avait pu analyser sa désillusion de façon appropriée, en tirer des conclusions pertinentes et les leçons de ses erreurs avec l'objectif de ne pas pénaliser ses relations à venir. Nous avons repris le processus, mais avec une condition : nous devions commencer par analyser le passé et ses conséquences afin de pouvoir terminer une étape et en commencer une autre, libre de préjugés et d'erreurs.

Analyses de situations de crise

Comment se sont passées vos expériences précédentes ? Pourquoi se sont-elles passées ainsi ? Le temps est venu de les analyser avec le recul. Analysez les raisons pour lesquelles elles se sont bien ou mal passées, et essayez d'en tirer quelques conclusions. Sans trop réfléchir (nous filtrerons cela plus tard), faites une liste d'arguments qui ont provoqué et ont influé le cours de votre relation.

Je vous invite à analyser chacune de vos relations. Vous pouvez même faire un tableau récapitulatif pour chaque conjoint. Je rencontre beaucoup de gens qui ont tendance à répéter les mêmes schémas dans les différentes relations qu'ils ont eues. Dans ce cas de figure, nous sélectionnons le même type de conjoint, avec les mêmes caractéristiques, en répétant les mêmes comportements, menant à des dénouements identiques.

L'analyse que vous effectuez doit être très détaillée, en plus de contenir les éléments suivants. S'il vous plaît, répondez-y avec perspective, avec recul, réduisant la répercussion, sincèrement, sans avoir peur des réponses.

La première question à laquelle vous devez répondre est : pour quelle raison la relation s'est-elle mal déroulée ? Il y en a sans doute plus qu'une. Il s'agit peut-être d'une accumulation de situations qui a fini par mettre fin à la relation. Essayez de les énumérer et de les analyser sans rancœur, sans douleur, comme quelqu'un qui visionne un vieux film, comme un spectateur.

Dès que vous avez analysé les raisons pour lesquelles la relation n'a pas marché, vous devez faire un deuxième pas. Lesquelles de ces raisons de la rupture ou de la mauvaise expérience sont-elles imputables au conjoint ? Essayez de penser à des choses concrètes et de les en soustraire : « Nous nous disputions toujours pour décider où nous passerions Noël, ce qui était l'évidence d'un comportement égoïste et peu respectueux. » Il y a des choses que nous considérons normales, bien qu'elles ne doivent pas l'être. Essayer de dominer la volonté de l'autre par la manipulation ou la contrainte n'est pas normal. Si nous prenons le dernier exemple, nous pouvons analyser des styles de communication qui montrent différentes attitudes face au conjoint. Nous sommes souvent manipulés, contraints afin d'accomplir les désirs et besoins de notre conjoint, comme l'exemple où passer Noël. En réalité, un comportement plus sain pourrait consister à mettre la question sur la table et d'en débattre. Débattre, et non se disputer.

Maintenant que nous avons évalué la responsabilité de l'autre personne, le moment est venu d'analyser quels sont les motifs détaillés dans la liste qui nous sont imputables. Peut-être n'en trouverez-vous aucun, pourtant je crois que cela vaut la peine de faire l'effort d'analyser ces faits. Vous ne devez pas vous punir ni vous fustiger ; pourtant, vous ne devez pas non plus vous tromper dans vos conclusions.

À présent, nous allons analyser tout ce qui a été bien et qui nous a plu. Il arrive que nous contaminions notre perception avec un effet de halo en fonction de la qualité de notre expérience. Il est possible que si la relation a été mauvaise, vous contaminiez tous les souvenirs en les imprégnant de négativité. Essayez de déterminer si l'effet de halo a lieu. Ne généralisez pas, analysez les choses dans le détail. Il est possible qu'il y ait quelque chose d'intéressant.

Ne rejetez pas tout ce qui vient à vous, cherchez les bons moments, les souvenirs agréables, s'il y en a eu. Si vous êtes capable de faire la différence, sans émettre de jugement et sans contaminer l'incident, vous pourrez analyser avec davantage de détails et d'efficacité.

Quelle leçon pouvez-vous tirer de cette expérience ?

Nous allons voir quelle leçon vous pouvez tirer de ce qui est arrivé. Quelles conclusions en avez-vous tirées ? Le procédé que je viens de vous expliquer est celui que j'utilise en consultation pendant que nous marchons, pédalons ou skions dans les Pyrénées. J'aimerais vous donner un exemple concret qui, je crois, pourra vous aider.

María a eu une mauvaise expérience avec un conjoint. Après deux ans de vie commune, son conjoint décide de mettre fin à la relation pour en commencer une autre. En commençant l'exercice d'analyse, María se rend compte que la relation n'a pas marché car l'implication des deux parties était très différente. Lui voulait aller plus vite et elle montrait une certaine réserve et avait du mal à s'engager. Avec le temps, l'enchantement du début s'est étiolé et il a eu de plus en plus de mal à supporter la froideur de María qui lui témoignait peu d'affection. María se mit en tête que son conjoint avait la responsabilité de mieux dialoguer et de mettre ses désirs sur la table. En poursuivant l'exercice, María s'est rendu compte qu'elle était en partie responsable de l'échec de la relation. Elle a admis qu'elle était froide et distante, qu'elle ne réussissait pas à installer une réelle intimité et qu'elle fuyait les projets de vie avec son conjoint. Ce qu'elle considérait alors comme normal, elle le perçoit aujourd'hui comme quelque chose d'inapproprié. Elle a eu besoin de quelques années de recul et de maturité afin de se remettre à analyser cette relation. Mais elle a eu surtout besoin d'analyser ce qui est arrivé sans déformer sa pensée et la réalité. Tant que nous ne sommes pas capables d'analyser l'événement sans le déformer, nous ne sommes pas en état de décider quels sont les aspects que nous devons changer et améliorer avant de commencer une nouvelle relation.

Vous êtes-vous senti concerné par l'exemple de María ? Le temps est venu d'analyser la façon dont vous avez traité ces expériences du passé dans l'objectif d'identifier s'il existe des distorsions de pensée et des mécanismes de défense.

Apprenez à reconnaître vos distorsions de pensée

Nous nous fourvoyons plus ou moins consciemment en de nombreuses et différentes façons ; en psychologie, nous les cataloguons comme des distorsions cognitives. J'en ai sélectionné quelques-unes, parmi les plus courantes. Vous faites peut-être usage de certaines d'entre elles, mais ne vous inquiétez pas car cela est habituel. J'aimerais qu'avec cet exercice vous acquériez les connaissances et la capacité nécessaire pour mieux les identifier et mieux les gérer.

Il y a des gens qui ont tendance à polariser la pensée. Ils pensent en termes de tout ou rien. Ou je me consacre de façon complète à une chose ou je garde mes distances. Ou je recommence à avoir des relations ou je ne me remets jamais avec personne.

Dans les relations de couple, comme dans les autres scénarios que nous soumet la vie, rien n'est tout blanc ou tout noir, il est plutôt question de nuances à découvrir.

Dans certains cas, il arrive que l'on surévalue ce qui est arrivé dans la relation. À partir d'un événement isolé, on tire une conclusion généralement fausse : « Les garçons sont tous insensibles », « Les filles sont toutes trop sensibles », « On ne peut se fier à personne », « Tout le monde est méchant », « Ils veulent tous profiter de toi »... Ce type de pensées annule n'importe quelle initiative et empêche d'apprendre et d'analyser les bons et les mauvais côtés de la relation. Ce sont des schémas qui ne sont ni vrais ni réels, bien que ce qui importe, comme dans le reste des distorsions cognitives, ce n'est pas la réalité, mais la façon dont je l'interprète car, en définitive, ce que je pense guidera mon interprétation de la réalité, mes émotions et mes actes.

Il y a des gens qui posent un filtre négatif à ce qui est arrivé, de telle sorte qu'ils se concentrent uniquement sur les aspects nocifs de leur histoire. En partant de ce point de vue, une nouvelle relation ne peut pas voir le jour, étant donné que le futur sera anticipé sous un jour négatif, avec comme seule ligne de mire tous les mauvais côtés qui pourraient survenir.

Il existe d'autres distorsions, elles sont nombreuses, mais celles-ci couvrent les situations les plus courantes qui arrivent dans les relations de couple. La pensée déformée nous confère une certaine tranquillité et un recours à court terme. Pourtant, à moyen et long terme, elle nous nuit, tant il est vrai que nous ne pouvons pas tirer une conclusion à partir d'une base qui n'est pas solide.

Un autre concept dont j'aimerais vous parler est la prophétie autoréalisatrice. En psychologie, nous observons ce phénomène quand quelqu'un, de façon consciente ou inconsciente, finit par provoquer ce qu'il croit qu'il va se passer. Par exemple, si vous croyez que vous allez à une fête où vous n'allez pas passer un bon moment, il est tout à fait possible que ce soit le cas. Pourquoi ? Eh bien parce que vous serez moins réceptif, vous montrerez une attitude hostile, les gens ne s'approcheront pas, et ceux qui le feront n'auront pas une interaction positive. Si, en revanche, vous croyez que vous passerez un super-moment, ce sera sans doute le cas. Vous ferez sûrement tout pour en profiter et passer un bon moment, vous serez réceptif et ouvert au dialogue avec autrui.

Jusque-là, j'ai listé une série de phénomènes, mécanismes et styles de relations qui peuvent influer négativement sur une relation de couple. Il est important que vous les connaissiez et les identifiez car nous ne sommes souvent pas conscients que nous sommes influencés par l'un de ces processus. Le premier pas à faire consiste à analyser la situation et voir si vous vous identifiez à l'une de ces situations. Se rendre compte et l'assumer est difficile, pourtant, c'est la seule façon que nous avons pour entamer le changement.

Ne répétez pas la même erreur

En certaines occasions, nous ne sommes pas conscients que nous répétons un schéma. Je connais des gens qui ont vécu avec des conjoints tortionnaires et qui ont répété l'expérience plusieurs fois. Ce n'est pas que cette personne ne tire pas la leçon de cette expérience, mais plutôt qu'elle a utilisé un filtre qui ne laisse passer qu'un certain type de conjoint. Ainsi, seuls les tortionnaires correspondent à ce filtre et deviennent des candidats potentiels. À partir de là, la sélection consiste à choisir la meilleure option entre les précandidats, sous-entendu le moins tortionnaire.

En d'autres occasions, c'est comme si nous faisions preuve « d'œuvre sociale », auquel cas, la relation est vouée à l'échec. « Il finira par changer », « Je l'aiderai » ou « Je la changerai », sont des phrases qui évoquent le début d'un échec annoncé. Rappelez-vous que, dans le premier des exercices, nous avons étudié le cas sur la pertinence de commencer une relation selon l'acceptation de notre comportement et de celui de notre conjoint.

Par où je commence ?

- Commencez par prendre la décision ferme d'aimer à nouveau et intensément.
- Tirez la leçon de ce que vous avez vécu, mais laissez derrière vous les fantômes du passé.
- Ne vous précipitez pas dans vos relations. Le temps est le meilleur allié pour connaître une personne.
- Ne cherchez pas à obtenir ce qui vous manque dans une relation. Renforcez-vous tout d'abord puis cherchez quelqu'un avec qui partager votre vie, pas quelqu'un qui gâche votre vie.

Comment j'y parviens ?

- Analysez la façon d'interpréter ce qui est arrivé, vos expériences négatives.

- Vous devez réapprendre à aimer suite aux expériences vécues avec un faux positif, dans l'erreur.
- Il est tout aussi important d'apprendre à bien identifier les candidats qu'à bien analyser et tirer les conclusions correctes d'une relation qui prend fin.
- Identifiez si vous souffrez d'une des attitudes les plus fréquentes qui ont lieu après une relation qui n'a pas marché : passivité, agressivité, déconnexion, épreuve de force, résignation...
- Rappelez-vous combien il est difficile de vous rendre compte et d'assumer que vous déformiez la réalité en fonction de vos intérêts.

Reconstruire l'espoir

Le cas de Chloé : le glissement vers l'abîme

Chloé marche lentement, le regard dans le vide, en quête d'un espoir qu'elle ne trouve pas. Elle traîne son passé, fatiguée. Sa vie la fatigue. Elle est épuisée de tant de souffrance, de tant d'inquiétude à tous les niveaux, à l'idée de décevoir tout le monde. Elle a enfin quelque chose de clair dans sa vie. Le garde-fou qui la séparait de l'abîme lui heurte la taille. La vie la fait souffrir, l'échec la fait souffrir, le manque d'espoir la fait souffrir, décevoir tout le monde la fait souffrir. Elle boit du gin à la bouteille qu'elle tient dans sa main. Elle ne peut pas supporter autant de souffrance.

Elle enjambe le garde-fou, d'abord la jambe droite puis la gauche. Face à elle se trouve l'abîme. Que d'ironie ! Elle avait toujours vécu dans un abîme, face à un abîme d'une tristesse profonde et sans fond que personne n'arrivait à comprendre. Chloé avait tout, toutes les femmes l'enviaient. Elle était jolie et intelligente, elle avait un conjoint qui l'aimait et des enfants merveilleux, elle vivait dans une maison de rêve, elle avait un travail idéal et, malgré tout cela, elle n'était pas heureuse.

Elle a senti l'air frais dans tout son corps. Elle a eu froid. Qui va se couvrir pour mourir ? Cela faisait déjà longtemps qu'elle cherchait un refuge. Depuis déjà trop longtemps, Chloé ne pouvait plus profiter de rien, ne pouvait pas se détendre, ne pouvait même pas dormir. Elle boit à nouveau. Elle jette la bouteille dans le vide comme lorsqu'on envoie un éclaireur pour tâter le terrain. Le vide, ce vide qu'elle ressent. Quelle ironie ! Pour finir, le vide a eu le dernier mot.

Elle a essayé. Tous les matins elle essayait. Sortir du lit est un calvaire quand vous avez passé toute la nuit à gamberger et à pleurer. Elle lutte pour donner un sens à sa vie, à la vie qui l'a emprisonnée dans une cage de tristesse et de solitude. Pour la première fois, elle est consciente que sa souffrance allait prendre fin. Sa souffrance et celle de ses proches. Tant de fois, ils l'ont traitée de femme faible, fragile, immature, capricieuse, exigeante.

Ses parents ne la comprennent pas, son mari non plus. Personne ne comprend sa tristesse, son insatisfaction chronique, son manque d'espoir et d'énergie, son vide existentiel.

Elle en est là, seule face à l'abîme. Elle se sent seule depuis longtemps et elle s'en est toujours sentie coupable. On l'a toujours fait se sentir coupable. « Je ne peux jamais compter sur toi. », « Il faut toujours que tu nous empoisonnes la vie. », « Tu n'arrives jamais à profiter de rien. », « T'as une tête de zombie et le regard perdu toute la journée. »

Et elle en est là, face à l'abîme, face à l'espoir, face à la fin d'une vie qui n'a jamais été vécue, face à la fin d'une vie subie. La profonde tristesse qu'elle ressent va prendre fin. Elle ferme les yeux. Elle cherche un bon souvenir, quelque chose d'agréable. Mais elle ne trouve rien. Elle laisse tomber sa tête. Ses cheveux cachent son visage. Personne ne l'a aidée. Tout le monde a jugé sa dépression. « Fais un peu plus d'efforts », lui criait son mari, « Tu es trop sensible », lui criait son père, « Tu ne joues jamais avec nous », lui criaient ses enfants.

Elle lève la tête et ouvre les yeux. Le soleil se lève. Elle regarde sans voir. Ses yeux sont fatigués et tristes. Il n'y a plus d'espoir en elle. Le vent se faufile dans ses cheveux. Elle regarde à sa droite dans l'espoir de trouver quelque chose, en quête de quelque chose, avec le désir que le monde lui donne une nouvelle chance. Mais elle ne voit rien d'autre que douleur et souffrance. Elle se laisse tomber. Elle se jette dans le vide. Elle connaît bien cette sensation du vide, de ne pas savoir qui l'on est, ni ce que l'on devrait être. Elle saute dans le vide. Et elle ressent la douleur du renoncement, la douleur de l'échec, la douleur d'être différente, la douleur de ne même pas être capable de vivre, quelque chose que tout le monde peut faire. Elle sent une forte douleur au bras et arrête de tomber.

Elle demeure suspendue dans les airs sans vouloir ouvrir les yeux. Elle entend des voix lointaines. Elle est sonnée. On ne lui a pas appris à vivre, ni à se respecter, ni à s'aimer. La vie passe devant elle comme un film d'horreur. On ne lui a pas non plus appris à mourir. « Je l'ai ! » lance l'un des jeunes randonneurs. « Aide-moi ! »

crie-t-il à son compagnon, qui arrive en courant. « Mais qu'est-ce que tu fais ! » crie-t-il à la fille alors qu'il la retenait de toutes ses forces. Encore des cris. « Tout le monde me crie dessus », pense-t-elle. Elle n'en peut plus. Elle n'a plus la force de parler. Elle ferme les yeux. Elle éclate en sanglots. Son cœur se brise, sa gorge se noue. Sa respiration s'altère. Elle n'a même plus la force de pleurer. Elle serre fortement les yeux.

Personne ne veut perdre la vie, pourtant lorsque la vie devient insupportable, il n'y a plus rien à perdre. Elle entend à nouveau des voix lointaines. Elle n'a plus froid. Elle est allongée dans un lit. Elle essaie d'ouvrir les yeux. Tout est flou. Elle sent le vide dans son cœur brisé et empli de fragments de souvenirs, d'espoir et de peur.

« Chère amie », elle entend une voix à nouveau. Elle est douce et sereine. Elle transmet la paix qu'elle a longuement recherchée. « Ta vie a été détruite, mais tu peux la reconstruire, et lorsque tu y arriveras, tu verras que tu es plus forte que ce que tu n'aurais jamais pu imaginer. Peu importe ce qui est arrivé, ce qui importe par-dessus tout c'est ce qui va t'arriver à partir d'aujourd'hui. Nous allons recoller tous ces morceaux en les façonnant à notre façon, sans avoir honte de notre passé, sans cacher nos cicatrices car elles nous montrent que nous avons été plus forts. »

Prenez du recul

Chloé a un grand problème, un trouble qui affecte une grande partie de la population. Un problème qui prend des années à se manifester pleinement, les gens n'ont donc pas recours au psychologue ou au psychiatre avant qu'il ne soit trop tard. Un problème qui vous met dos au mur jusqu'à ce que vous ne puissiez plus le supporter. Un problème qui porte un nom : dépression.

Je fais une dépression ?

Si vous vous sentez triste et vide une grande partie de la journée, tous les jours. Si vous n'arrivez pas à profiter des bons moments et si vous ressentez de l'insatisfaction ; si vous avez perdu ou pris du poids ; si vous dormez moins ou plus que d'habitude ; si vous êtes agité ou si vous subissez des ralentissements psychomoteurs ; si vous êtes fatigué, épuisé et dépourvu d'énergie ; si vous éprouvez des sentiments de culpabilité ou d'inutilité inappropriés et injustifiés ; si vous avez du mal à penser, à vous concentrer ou à prendre des décisions et si vous avez des idées noires régulières de mort ou de suicide, il est tout à fait possible que vous fassiez une dépression. Ce sont des symptômes qui, contrairement à une jambe cassée, passent inaperçus, sont jugés par la société et subis incompréhensiblement par la personne malade.

Ne sous-estimez pas l'impact d'une dépression. Seules les personnes qui ont vécu cette maladie sont conscientes des conséquences de la lente descente aux enfers quand on la subit.

La dépression est une maladie terrible qui s'accapare de votre vie peu à peu, sans que vous vous en rendiez compte. Je me retrouve souvent avec des gens qui arrivent au cabinet affirmant qu'ils se sont séparés et qu'à cause de cela ils sont tombés dans la dépression, alors qu'en réalité, ils sont entrés en dépression cinq ou six ans plus tôt, leur conjoint n'a pas pu vivre cet épisode avec eux et ils ont fini par se séparer.

Oui, en effet, la dépression est une mort lente de l'être tout entier. Les gens croient qu'une personne dépressive passe toute sa journée à pleurer ; ce qu'ils ne savent pas, c'est que la plupart des personnes dépressives passent inaperçues. Une personne dépressive est quelqu'un qui livre une terrible bataille en silence, qui s'arme d'une grande quantité d'énergie afin de pouvoir se lever chaque matin, qui souffre continuellement et qui lutte pour survivre. Et comme si cela ne suffisait pas, une personne dépressive lutte également contre la solitude, l'incompréhension et la critique de ses proches. Dans certains cas, on les taxe de personnes conformistes, ou qui s'apitoient sur elles-mêmes ou on leur dit encore qu'elles devraient être plus combatives, qu'elles devraient faire des efforts, qu'elles se laissent aller ou qu'elles devraient arrêter de pleurer autant et devraient être plus fortes.

Ce que les gens ne savent pas, c'est que ce n'est pas pareil d'être triste et dépressif ; de la même façon que ce n'est pas pareil d'avoir un taux de sucre élevé dans le sang et être diabétique. Lorsqu'il est un peu élevé, il suffit de suivre un régime ; mais si vous êtes diabétique, vous devrez vous injecter de l'insuline et votre santé courra un grave danger à chaque fois que vous briserez cet équilibre précaire.

Ce que ne comprend pas non plus celui qui n'a pas fait de dépression, c'est qu'une personne dépressive ne choisit pas de faire une dépression, ne désire pas être mal dans sa peau.

Une personne dépressive ne veut pas éveiller la compassion d'autrui, ni même attirer l'attention ; qui plus est, elle déteste attirer l'attention, elle veut juste devenir invisible et qu'on lui fiche la paix.

La dépression est une maladie si grave qu'elle en vient même à affecter la plus grande partie des processus cognitifs. Une personne dépressive pense moins et moins bien, est incapable de prendre des décisions, souffre de délires au sujet de ses capacités, de son estime de soi et de son futur, et, de plus, elle doit lutter contre la maladie et contre l'incompréhension et la stigmatisation des personnes qui l'entourent. Une personne dépressive perd tout espoir et rêve contre l'avenir et la vie.

Une personne dépressive perd la capacité de contrôle de soi et de la motivation, c'est pour cela qu'elle met entre quatre et six ans avant d'aller consulter, si elle y arrive. Pendant cette période, la vie familiale a été affectée, le conjoint est arrivé à bout de patience, le rendement professionnel est loin d'être satisfaisant, l'aspect physique en a été affecté et la santé est en péril.

Vu le tableau, le plus simple, c'est de se convaincre que la vie est insensée. Sans la compréhension de nos proches, avec une vision obscurcie de l'avenir et la sensation qu'il est impossible de tordre le cou à la situation actuelle, il ne reste que de rares chemins à emprunter. Sans avenir, las de souffrir, ressentant une profonde solitude et vivant dans le vide, il ne reste que peu d'options à une personne qui souffre d'une dépression.

Je ne connais personne qui veuille arrêter de vivre. Personne qui ne désire ressentir la douce chaleur printanière, la mélodie de la mer ou l'étreinte d'un enfant. Personne qui veuille renoncer consciemment à voir le soleil chaque matin, à profiter d'une balade, à sentir le toucher de draps propres, la chaleur d'un feu de cheminée en plein hiver ou le baiser de l'être aimé. Pourtant, si vous ne pouvez pas apprécier les petits plaisirs de la vie, si quoi que vous fassiez, vous êtes incapable de vivre une émotion positive, ou si une terrible et infâme dépression a pris le contrôle de votre vie, dans ce cas, vous arrêtez d'avoir envie de vous lever chaque matin et il ne tient qu'à vous de savoir si vous voulez vivre ainsi le reste de votre vie. La vie, pour une personne dépressive, perd son sens, devient une torture, un puits obscur et sans fond, tellement profond que la lumière n'est plus visible.

Regardez autour de vous, vous connaissez plus de gens dépressifs que vous ne pouvez l'imaginer. Vous pouvez les voir dans votre quartier, à la télévision, dans la rue, au supermarché ou au travail. Vous pouvez peut-être leur conseiller de ne pas tarder autant avant de consulter un spécialiste, de ne pas se compliquer l'existence ou les aider à ce qu'ils ne se sentent pas montrés du doigt. En général, une personne dépressive ne se rend pas compte qu'elle l'est. Elle traîne sa vie malgré ses efforts immenses pour éviter cela. Je vous demande donc, s'il vous plaît, de ne pas lui infliger de pression. Si vous croyez que, grâce à ce texte, vous avez identifié une personne dépressive qui n'est pas consciente de son état, faites-le-lui savoir. Faites-lui lire ce texte. Inquiétez-vous pour cette personne. Tendez-lui la main et aidez-la à sortir de ce terrible puits dans lequel elle se trouve.

Et si, après avoir lu ce texte, vous croyez que vous faites vous aussi une dépression, vous devez mettre la main à la pâte. Il y a plusieurs types de dépression qui nécessitent des traitements différents. Ce que vous ne devez pas faire, c'est de rester sans rien faire.

Faites appel au plus vite à un spécialiste de la dépression, mieux encore, à une équipe de spécialistes de la dépression, étant donné qu'il est possible que vous ayez besoin d'un traitement interdisciplinaire pour remporter la bataille contre cette maladie.

Et si ce que je viens de vous expliquer n'évoque rien, tout va bien ; essayez de comprendre quelles sont les répercussions sérieuses qu'engendre cette cruelle maladie et montrez de la compassion aux personnes dépressives, mais surtout ne les traitez pas comme des gens faibles, car batailler pour se lever chaque matin demande un effort de volonté.

Vous savez maintenant à quoi vous vous confrontez, quel est le monstre qui vous torture. Prenons-nous en à lui.

N'oubliez pas...

- La dépression est une maladie aux répercussions très graves à tous les niveaux.
- De nombreuses personnes dépressives passent inaperçues.
- Une personne dépressive ne veut pas attirer l'attention ni votre compassion : elle veut vivre à nouveau.
- Personne ne choisit volontairement de faire une dépression.
- Une dépression affecte le corps et les fonctions cognitives.
- On ne prend conscience de sa dépression qu'au bout de plusieurs années.

Nous allons penser différemment, en nous aidant de deux exemples très simples. En premier lieu, imaginons que vous avez la grippe, l'une de ces grippes fulgurantes qui vous cloue au lit. Essayez de vous mettre en situation. Il ne s'agit pas d'un simple rhume, mais d'une grippe sévère. Oui, de celles qui provoquent une douleur intense au niveau des côtes, de celles qui vous empêchent de rester debout, de celles qui vous donnent le sentiment d'avoir un solo de batterie dans la tête. Vous êtes en situation maintenant ? Si vous avez déjà subi une grippe de ce type-là, vous savez alors que, quoi que vous fassiez, vous ne pourrez pas l'endiguer, vous ne pouvez qu'en atténuer ses symptômes. Comment ? Vous n'avez pas l'intention d'atténuer ses symptômes ? Cher lecteur, chère lectrice, la science a évolué dans le but de nous simplifier l'existence et vous ne voulez pas en profiter ? Même si vous ne pouvez pas la soigner aussi vite que souhaité, vous devez influer sur ses symptômes, car ils ont des conséquences négatives qui peuvent s'aggraver et mettre en péril votre santé au-delà de la simple grippe, brutale même, dont vous souffrez déjà.

Passons au deuxième exemple. Nous souffrons parfois de quelque chose qui, en revanche, a un remède, la souffrance est donc insensée. Imaginons que votre réfrigérateur ne marche pas bien, ce qui fait que les aliments s'abîment et que vous contractiez une gastrite. Il est possible que vous n'ayez pas identifié l'origine de vos problèmes digestifs et que vous vous soyez résigné à subir la gastrite en silence et régulièrement. Mais ne vous méprenez pas, si vous n'agissez pas, la situation ne fera que se compliquer ! Cependant, il est également possible que vous ayez eu recours à plusieurs stratégies pour vous soigner. Il est possible que vous ayez varié votre alimentation, que vous soyez allé chez le médecin. Pourtant, en réalité, et j'en suis navré, tous vos efforts ont été vains ; ils n'ont pas eu le moindre effet sur l'origine de votre problème. La même chose se produit donc avec la dépression. Nous croyons parfois faire quelque chose qui nous aidera, alors qu'en réalité nous nous en éloignons.

Qu'avez-vous pensé de ces deux exemples ? N'est-il pas clair à présent dans votre esprit que vous devez faire quelque chose pour soigner votre gastrite, pour atténuer les symptômes de la grippe et pour que ne se complique pas le processus grippal dont vous souffrez ? Vous n'en avez plus aucun doute, n'est-ce pas ? Nous allons donc aborder le traitement de la dépression de la même façon. Peu importe le type de dépression, nous allons nous efforcer de la traiter comme s'il s'agissait d'une grippe ou d'une gastrite.

Une dépression n'est rien d'autre qu'une maladie. Terrible, sans aucun doute. Sous-estimée et banalisée, mais une maladie avant tout. Ne lui laissez pas le champ libre, ne baissez pas les bras. Ne vous blâmez pas pour une simple mais dévastatrice maladie, n'ayez pas honte des symptômes de votre dépression. Pensez différemment : nous avons une grippe à gérer et une gastrite à soigner.

Passez à l'action

Votre dépression a sûrement commencé il y a des années, avec les répercussions au niveau social, familial et professionnel que cela engendre. Nous ne pouvons pas perdre plus de temps, mettons-nous donc au travail avec un objectif clair en tête : vous devez retrouver l'espoir.

Avant de commencer, permettez-moi de préciser quelque chose de très important : prévoyez quand même d'aller voir un spécialiste pour qu'il évalue si vous faites une dépression et si elle a un impact sur votre vie. Dans ce qui suit, je vais vous donner quelques clés qui vous seront d'une grande aide, pourtant cela ne se substitue pas, en aucun cas, au diagnostic nécessaire et à la thérapie d'un professionnel compétent. Je pars du principe que vous le ferez, mais en attendant, nous ne pouvons pas rester sans rien faire. Mieux encore, nous pouvons agir à plusieurs niveaux.

Expliquez (de manière sélective) ce qui vous arrive

Nous allons commencer par évaluer si cela vaut la peine de parler avec certains de nos proches. Je vous encourage à analyser cela dans le calme et si cela s'avère possible, c'est toujours beaucoup mieux d'essayer de réduire la pression qu'exercent ces personnes de référence qui ne comprennent pas notre état d'esprit.

Parfois, une discussion avec vos parents, votre conjoint ou votre patron sert à ce qu'ils prennent conscience que vous souffrez de quelque chose qui n'est pas de votre ressort. Parfois, seulement parfois, certaines personnes arrivent à changer de comportement et à arrêter de vous mettre la pression. Il est important que vous évaluiez si cela vaut la peine de le partager et avec qui. Tout le monde ne comprendra pas ; si c'est le cas, il est inutile de l'expliquer à tout le monde, vous économiserez du temps et de l'énergie dont vous ferez usage d'une façon plus productive.

Et que devez-vous expliquer ? Je vous conseille de structurer votre discours en deux parties, une première partie informative et une seconde partie sous forme de sensibilisation. Dans la première partie, qui est cruciale, dites à votre interlocuteur que vous croyez qu'il est possible que vous fassiez une dépression et que vous voulez dissiper votre doute. Vous pouvez lui indiquer le paragraphe intitulé « Prenez du recul » (p. 237) et lui expliquer qu'en le lisant, vous vous êtes reconnu dans la description des symptômes et vous voulez savoir si vous faites réellement une dépression. Mais, qu'entre-temps, vous avez décidé de passer à l'action et de faire quelques premiers pas, parmi lesquels partager vos intentions et doutes avec les personnes qui comptent pour vous. Expliquez-lui comment vous vous sentez et, ce qui est encore plus important, ressentez comment votre interlocuteur vous perçoit. Arrivé à ce stade, vous passerez à la seconde partie de la discussion afin de sensibiliser votre interlocuteur. Partagez avec lui ce dont vous avez besoin et ce que vous aimeriez qu'il se produise, particulièrement s'agissant de son attitude, en sachant qu'il est possible qu'il ne vous comprenne pas.

Si le résultat de la discussion est positif… Magnifique ! Vous pouvez vous en réjouir. Mais s'il est négatif, ce qui peut également arriver, ne vous en inquiétez pas. Je comprends que cela implique une déception parce que vous espériez que votre interlocuteur montre une certaine empathie. Pourtant, n'oubliez pas que si vous lui parlez, c'est que jusque-là, il vous a mis la pression et a montré qu'il ne comprenait pas votre situation ou vos besoins. Il s'agit donc possiblement d'une personne hâtive dans ses jugements et qui doit développer son empathie et sa capacité de compassion. Vous avez essayé, et cela est la meilleure des récompenses. Rien qu'avec le fait d'avoir essayé, vous avez fait beaucoup plus que beaucoup de gens, ce qui démontre votre grande bravoure.

Redécorez votre vie

Nous allons redécorer votre vie ensemble. Qu'en dites-vous ? Vous vivez dans une petite maison, obscure, sans fenêtres, humide et froide, le moment est donc venu de la restaurer ou même d'emménager dans une nouvelle maison.

Être triste n'est pas incompatible avec le sentiment de joie à des périodes ponctuelles, comme nous l'avons déjà décrit auparavant. Nous devons donc chercher activement des émotions positives qui nous permettent de compenser ce que nous ressentons. C'est cela le principe de la mise en pratique et de la compensation. Vous pouvez vivre dans une maison petite mais mignonne. Ouvrez les fenêtres, peignez les murs, décorez-en l'intérieur, changez quelques meubles et vous verrez que vous ne reconnaîtrez plus votre habitat.

Je vous propose d'établir une liste de tout ce que vous aimez qui va vous permettre de changer votre état d'esprit. Il est possible que vous deviez être accompagné pour le faire car cet ami, votre conjoint ou vos enfants peuvent vous rafraîchir la mémoire ou vous ouvrir l'esprit s'agissant des choses que vous aimez. Tout compte : une tortilla (si vous aimez bien sûr), une escapade romantique en fin de semaine, des petites ou grandes choses, des détails, des grandes réjouissances, des cadeaux, des expériences et des petits plaisirs. Quand vous aurez établi votre liste, inscrivez sur du papier chacun des éléments de la liste, pliez les papiers et glissez-les dans une boîte spéciale que vous garderez à proximité. Au moins une fois par jour, plongez votre main dans la boîte, sortez-en un papier et peu importe son contenu, obligez-vous à le faire dès cet instant ou à le programmer le plus rapidement possible. Ne le reportez pas, ne le laissez pas de côté pour le lendemain ou pour le mois prochain. Enrichissez votre vie avec du plaisir à l'envi. Rappelez-vous que vous faites une dépression et que vous aurez beaucoup de mal à produire des moments de plaisir s'ils ne sont pas programmés. De telle sorte, vous couvrirez le manque d'intérêt dans les expériences positives à vivre par une planification amusante et spontanée.

Redécorez votre vie, peignez les murs, incorporez de la lumière et de la chaleur, enrichissez votre quotidien ; oui, votre quotidien. Dans la majorité des cas, vous verrez comme l'accumulation de petits gestes finira par provoquer un grand changement.

Vous avez sûrement l'occasion de passer du bon temps. Pensez-y. Tel ami qui vous propose tout le temps d'aller jouer au squash, ce dîner prévu, cette maman de l'école qui vous a proposé de l'accompagner à des cours d'anglais… Sûrement. Pourtant, vous envisagez peut-être de façon négative les propositions qui vous sont faites. Vous aimeriez bien aller jouer au squash, mais vous ne vous sentez pas d'attaque, vous ne trouvez pas vos vêtements de sport, vous ne marquerez aucun point, et le lendemain vous serez fatigué et courbaturé. Vous seriez ravi de vous rendre à ce dîner, pourtant vous croyez que vous aurez une mine atroce par rapport aux autres, que tout le monde aura une superforme sauf vous, que vous rentrerez très tard, que vous aurez la gueule de bois le lendemain et que vous dépenserez pas mal d'argent que vous pourriez utiliser à autre chose. Vous aimeriez vous remettre à l'anglais, mais vous vous dites que le cours sera un désastre, que vous aurez honte, vous imaginez que toute la classe se moquera de vous et que vous ne vous souviendrez d'aucun mot. Toutes ces pensées sont des délires négatifs. Tout cela peut se produire, sans aucun doute, mais, en réalité, il n'y a aucune raison que ce soit le cas. Votre esprit, en état de dépression, entre en résonance négative et déteint sur l'ensemble de son contenu.

Je sais que c'est le plus dur, pourtant je peux vous assurer que dès lors que vous aurez fait ce premier pas, que vous aurez accepté d'y aller et que vous y serez allé, vous verrez comme vous aurez passé un bon moment, comme vous aurez enrichi votre quotidien, comme vous aurez brisé la monotonie de votre état d'esprit, et comme vous aurez peut-être envie de répéter l'expérience !

Chère lectrice, Cher lecteur, faites ce premier pas. Je sais que c'est difficile, pourtant vous n'y trouverez que des avantages, c'est sûr !

Tenez les délires à distance

Prenez vraiment garde aux délires, car ils sont de vrais maîtres du déguisement. « Personne ne m'aime. » Un pur délire dans les règles de l'art ! Vous voyez bien qu'il répond à toutes les exigences d'un bon délire, en ce qu'il semble réel sans l'être. Bien sûr que quelqu'un vous aime, pourtant si ce que vous croyez et ce que vous vous dites, c'est que personne ne vous aime, vous finirez par le croire et par ressentir la tristesse que provoque semblable pensée.

« Je ne pourrai jamais sortir de ce puits ! » Allons-y, encore un délire ! Ce ne sera sans doute pas facile, ni rapide ; vous devrez sans doute accomplir de nombreux changements et travailler sur vous intensément et sur la restructuration de votre vie, mais ce qui est certain c'est que vous pourrez en sortir. Évidemment, si vous croyez que quoi que vous fassiez, cela ne servira à rien, et bien, encore une fois, ce délire injuste vous plongera dans la souffrance.

« Je devrais être capable de faire plus d'efforts… » Encore un ! Vous faites des efforts, vous faites beaucoup d'efforts et vous le savez. Vous lever le matin est une épopée, vaincre la tristesse est une vraie quête, esquisser un sourire pour aller chercher vos enfants à l'école est une réussite épique. Croyez en cela, vous faites beaucoup d'efforts. Si vous pensez le contraire, vous vous en voudrez et culpabiliserez. Saviez-vous que l'un des symptômes de la dépression est le manque d'énergie vitale ? Une personne dépressive doit utiliser beaucoup plus d'énergie qu'une autre personne afin d'atteindre le même objectif.

« Ma vie est un désastre ! » Entrez, pensées délirantes, et prenez vos aises ! Votre vie n'est pas un désastre, votre vie est merveilleuse. Vous êtes merveilleux, vous l'êtes encore, mais une maladie cruelle a décidé de vous accompagner et de conditionner votre vie. Et donc, encore une fois, ce délire injuste vous inflige une souffrance gratuite. Votre vie est merveilleuse, pourtant une dépression est capable de vous accabler et de teinter votre point de vue sur chacune des choses que vous faites.

N'oubliez pas, vous devez tenir les délires à distance. Pour y arriver, il vous suffit de les identifier ou de vous appuyer sur quelqu'un qui vous donnera l'appréciation dont vous avez besoin, de les contextualiser en tant que délires et de les ignorer, en vous en remettant à la réalité.

Retrouvez l'espoir

L'espoir est le sel de la vie, le filtre qui rend votre vécu plus lumineux, le souffle d'air frais qui réconforte votre âme. C'est une pochette pleine de nouvelles couleurs. C'est le parfum d'une rose fraîche, le chant d'un rossignol et l'eau de la mer qui caresse vos pieds. L'espoir prend la forme d'un sourire, mais du sourire d'un enfant heureux et plein de vitalité. C'est le moteur de la vie, le propulseur du bonheur et le meilleur stimulant pour vivre intensément.

L'espoir est une attitude vitale, c'est la chance d'avoir le choix d'enrichir la vie. Si vous mettez de l'espoir dans tout ce que vous entreprenez, vous serez heureux et vous profiterez de la vie.

L'espoir est une impulsion qui prend corps dans la cognition, le désir et l'aspiration. Sans espoir, nous n'atteignons pas nos objectifs. Vivre la vie dans l'espoir demande de la volonté et du désir, le désir de profiter de chacune des choses qu'elle nous offre.

Mais l'espoir est également une énergie supplémentaire qui vient étayer vos objectifs et votre façon de vivre. Lorsque la volonté nous fait défaut, l'espoir nous propulse. L'espoir est l'élément de motivation principal qui est en nous et il agit comme un moteur qui procure l'énergie supplémentaire au moment précis où vous en avez réellement besoin.

Les projets ne se passent pas toujours bien du premier coup. Vous êtes peut-être dépressif depuis des années. Plus une entreprise est ambitieuse et plus les objectifs sont extraordinaires, plus d'efforts nous seront demandés. Vous ne crierez jamais victoire, une victoire extraordinaire, sans une bonne dose d'espoir.

J'aime m'imaginer l'espoir comme les réserves d'énergie supplémentaire dans les jeux vidéo de courses de voiture. Vous voyez ce que je veux dire ? Dans de nombreux jeux vidéo de ce type, il y a le choix entre la nitro ou le turbo qui accélère votre engin. Parfois, la course est très serrée dans une lutte acharnée pour arriver les premiers sur la ligne d'arrivée. On y est presque. Tous les concurrents ont le pied sur le plancher mais, soudain, vous utilisez la nitro que vous avez en réserve et voilà ! Votre voiture s'envole et prend la tête de la course. C'est justement ça l'espoir, une énergie supplémentaire qui vous permet d'aller plus vite pendant quelque temps, de faire un effort, d'avoir plus d'élan et d'atteindre vos objectifs. L'espoir est le meilleur ancrage dont vous disposez pour surmonter cette dépression dévastatrice.

Au quotidien, tout au long de votre vie, vous devez alimenter votre espoir. Dites-vous que vous avez un compte courant qui est crédité d'une bonne dose d'espoir dès que vous faites quelque chose qui vous fait vibrer. D'un autre côté, à chaque fois que vous vivez une déception, votre niveau d'espoir diminue. D'ailleurs, le plus important, c'est votre capacité à emmagasiner de l'espoir de façon autonome. Et vous savez quel est le secret pour refaire vos stocks d'espoir ? Prendre vos propres décisions et choisir le chemin que vous voulez parcourir.

Vous avez pris la décision appropriée, vous êtes sur la bonne voie. Imprégnez-vous-en et alimentez votre espoir, celui qui vous donnera l'énergie dont vous avez besoin pour surmonter et oublier cette étape de votre vie.

Levez la tête

Personne n'a honte d'avoir une grippe ou d'être diabétique, ni de s'être cassé un bras. Personne ne se sent coupable de s'être foulé la cheville, d'avoir mal à la tête ou d'avoir eu une otite. Pourquoi alors avons-nous honte d'être dépressif ? Les troubles psychologiques déversent des coulées de honte en nous et de culpabilité qui conditionnent et aggravent encore plus les symptômes d'une dépression. Levez donc la tête car vous n'avez rien fait de mal. Vous n'êtes pas faible. Vous n'avez pas cherché à être dépressif. Vous n'avez rien fait pour le devenir. Ne vous sentez pas mal, ne laissez personne vous faire vous sentir mal.

Lorsque quelqu'un vous dit que lui aussi a été dépressif et qu'il a réussi à s'en sortir, dites-vous bien que celui qui souffre depuis si longtemps ne peut s'empêcher de tendre la main à celui qui subit la même chose que lui. Dites adieu à ceux qui ne vous comprennent pas. Ne vous justifiez pas. Celui qui ne comprend pas votre regard ne comprendra pas non plus votre explication. N'oubliez pas que vous devez vous mobiliser sur la lutte contre la maladie, en concentrant toutes vos énergies et en évitant tout ce qui peut vous distraire ou vous voler la moindre minute de votre temps dont vous avez besoin pour vous-même.

Prenez soin de vous, vous êtes important

Vous vous êtes sans doute oublié en chemin, en délaissant sur le bas-côté vos besoins et l'importance de prendre soin de vous et de vous choyer. Quand la dépression prend le contrôle sur l'esprit, l'une des premières choses que nous faisons, c'est de nous oublier et nous allons même jusqu'à nous maltraiter, comme une espèce de châtiment inconscient.

Vous vous êtes suffisamment laissé aller à la dérive ! Prenez soin de vous, choyez-vous. Prenez un bain, lavez-vous, détendez-vous sous la douche, faites-vous masser, allez au spa, à une station thermale, achetez-vous des crèmes, renouvelez votre garde-robe, prenez du soleil, tonifiez votre corps, dormez et mangez bien. Vous devez vous aimer, vous dorloter et vous respecter. Vous n'avez qu'un corps, traitez-le comme il le mérite.

Vous ne devez pas seulement prendre soin de vous et choyer votre corps, mais votre âme également, votre esprit, votre cœur, votre intellect, appelez ça comme vous voulez. Analysez comment vous vous parlez. Que vous dites-vous ? Quels messages vous donnez-vous ? Sur quel ton ? Analysez ce que vous vous dites et ce que vous ne vous dites pas. La dépression mène à la dégradation du concept et de l'estime de soi. Une grande partie de mes patients affectés par une dépression s'insultent littéralement, se traitent d'inutiles et se sous-estiment continuellement.

Analysez comment vous vous parlez car vous devez être bienveillant envers vous. Traitez-vous bien, soyez compréhensif envers vos besoins. Ne vous maltraitez pas, ne vous blâmez pas. Apprenez à vivre avec vous-même en paix, dans le respect et l'harmonie.

Développez la capacité de vous motiver

La motivation est l'une des grandes résistances émotionnelles affectées par la dépression. Lorsque vous êtes dépressif, vous avez du mal à faire quoi que ce soit car la motivation baisse à son niveau le plus bas. Face à un tel symptôme, ce que vous pouvez faire de mieux, c'est établir un plan dans le calme.

Dans la dépression, comme dans une rage de dents, on observe certains cycles d'amélioration et de rechute. Mon meilleur conseil, c'est que vous profitiez d'un cycle d'amélioration afin d'établir un plan réaliste dans lequel vous envisagiez tous les aspects sur lesquels vous voulez travailler, comme vous consacrer à un projet, passer du temps avec des amis, faire plus de sport, cuisiner plus, acheter mieux… Ce plan que vous effectuez doit être raisonnable et réaliste car une fois prêt, vous devrez l'accomplir. Lorsque la motivation nous lâche, nous avons recours à ce plan.

J'ai toujours affirmé qu'un plan est un guide dont vous pouvez vous passer. Sauf lorsque c'est un outil thérapeutique pour générer l'élan dont vous avez besoin puisque votre propre motivation ne peut vous le procurer.

Si vous pensez disparaître de l'échiquier

S'il vous est arrivé de penser que la mort vous permettrait d'arrêter de souffrir, que personne ne vous regretterait, que vous feriez une fleur à vos proches ou que vivre n'en vaut pas la peine, je dois vous dire que vous êtes dans le faux. Je sais que vous souffrez, que vous broyez du noir et que vous croyez que ça ne changera jamais. Je ne peux pas ressentir ce que vous ressentez, je ne peux que l'imaginer ; pourtant, je sais qu'un beau jour tout sera révolu, qu'un jour, plus tôt que vous ne le croyez, vous regarderez en arrière et vous verrez que vous aurez été capable de surmonter cette maladie terrible.

Peu à peu, vous verrez comment reprendre confiance en vous. Peu à peu, vous retrouverez toutes vos fonctions cognitives. De la même façon qu'une personne qui s'est cassé une jambe a besoin d'un processus de rééducation. Dès lors que vous vous mettrez à travailler sur vous, vous constaterez que vous sortez du trou, que vous parvenez au bout du tunnel, que vous vous sentez mieux.

Je sais que vous croyez que la mort est une solution pour arrêter de souffrir. On ne peut pas supporter autant de souffrance, je vous l'accorde. Pourtant, ce n'est pas la solution. Il y en a d'autres, et moins complexes qu'on ne peut le penser.

Ne renoncez pas à la vie car la douleur que vous ressentez est temporelle, et toujours, toujours, après la nuit la plus sombre, le soleil se lève à nouveau. Toujours, toujours, après l'orage le plus tonitruant, règne le calme. Toujours, toujours, il y a une voie et une alternative.

Par où je commence ?

• Commencez par aller voir un spécialiste compétent pour qu'il évalue si vous êtes dépressif et comment cela affecte votre vie.

• Continuez en vous expliquant ce qui vous arrive depuis la perspective d'une maladie et évaluez si vous devez l'expliquer à autrui.

• Programmez des activités qui provoquent des émotions positives et accomplissez ce plan.

• Identifiez et gérez les délires négatifs.

• Enrichissez votre vie et prenez un tournant motivant qui soit capable d'éveiller l'espoir, cette énergie supplémentaire dont vous avez besoin.

Comment j'y parviens ?

• Éradiquez la honte et la culpabilité, ainsi que les personnes qui vous font sentir ainsi. Ce dont vous avez le moins besoin, c'est d'aucuns qui, à vos côtés, ne vous comprennent pas, qui vous jugent et qui déclenchent en vous des émotions négatives.

• Abordez la lutte contre la dépression comme une bataille contre n'importe quelle maladie. Nous devons attaquer les symptômes à la racine du problème si nous voulons nous en débarrasser.

• Prenez soin de vous, choyez-vous, arrêtez d'être à la fin de votre liste des priorités et mettez-vous sur le devant de la scène.

- Revoyez votre dialogue intérieur et ajoutez-lui une touche d'optimisme et, surtout, de respect envers vous-même. Vous êtes, sans aucun doute, votre pire juge.
- Lorsque la motivation vous lâche, ayez recours au plan que vous aurez effectué dans le calme.

Reconstruire la joie

Le cas d'Elsa : lorsque le corps ne répond pas

« Mais, bon, vous n'êtes pas handicapée, vous pouvez prendre un stylo »... Les mots du médecin retentissaient dans sa tête à nouveau. Elle regarde la pendule. Il est 3 heures du matin. La douleur provoquée par le poids de l'édredon l'a réveillée, comme toutes les nuits et, une fois réveillée, son esprit se perd en pensées négatives, mélangeant la tristesse et la rage et la douleur, une douleur sèche et sourde, une douleur qui comprime l'âme et le corps.

Elle ne veut pas d'arrêt maladie, elle veut simplement arrêter de souffrir autant, retrouver son énergie d'avant, se sentir forte et active. Elle ne veut pas courir un marathon, escalader une montagne ; elle se contenterait simplement de jouer avec ses enfants. Elle voudrait pouvoir porter les courses du supermarché, passer l'aspirateur sans avoir besoin de deux jours pour s'en remettre, danser avec son conjoint et se promener avec son chien dans la forêt.

Une larme glisse sur sa joue. Elle a mal aux jambes. Elle prend un analgésique et un somnifère. « Demain, je veux me lever tôt », se dit-elle en séchant ses larmes. Elle s'endort, encore épuisée.

« Maman, demain tu viens me chercher à l'école ? » Elsa se réveille en sursaut. Quelle heure est-il ? 6 h 30. « Merde ! Je voulais juste fermer les yeux un instant. Quel désastre cette journée, comme tous les jours ! La vie me dégoûte ! », se dit-elle. Elsa se lève, prépare le petit déjeuner des enfants et les coiffe. Elle est incapable de les amener à l'école. Ses jambes lui font encore mal. Elle dit au revoir à ses enfants sur le seuil de la maison et retourne se coucher. « Je ferme un peu les yeux et je me prépare pour aller les chercher », se dit-elle. Elle passe la journée au lit.

« Chéri, prépare-toi un sandwich pour le goûter et commence à faire tes devoirs, maman arrive.

— Ne t'inquiète pas maman, repose-toi. Je m'en fais un au jambon, d'accord ? », lui demande son fils alors qu'il sort de la chambre.

Elle essaie de se lever, mais elle en est incapable. Elle est restée toute la journée au lit. « Je n'en demande pas tant, murmure-t-elle. Je veux simplement savoir ce que j'ai et ce que je dois faire pour m'en débarrasser. » Elle allume la tablette et cherche à nouveau : spécialistes, rhumatologues. Elle se lève et se dirige vers le frigo. Elle boit une boisson énergétique et se coiffe. Elle ne peut pas laisser ses enfants seuls. Le miroir lui renvoie une Elsa fatiguée, triste, amaigrie, coincée dans un corps qui ne lui répond pas. Elle sèche une larme et se dirige dans le salon avec une douleur au bras causée par l'effort de s'être coiffée.

Sur le chemin, elle esquisse un sourire. Elsa est une personne positive, capable de transformer une épreuve en défi, capable de se motiver encore et encore, même si cela lui est de plus en plus difficile.

Prenez du recul

Elsa était une personne joyeuse et pleine de vitalité, capable de faire de grands efforts. Elle avait été une sportive née et pratiquait tous les sports qu'on lui proposait. Elle travaillait avec ténacité et le sourire aux lèvres, et elle trouvait, en plus, toujours l'occasion de consacrer une partie de son temps à des œuvres sociales. En définitive, c'était une personne extraordinaire, sensible, intelligente et pleine de courage. Même si elle ne se voyait pas comme ça, elle vivait la vie intensément, sans se demander comment elle était ni comment elle devait être.

Mais soudain, de façon progressive, Elsa a perdu son énergie. Elle avait de plus en plus de mal à faire du sport, à partir en voyage, à passer du temps avec ses amis et même à aller travailler. Les dernières années d'Elsa ont été diamétralement opposées à son identité, à son énergie et à ses priorités. Elle profitait à peine de quelques heures agréables par jour. Elle n'arrivait pas à dormir la nuit, et la journée elle ne pouvait produire aucun effort, elle se débattait constamment contre la fatigue et la douleur.

Elsa se sentait piégée dans un corps qui n'était pas à la hauteur de ses attentes et qui lui avait coûté cher à tous les niveaux. Si elle voulait arrêter de souffrir, elle devait se connecter à son identité, continuer de garder la vivacité de son essence et s'adapter aux nouvelles circonstances dans lesquelles elle se trouvait. Elle continuait d'être la même personne extraordinaire d'avant, voire plus, pourtant elle ne l'entendait pas ainsi.

Ainsi, chères Elsa du monde, ne l'oubliez jamais, vous continuez d'être des personnes extraordinaires, vous continuez d'être, par essence, la même personne de toujours. Mais à présent, vous devez doser minutieusement vos extraordinaires qualités, et surtout, conserver votre précieuse identité et la protéger de la fatigue et de la douleur qui sont toujours à l'affût.

Le thème de l'identité est hautement complexe. Être comme nous sommes est une chose, être comme nous croyons que nous sommes en est une autre. Être comme nous croyons que les autres croient que nous sommes en est encore une autre et, pour finir, nous devons faire face à ce que les autres croient que nous sommes. Quelle chienlit ! Avec semblable complexité, nous ne pouvons faire qu'une chose : prendre du recul et voir les choses avec perspective.

Vous êtes comme vous êtes. Mieux encore, ne vous préoccupez pas de savoir comment vous êtes, ou comment on vous voit, et encore moins comment vous vous voyez. Je vous dirai pourquoi… Tout simplement parce que vous n'êtes pas un expert en personnalité, et vos proches non plus, leurs jugements et opinions ne sont rien d'autre que précisément cela, des opinions, et une opinion n'est pas un fait. Ne vous analysez pas continuellement, ne vous jugez pas, ne vous souciez encore moins des jugements ou opinions d'autrui, étant donné qu'ainsi vous ne ferez qu'ajouter de la souffrance à la souffrance.

Elsa se demande encore et encore ce que dira son père. Personne ne comprend qu'elle passe toute la journée enfermée à la maison, son père encore moins. Mais vous savez quoi ? Vous n'avez pas besoin que vos proches vous comprennent. Je ne vous dirais pas que s'ils vous comprenaient cela ne vous aiderait pas, sans aucun doute, mais l'incompréhension des autres ne doit pas peser, car peu de personnes sont capables d'arriver à compatir réellement.

Le désir d'être accepté

Le désir d'être accepté est l'une des stratégies les plus anciennes pour contrôler et cadrer les membres d'une communauté. Dites-vous que vous naissez là où vous naissez par pur hasard et qu'il est possible que vous n'y soyez pas à votre place.

Ainsi donc, si vous ne vous sentez pas à votre place là où vous vous trouvez, prenez tout votre bazar sous le bras et larguez les amarres, vous avez des pieds, pas des racines. Ne demeurez pas là où l'on ne vous respecte pas. Cherchez votre place dans le monde, elle existe forcément. Vous êtes unique sous de nombreux aspects ; il y a sûrement un endroit où vous serez à votre place. Ne renoncez pas à votre idiosyncrasie pour être accepté, ne renoncez pas à votre identité pour être « apparemment » aimé. Celui qui ne vous respecte pas ne vous aime pas ; celui qui ne vous comprend pas ne vous acceptera pas ; celui qui ne vous accepte pas ne peut être à vos côtés.

Elsa souffre parce qu'elle justifie ce qu'elle peut et ne peut pas faire, sa vie et sa douleur, face à un grand tribunal d'inquisiteurs formé par ses personnes de référence, et présidé par elle-même, par son hyper-exigence disproportionnée et décontextualisée. Elsa n'arrête pas de se demander pourquoi elle n'a pas d'énergie, pourquoi même le poids de ses cheveux lui fait mal, pourquoi elle ne peut pas avoir une vie normale, pourquoi elle n'arrive pas à remporter la bataille contre la douleur. La réponse nous importe peu ! Ce qui importe réellement, c'est ce que vous ressentez, pas ce que vous devriez ressentir. Que vous deviez adapter votre vie à vos besoins ? Peu importe ! À qui devez-vous des explications ? Arrêtez de vous juger continuellement et acceptez votre identité, acceptez-vous comme vous êtes et n'arrêtez pas de grandir. Mais, s'il vous plaît, arrêtez immédiatement de vous juger et de vous torturer avec les « tu devrais » et « il faudrait que tu », et laissez-vous profiter des bons moments que vous procure le présent.

Vous avez subi un changement dramatique dans votre vie, un changement que vous n'avez pas choisi et qui a une évolution incertaine sous certains aspects et négative sous de nombreux autres. Mais le plus important, c'est que votre identité n'en soit pas affectée. Si Elsa en vient à se voir comme un misérable légume (ce qui était le cas), en plus des conséquences négatives de la maladie, elle devra faire face à un concept de soi négatif, terriblement injuste et faux.

Vous valez bien mieux que votre condition

Votre identité est une chose, votre condition en est une autre. Vous n'êtes pas un malade ; vous êtes une personne affectée ou conditionnée par une maladie, voilà tout. N'oubliez jamais que vous êtes une personne avant tout. Vous êtes une personne, une merveille de la nature, un vivier de qualités, une bourse pleine de projets, un éventail d'opportunités et une myriade de possibilités.

Vous êtes une personne, spéciale et unique. Ne confondez pas ce que vous êtes avec ce qui vous arrive. Mais attention : il y a une chose pire que confondre identité et condition, c'est d'imaginer que les autres vous voient d'une façon précise, de la façon dont vous ne voulez pas vous voir.

Je ne me lasse pas de répéter sans cesse à ma fille qu'elle ne doit pas prêter attention le moins du monde à ce qu'on dit sur elle. N'importe qui peut se faire une opinion sur vous. Bien évidemment, cette opinion n'a aucune raison d'être vraie. Émettre une opinion est naturel, l'assumer également. De plus, si vous voulez que je vous dise quelque chose que j'ai appris avec le temps, c'est que, s'il y a de la fumée, cela ne signifie pas forcément qu'il y ait le feu, mais plutôt que, en de nombreuses occasions, cela arrange bien quelqu'un qu'il y ait de la fumée.

Lorsque Pedro vient vous expliquer quelque chose sur Juan, Pedro vous en dit bien plus long sur lui que sur Juan. Éliminez donc de votre identité ce que vous croyez que les gens diront sur vous et plus encore ce que les gens disent sur vous.

N'oubliez pas...

- Vous êtes toujours la même personne qu'avant, mais vous vivez une situation inédite.
- Ne vous préoccupez pas de ce que disent les gens sur vous et votre maladie.
- Vous êtes votre pire juge. Détendez-vous et arrêtez de vous juger aussi durement et constamment.
- Consacrez-vous à profiter des bons moments que vous procure le présent.

- Vous valez bien mieux que votre condition : ne l'oubliez pas. Votre essence transcende ce que la douleur et la fatigue vous font ressentir.

Pensez différemment

La plupart des gens ne se connaissent pas ; ça va même plus loin puisqu'ils n'ont pas la moindre idée de qui ils sont. Au cours de notre vie, nous intégrons ce que disent sur nous des personnes aussi diverses que notre tante qui nous aime, notre grand-mère qui s'est énervée, notre professeur à qui nous rappelons un élève difficile qu'il a eu ou la brute de la classe qui terrorise tout le monde. Pas même moi, un psychologue aguerri, je ne sais ce que vous êtes en vous regardant, je m'aide donc de différentes techniques et outils afin d'essayer de comprendre et de donner forme à votre personnalité, identité, style de pensée, valeurs et priorités. Le temps est donc venu de penser différemment.

Vous, votre cousine, votre conjoint et moi-même, nous nous comportons de façon différente en fonction de la façon dont on nous considère, du lieu où nous nous trouvons et même de la période dans laquelle nous vivons. Il est possible que la personne qui vous juge ait une vision partiale de ce que vous êtes, ce à quoi elle ajoute une bonne quantité de son propre problème. Comment vous fier à son critère ? Pour certains de mes amis, je suis le type le plus sérieux qui existe, pour d'autres, je suis un véritable boute-en-train. Vous savez pourquoi ? Tout simplement parce que pour les aventuriers, je ne suis pas à la hauteur, alors que pour les pantouflards inébranlables, je suis une vraie machine du renouveau et du risque.

Alors quoi, que décidons-nous ? Je suis un clown ou un type sérieux ? En réalité, peu importe, car ce qui importe ce n'est pas ce que je suis, mais les décisions que je prends. Et voici justement le moment où vous devez me demander : vos décisions correspondent à votre identité ? (Vous pensiez justement à ça ? Je vous l'ai ôté du bout de la langue !) Mes décisions correspondent à mes priorités, à mon état d'esprit au moment de la décision, à mes objectifs, à la disponibilité des ressources, au contexte et à une infinie de paramètres supplémentaires.

Chères « Elsa » du monde, vous êtes merveilleuses et c'est ainsi que vous devez vous voir. Il n'y a rien de mal à ressentir ce que vous ressentez. En effet, certaines personnes ne le comprendront pas, pourtant cela ne devrait pas être un motif de souffrance.

Ce que vous subissez me désole vraiment. Je vous comprends parfaitement, croyez-moi, je vous comprends. C'est exaspérant de ne pas avoir un ennemi clair contre qui lutter, c'est bien pour cela que vous devez changer un concept clé. Vous ne devez pas lutter contre votre maladie, vous devez au contraire vous adapter et vivre avec elle. Votre vie a changé mais votre essence n'a pas changé pour autant. Vous êtes beaucoup plus que le corps qui vous restreint, ne l'oubliez pas. Vous êtes capable de vous reconstruire et d'adapter votre vie à votre situation. Vous devez simplement accepter vos atouts et vos limites et travailler afin que vos limites conditionnent votre vie le moins possible.

Être ou ne pas être

Le comportement est quelque chose de multicausal et de complexe. Vous ne vous comportez pas de la même façon avec vos amis lorsque vous êtes fatigué ou en forme. Il est donc important d'essayer de vous connaître pour mieux vous comprendre et développer vos qualités ; mais la clé de ce voyage intérieur réside dans le dialogue que vous devez établir avec vous-même au lieu de vous juger continuellement.

Transformez un déterminant en influence

Lorsque vous souffrez en silence à cause de votre identité ou, quand celle-ci est affectée par une maladie ou un accident, vous devez être persuadé d'un élément crucial. Ce qui vous est arrivé a une influence importante mais, heureusement, ce n'est pas déterminant. Ce qui veut dire que votre maladie est un élément important, car elle marquera votre vie et la conditionnera ; pourtant, en aucune façon, elle ne sera déterminante car votre destin n'est pas écrit.

Si vous croyez que vous ne pouvez rien faire, toute votre vie tournera autour du même problème. Mais on peut toujours faire quelque chose, on doit toujours faire quelque chose.

À part vous, personne ne pourra vous débarrasser de ce fardeau exténuant. Lorsqu'il s'agit de reconstruire sa vie, nous devons avant tout nous mettre en quête du morceau le plus grand en notre possession et en faire usage comme pièce maîtresse. Et savez-vous duquel il s'agit ? Celui de votre propre identité, le morceau qui vous décrit le mieux. Or, il est possible que vous ne vous connaissiez pas vous-même. Notre identité se forme à partir de fragments, de désirs de nos parents, de peurs, de schémas et d'idéaux. Pourtant, cette identité n'a aucune raison de s'apparenter à vos qualités et à votre potentiel.

Les gens dans leur ensemble ne se connaissent pas. Mon travail consiste à les connecter à eux-mêmes et avec leur résistance émotionnelle authentique. Cherchez votre morceau le plus grand. Comment ? Vous ne savez pas lequel c'est ? Mais enfin, bien sûr que si, votre morceau le plus grand correspond à l'énorme potentiel qui est le vôtre. Nous allons donc commencer par définir la façon dont nous voulons nous voir MAINTENANT.

Problèmes de volonté ?

Vous avez un problème physique qui n'a rien à voir avec la volonté. En effet, vous ressentez de la douleur, vous vous fatiguez facilement et vous avez beaucoup de mal à récupérer après un effort. Logiquement, vous serez triste, déprimé, fatigué, stressé et nerveux ; pourtant, vous devez comprendre que dans tous les cas de figure, cet état n'est que la conséquence et pas la cause. Mais cet état émotionnel (par exemple, la dépression) peut compliquer le cadre des symptômes dont vous souffrez ; pour cela, il est conseillé de le traiter spécifiquement au lieu de l'ignorer. N'importe quelle personne qui ressent de la douleur ou dont les projets tournent à l'échec déprimera ou stressera, n'importe qui, ne l'oublions pas.

Développez votre potentiel dans son ensemble

Vous vous souvenez de Lary León ? Lary affirme que nous avons tous une mission ici-bas et que nous avons un objectif ; pourtant, nous ne pourrons pas savoir quelle est cette mission tant que nous ne développerons pas notre potentiel. Mettons-nous donc au travail : comment voulez-vous vous voir ? Qu'avez-vous toujours voulu faire ? Vous avez trouvé ? Bien. À présent entamons la seconde partie de la question, la plus complexe : comment devez-vous adapter vos objectifs par rapport à ce qui vous détermine actuellement ?

Elsa avait toujours voulu se consacrer au monde de la cuisine, mais depuis le début de sa maladie, elle a dû arrêter de travailler derrière les fourneaux car elle n'arrivait pas à suivre le rythme quotidien. Après avoir renoncé à son rêve, elle a réussi à se reprendre en main et à transformer son rêve en le rendant compatible avec ses besoins. Elle s'est mis à écrire dans un blog, à son rythme, sans contrainte, à élaborer du matériel pédagogique et à aider d'autres professionnels grâce à son expérience et à sa sensibilité.

Il n'y a rien de pire que l'incertitude...

Même si Elsa a supporté un chemin de croix dû à l'incompréhension de ceux qui l'entourent, dont sa propre famille, un diagnostic clair lui fait défaut, elle doit donc se contenter d'une étiquette vague et diffuse qui la déboussole totalement. C'est sans doute difficile à comprendre, pourtant il s'agit d'un problème grave qui explique la plus grande partie du mal-être d'Elsa

pour deux raisons. La première, c'est que lorsqu'on a un diagnostic, une étiquette ou un nom, l'on dispose d'une base pour informer et justifier son état à autrui.
« Vous ne travaillez pas ?
— Non, je me bats contre un cancer. »
Là, votre interlocuteur a une idée précise de ce qui vous arrive et de la façon dont ce que vous faites ou arrêtez de faire vous conditionne. Lorsqu'une personne a une explication claire, un cadre de référence clair, elle se fait une idée de ce qui vous arrive et ainsi elle n'a pas besoin d'extrapoler, ni de vous demander plus d'explications, ni de vous ennuyer avec de nombreuses questions.

Mais répétons la scène à nouveau.

« Vous ne travaillez pas ?

— Non. C'est difficile à expliquer. Je manque d'énergie, j'ai mal partout. Enfin bref, c'est compliqué...

— C'est une maladie ?

— Oui, non, enfin, c'est un syndrome. Enfin, ils l'étudient.

— Mais qu'est-ce que vous avez ? Comment ça s'appelle ?

— Bon, au revoir, je dois y aller... »

Comme la scène a changé, n'est-ce pas ? Dans le premier échange, on vous comprend, on vous admire et on vous aide, comme un héros qui livre une bataille coriace. En revanche, après le second échange, vous êtes désabusée et abattue. Vous en venez même à douter du fait que tout ce qui vous arrive est psychologique ; vous êtes triste, esseulée, remise en question et jugée.

La seconde raison vient du fait que si vous n'avez pas de cadre de référence clair, cela vous empêche de nommer ce que vous avez réellement et votre concept de soi, ainsi que votre estime de soi s'en trouvent affectés. Vous n'avez pas d'ennemis précis, et lorsqu'il n'y a pas d'ennemis précis, on donne un coup d'épée dans l'eau. Sans cible, sans objectif, notre ligne de mire est imprécise et nos efforts sont vains. Nous perdons alors notre énergie dans des batailles qui ne nous aident nullement.

Bien qu'ignorer ce contre quoi vous luttez soit pénible, je vous propose de l'assumer et de l'accepter. Je sais qu'il y a des choses que vous ne savez pas, mais nous ne pouvons pas prétendre tout maîtriser. Certaines choses échappent à notre contrôle ; d'autres sont incompréhensibles et d'autres encore existent sans aucune raison apparente. Je vous propose alors de changer le foyer d'incertitude par le foyer de certitude. Nous ne savons pas quelle maladie vous avez, comment elle va conditionner votre avenir et comment elle va évoluer. En revanche, ce que nous savons, c'est que vous êtes une personne extraordinaire qui ne rend pas toujours compte de ses qualités.

N'OUBLIEZ PAS...

• Acceptez et profitez du processus visant à vous connaître et à vous étudier, dans ce que vous faites ou ce que vous dites. Mais aussi ce que vous pensez ou ressentez par rapport à ce que vous ne faites ou ne ressentez pas.

• Arrêtez de vous juger et commencez à dialoguer avec vous-même.

• Transformez vos déterminants en influences. Vous pouvez le faire !

• Gérez l'incertitude et la peur.

• Nous avons tous un don et une mission à accomplir. Fusionnez votre don et votre mission : vous serez heureux et rendrez les autres heureux.

Passez à l'action

Le temps est venu de passer à l'action, de faire le premier pas afin de vous reconnecter à la vie. Nous avons tous un don et une mission dans la vie. Nous devons donc les conjuguer pour revivre intensément. Nous devons reprendre la main pour mieux reconstruire la joie de vivre.

Recalibrer les attentes

Commençons par le commencement. Elsa doit réapprendre à se fixer des attentes plus réalistes à partir de son état actuel. Elle était capable de travailler mille heures, de pratiquer mille sports et de passer du temps avec mille amies ; c'était là le passé parfait, le passé à présent révolu. Si Elsa n'est pas capable de réadapter ses attentes à son présent, elle en souffrira car en étant figée dans un passé prétendument meilleur, elle ne pourra pas s'épanouir ni planifier un avenir plein d'espoir.

Nos attentes doivent être actualisées de temps à autre, comme un système d'exploitation ou un logiciel. Mais comment fonctionnent les attentes ? Il s'agit d'une espèce de prévision du futur basée sur des suppositions qui ont un point de départ. Je m'explique. Nous savons où nous nous trouvons, sur quelles ressources nous pouvons compter et de quoi nous sommes capables, et à partir de ces paramètres nous osons lancer quelques hypothèses vers le futur. Le problème, c'est que, parfois, nous faisons fausse route étant donné que notre point de départ n'est pas réel.

Dans le cas d'Elsa, son point de départ était l'image qu'elle avait de ses capacités, mais elle n'avait pas actualisé cette idée pour l'adapter à son présent, à sa nouvelle situation. En se fixant une attente à partir de quelque chose qu'elle était capable de faire avant, mais plus maintenant, elle laissait le champ libre à la frustration. Par exemple, si elle voulait faire du vélo, elle envisageait inconsciemment une virée basée sur le souvenir de celles d'antan. Elle avait fait le chemin de Saint-Jacques de Compostelle à vélo, elle était capable de pédaler sur les montées les plus escarpées des heures durant, profitant des paysages incroyables et d'une douce sensation de fatigue compensée par un effort enrichissant. Elle se réjouissait de faire du vélo, pourtant lorsqu'elle se lançait, elle voyait bien que ses attentes étaient totalement frustrées car, avec une simple petite balade dans la vallée d'à peine une heure, elle devait déjà rebrousser chemin, en marchant, en traînant son vélo, incapable de continuer de pédaler à cause de la douleur de ses jambes. Après plusieurs virées frustrées, elle a décidé de vendre son vélo et de renoncer à une partie de sa vie, et tout cela parce qu'elle n'avait pas ajusté ses attentes à son état actuel.

Ce que vous avez été capable de faire, vos succès d'antan, importe peu, ce qui importe réellement, c'est ce que vous êtes capable de faire à présent et ce dont vous avez besoin pour y arriver.

Le vélo d'Elsa

Le vélo, ce n'est pas que pour l'été. Le vélo est l'un des meilleurs instruments qui existent pour être heureux. Moi, personnellement, j'adore tous les vélos. Je ne suis pas amateur de collections, mais si un jour je me décidai d'en commencer une, ce serait le vélo, sans aucun doute.

J'adore les vélos de montagne qui vous permettent de rouler sur n'importe quel terrain, de parcourir de grandes distances et de profiter d'une belle balade au-dessus des nuages. Mais je prends également du plaisir quand je me balade tranquillement sur un paquebot mythique en bord de mer, lors d'un déplacement urbain rapide avec un RER ou lorsque je découvre une ville avec un tramway.

Un jour, j'ai accompagné Elsa dans une boutique de vélos, connaissant sa passion pour cette invention géniale. Nous sommes sortis de la consultation pour marcher un peu, mais j'avais déjà en tête une destination précise. Une fois dans la boutique, j'ai demandé des informations à un vendeur sur les vélos électriques, ce qui a agacé Elsa qui m'a dit qu'un vélo électrique, ce n'est pas un vélo.

« Chère Elsa, lui ai-je répondu, je te propose que nous écoutions l'explication de ce monsieur et qu'ensuite nous évaluions la possibilité de monter sur un pseudo-vélo et de profiter de paysages et sensations, ou que nous laissions tomber le vélo à tout jamais. »

Il s'est produit ce qui devait se produire, c'est-à-dire qu'au bout d'une semaine à peine, Elsa avait un nouveau vélo avec lequel elle allait profiter de longues balades en pleine nature grâce à son assistance électrique.

Cher lecteur, Chère lectrice, ne renoncez pas à quelque chose que vous aimez si vous pouvez l'adapter à vos nouveaux besoins et à vos nouvelles réalités. Actualisez et ajustez vos attentes et vous serez heureux.

Une intervention globale et systémique

Aborder un cas comme celui d'Elsa nécessite une action conjointe de l'aspect physique, émotionnel et social. Elsa devait atténuer son niveau d'anxiété, étant donné que cela conditionnait son énergie et sa capacité de récupération. Le stress en soi ne provoque pas de maladie, mais il ouvre la porte à la manifestation de plusieurs troubles liés au système immunitaire, digestif, cardio-vasculaire, musculaire, respiratoire...

Il est important d'évaluer l'aide éventuelle d'une médication appropriée, correctement administrée et supervisée par un psychiatre. Il y a des antidépresseurs et des anxiolytiques qui ont des effets secondaires sur la fatigue et la douleur associées à ce type de syndromes, en plus d'aider à endiguer la symptomatologie psychologique associée à la douleur et à la fatigue continue.

N'oublions pas qu'un corps stressé et triste, comme celui d'Elsa, est vulnérable. Nous devons donc le déstresser par tous les moyens. Sans oublier qu'en plus de l'indication pharmacologique, nous pouvons baisser le niveau de tension avec un autre type de ressources, comme des bains chauds, des bains de soleil, des massages...

En plus de montrer à Elsa comment apprendre à fixer des attentes plus réalistes, appropriées et en accord avec sa situation, son niveau d'énergie et son état général, nous avons complété le travail psychologique en dissociant la fatigue et la douleur de l'estime de soi, en améliorant sa connaissance d'elle-même et en lui procurant des outils pour prendre des décisions dépourvues de préjugés et de pressions externes et internes.

Enfin, il a été très important de travailler avec ses proches. Le conjoint d'Elsa et leurs enfants avaient besoin de comprendre que ce qui arrivait à leur mère n'avait rien à voir avec sa volonté. Que leur mère était affectée par quelque chose que les médecins et la science méconnaissent et qu'ils ont décidé de cataloguer comme syndrome de fatigue chronique et fibromyalgie. Ce syndrome fait partie de ces maladies méconnues ou mal diagnostiquées et sont regroupées par symptômes. En définitive, ce n'est pas qu'Elsa ne voulait pas, c'est qu'elle ne pouvait pas. Et une autre chose qui devait être prise en compte, c'est qu'il fallait en profiter lorsqu'Elsa se sentait bien pour passer du bon temps et la laisser se reposer lorsqu'elle en avait besoin. Ils ont dû apprendre à faire des activités sans elle, ou à les adapter. En revanche, dès qu'elle se sentait bien, il fallait en profiter en famille !

Récupérer l'énergie

Si vous voulez récupérer le maximum d'énergie possible, vous devez adapter votre vie à vos besoins. Voici quelques conseils :

- **Simplifiez votre vie afin de vous recentrer sur ce qui compte le plus.** Pour y parvenir, vous devez avant tout analyser ce qui compte le plus dans votre vie. Commencez par redéfinir vos priorités et vos objectifs. Différenciez ce qui compte de ce qui est accessoire et ce qui demande votre attention ou non. Vous ne pouvez pas être de toutes les batailles, vous devez donc différencier celles qui méritent votre attention et votre énergie des autres.

- **Demandez-vous si ce que vous faites a du sens ou non.** Passez en revue chacune de vos tâches, habitudes et activités quotidiennes afin d'évaluer si cela a du sens de les poursuivre ou si le moment est venu de prendre un tournant dans votre vie. Déléguez tout ce que vous pouvez. Je me souviens que l'un de mes meilleurs conseils à Elsa a été de la persuader d'aller acheter des couettes chez Ikea. Mettre une couette dans sa housse devrait être déclaré sport olympique ! Cette corvée, qu'elle répétait chaque semaine, pouvait être abandonnée totalement car cela avait très peu de sens pour elle. Elsa acheta alors des couettes en double pour tous les lits de la maison et rangea toutes les housses, de telle sorte qu'elle, son conjoint et leurs enfants dormaient directement couverts par la couette et, une fois par semaine, elle changeait la couette et mettait celle qui était sale dans le lave-linge. Les housses et les efforts surhumains prirent fin.

Revoyez donc vous aussi vos tâches et éliminez toutes celles qui n'ont aucune valeur pour vous. N'oubliez pas, l'objectif, c'est de conserver votre énergie pour ce qui a vraiment du sens et de ne pas la gaspiller ni la perdre à faire des choses futiles.

• **Apprenez à vivre à un rythme différent.** De nombreuses personnes affectées par la fatigue et la fibromyalgie ont en commun d'avoir regorgé de vie et d'énergie avant l'apparition de la maladie. Si cela est votre cas, vous devez apprendre à vivre à un rythme différent. Revoyez vos plans, car souvent nous arrivons à une conclusion erronée et insensée après avoir souffert. Dans le cas d'Elsa, après avoir essayé plusieurs fois de continuer à faire du vélo, elle a fini par se dire qu'elle n'en ferait plus jamais. Grande erreur ! Le problème n'était pas le vélo, mais qu'elle devait changer certaines choses pour continuer à faire du vélo. Ne renoncez pas, adaptez, modifiez et changez votre comportement.

• **Aménagez les activités à votre propre rythme.** Vous pouvez faire des excursions, mais qu'elles soient courtes avec des pauses ou y mettre fin quand bon vous semble. Vous pouvez sortir le soir, mais apprenez à identifier le bon moment de rentrer chez vous. Vous pouvez jouer avec les enfants, mais préparez des jeux pour qu'ils puissent se divertir en toute autonomie. Ne renoncez à rien, aménagez simplement votre vie à vos facultés.

Je me souviens du cas d'une personne qui aimait la montagne, mais qui ne pouvait plus continuer à faire les randonnées qui lui plaisaient le plus ; je lui ai donc conseillé de s'acheter un 4x4 décapotable, une table de pique-nique, un appareil photo et d'aller en montagne. « Manquerait plus que ça, aller à la montagne en voiture est un péché ! » fut sa réaction. « Essaie et tu m'en diras des nouvelles », lui dis-je. Dans ce cas précis, cette personne a réappris à profiter à son rythme de l'une des passions à laquelle elle avait renoncé.

• **Brisez le cercle vicieux des émotions négatives** que vous ressentez. Afin d'y parvenir, incluez des émotions positives dans votre quotidien, cherchez-en et programmez-les car elles vous aideront à compenser ces émotions négatives. Comme nous l'avons déjà dit auparavant, refrénez la déferlante, assainissez votre compte courant émotionnel, compensez la souffrance avec des expériences positives.

Mettez-vous en tête que votre fatigue et votre douleur n'ont rien à voir avec la volonté. L'esprit ne peut venir à bout de tout et n'est pas la cause de tout ce qui vous arrive. Je hais de toutes mes forces les personnes (médecins et psychologues inclus) qui disent que ce que vous avez est psychosomatique, que c'est une dépression ou de l'anxiété et qui restent très vagues. Certains professionnels, lorsqu'ils ne savent pas comment expliquer quelque chose, disent que c'est d'origine psychosomatique, relayant ainsi la culpabilité et la responsabilité sur le patient qui ne peut ni ne doit gérer ça. Ce qui est vrai, c'est qu'il faut continuer de faire des recherches sur des milliers de maladies plus ou moins courantes, mais que, dans tous les cas, nous ne connaissons pas dans le détail.

• **Apprenez à vous connaître**, à connaître ce nouveau corps qui vous demande de prendre un rythme plus posé. Écoutez votre corps et vos besoins. Identifiez les signes d'efforts excessifs afin de vous reposer. Rappelez-vous que votre capacité de récupération est sans doute affectée. Le moindre effort se paie cher, donc lorsque vous le faites, jaugez-le bien. Vous allez sûrement devoir apprendre à dire non, à éviter de vous impliquer aussi activement dans de si nombreuses activités et à rationner votre énergie. Pensez à vous avant tout et ensuite aux autres, car si vous allez bien, vos proches iront bien également.
La moindre occasion est un moment merveilleux pour recommencer… Lundi, demain, ce mois-ci, en septembre, après les vacances ou dès maintenant.

Arrêtez de vouloir continuer la même vie que vous aviez auparavant. Votre vie a changé, peut-être de manière irréversible. Je vous encourage à l'accepter, étant donné que c'est la première étape pour mieux commencer à construire une nouvelle vie plus en accord avec vos besoins.

Je vous encourage à redéfinir votre vie en fonction de vos besoins et d'y impliquer le reste de votre famille et les personnes de votre entourage. Vous n'êtes pas obligé de faire toutes les activités ensemble. Peut-être pouvez-vous aller au parc d'attractions, idéalement lorsque vous pouvez vous loger dans un hôtel du même parc et aller vous reposer quand vous en avez besoin. Peut-être pouvez-vous aller ensemble à la montagne, mais vous n'êtes pas obligé de faire une randonnée marathonienne. Cher lecteur, Chère lectrice, vous avez deux conversations qui vous attendent, l'une avec vous-même et l'autre avec votre famille.

• **Ignorez ce que les gens vous disent.** Nous dépendons bien trop de l'opinion extérieure, de l'approbation de ceux qui nous entourent et de la prétendue reconnaissance des gens que nous ne connaissons même pas. Nous nous comparons afin d'avoir une référence, une mesure ; pourtant, cette référence est absolument fallacieuse et biaisée.

Nous prenons comme référence une mesure qui n'indique rien et nous organisons notre vie en fonction d'une construction irréelle. Nous souffrons, nous nous emportons et nous nous morfondons pour quelque chose d'irréel mais à quoi nous donnons raison.

• **Prenez vos propres besoins en considération.** Vous avez le droit de le faire. Souvent, nous privilégions les besoins de tout le monde avant les nôtres. Grande erreur. De surcroît, comme si cela ne suffisait pas, lorsque nous satisfaisons nos propres besoins, nous nous sentons mal, nous nous sentons coupables et égoïstes, comme si nous faisions quelque chose de mal. Ça vous est déjà arrivé ? Saviez-vous que le mécanisme de contrôle principal d'une personne égoïste, c'est de faire sentir à sa victime qu'elle est égoïste lorsque celle-ci a l'intention de faire quelque chose pour elle-même ? Si vous y réfléchissez bien, vous serez d'accord avec moi sur le fait que, en satisfaisant vos propres besoins, vous serez de meilleure humeur et vos relations avec vos proches seront plus enrichissantes et plus agréables.

• **Lâchez du lest.** Arrêtez de vous demander à maintes reprises comment vous êtes et comment vous devriez être, et centrez votre attention sur ce que vous faites, libre de tout jugement et de toute interprétation. Profitez du présent, savourez le moment, arrêtez de vous torturer, de vous examiner et de vous poser des questions. Éliminez de votre quotidien les doutes concernant votre identité, votre maladie et votre avenir. Limitez-vous à entreprendre, sentir, parler, profiter… Impliquez tous vos sens dans ce que vous faites et vivez, et lorsqu'un doute ou une pensée intrusive vous provoquent, invitez-les à partir, comme nous l'avons déjà vu dans un chapitre antérieur.

- **Votre corps se fatigue, votre esprit aussi.** Nous sous-estimons l'effet de la fatigue mentale sur notre quotidien. Lorsque votre esprit se fatigue, il fonctionne moins bien, car l'esprit a des facultés limitées. Apprenez à identifier votre mental lorsqu'il est fatigué. Un esprit fatigué est pessimiste et négatif, prend de mauvaises décisions, perd sa créativité et est tendancieux. Lorsque votre esprit est fatigué, donnez-lui du repos, ne prenez pas de décisions et ne tirez pas de conclusions. Profitez des moments de lucidité pour vous écrire des messages quand le pessimisme et la fatigue dominent. Ainsi, vous aurez un point d'ancrage qui vous permettra de vous recalibrer et de ne pas tomber dans le puits de la négativité.

- **Transformez vos rêves en expériences.** Écoutez, je vais être franc avec vous. Nous ne savons pas combien de temps nous serons ici-bas, pleins d'énergie et de facultés pour entreprendre. Aussi bien vous que moi. Moi, personnellement, cela fait déjà très longtemps que j'ai décidé de transformer mes rêves en réalité et en expériences. Je me suis toujours imaginé vivre à la montagne ; « lorsque je serai à la retraite », pensé-je. Pourtant, en 2013, j'ai déménagé en Cerdagne, une vallée magnifique au cœur des Pyrénées. Ce ne fut ni facile ni difficile. J'ai planché sur la question.

Ne remettez donc pas à demain ce que vous pouvez vivre aujourd'hui. J'ai vu de nombreux cas, beaucoup trop de personnes qui ne pourront jamais mener à bien leurs rêves, que ce soit à cause d'une maladie, d'un accident ou d'un manque de chance. Vivez le présent, différenciez vos rêves romantiques et ceux que vous voulez vraiment vivre et allez à leur conquête.

Par où je commence ?

- Acceptez que votre vie a changé et que vous devez la réorganiser.
- Recalibrez vos attentes et ajustez-les à votre nouvelle situation.
- Ayez une conversion avec vous-même et avec votre famille.

Comment j'y parviens ?

- Réalisez une approche globale, systémique, planifiée et structurée.
- Simplifiez votre vie au maximum.
- Revoyez le sens de ce que vous entreprenez.
- Incorporez le concept de changement de fonctionnement afin d'adapter votre rythme à vos besoins.
- Prenez vos propres besoins en considération.
- Lâchez du lest.

CONCLUSION

Mottainai, l'art de se donner une nouvelle chance

> *« Mottainai ! cria Chojiro, Ne laisse jamais passer ce qui est précieux ! »*

Notre conversation est sur le point de prendre fin. J'admets que j'ai essayé de vous imaginer, de dialoguer avec vous de longues heures durant, toutes celles où j'écrivais, concevais et pensais le contenu de *Kintsukuroi*.

Je vous ai guidé jusqu'aux sommets les plus hauts, dans des prairies verdoyantes et des torrents retentissants ; vous m'avez accompagné parmi les marmottes et les isards, au soleil et à l'ombre, dans la forêt et au lac, des lieux où j'ai écrit le livre qui se termine à présent.

Je vous ai imaginé détruit, pourtant je vous ai imaginé également vous reconstruisant, luttant pour sourire à nouveau, pour aller de l'avant, pour revivre intensément une vie qui est la plus précieuse de nos possessions. La vie, notre vie. N'offrez votre vie à personne. Partagez-la si vous le souhaitez, mais ne laissez personne vous la voler, n'arrêtez de vivre pour personne. Vous n'avez qu'une vie et vous êtes dans l'obligation de la vivre intensément. Le temps est venu d'évaluer si vous vivez votre vie, la vie d'une autre personne ou la vie qu'autrui voudrait que vous viviez.

Ne laissez pas passer ce qui est précieux : votre expérience et votre vie. Vous avez sans doute souffert, pourtant vous vous êtes reconstruit. Si vous avez tiré la leçon du vécu, vous détenez la plus précieuse des connaissances : l'expérience. Cette expérience que vous avez vécue vous a permis de grandir et d'être plus fort. À présent vous êtes paré pour vivre, vous avez plus de ressources, vous vous connaissez mieux et vous savez ce dont vous êtes capable. Ne laissez donc pas passer cette perle de connaissance et d'expérience et, au lieu de la garder dans la malle aux souvenirs, gardez-la toujours à portée de main. Ne laissez pas passer votre expérience ; exprimez votre résistance émotionnelle.

Je vous invite à vous imprégner de la philosophie mottainai ! Et permettez-moi d'utiliser et d'interpréter ce concept japonais pour illustrer l'attitude que vous devez avoir et clore ce dialogue fait de pages, d'émotions, de confessions, de ressources et d'anecdotes.

Mottainai fait référence au concept de la peine et de la tristesse que nous ressentons lorsque nous perdons une ressource (matérielle ou non) de grande valeur, comme un enseignement, le temps, une expérience, un rêve, une émotion, une idée ou même une pensée. D'un autre côté, mottainai a également un sens positif qui se trouve être la motivation de profiter, de reprendre goût à la vie ou de ne pas laisser passer ce qui est précieux, que ce soit matériel ou non. Quoi qu'il en soit, si vous êtes capable de voir que vous perdez quelque chose de précieux, vous serez capable d'éviter cette perte si vous agissez, ou pour le moins profiterez-vous de l'enseignement, de l'expérience ou du vécu.

Vous savez à présent ce que signifie le terme mottainai, pourtant cela ne suffit pas de le savoir. Ce n'est pas la connaissance qui vous aidera à vivre la vie que vous désirez, mais l'usage de ladite connaissance. Parfois, nous accumulons des données, nous lisons et nous nous documentons ; pourtant, nous ne passons pas à l'action. Et, de surcroît, nous allons même jusqu'à ignorer le motif de cette inaction. C'est comme si l'obtention d'une nouvelle chance, l'aventure d'une nouvelle vie, nous octroyer une nouvelle vie, nous faisait peur. Eh bien, vous vous trompez ! Vous avez le droit de vous donner une nouvelle chance, de recommencer. Vous ne reprendrez pas de zéro, vous reprendrez au contraire avec la sagesse et l'apprentissage. La vie est une série de chutes et de boucles. Vous tomberez, mais tout va bien. Vous

vous relèverez. Vous retomberez sans cesse et sans arrêt, en de nombreuses autres occasions, cela importe peu. Ce qui importe réellement, c'est que vous vous releviez à nouveau.

La clé se trouve dans l'éducation

Dans le futur, il y aura de grands changements dans l'éducation. J'œuvre pour que les enseignants et les enfants apprennent à se connecter à leur résistance émotionnelle, je participe à des congrès et à des groupes de travail, j'ai une ligne éditoriale ancrée dans la sensibilisation et je crée du matériel pédagogique dans l'objectif que les enfants d'aujourd'hui soient de futurs adultes sains, équilibrés, forts et capables de se reconstruire face à une épreuve.

Ma proposition, mon cheval de bataille, c'est que l'éducation émotionnelle soit mise en œuvre et s'enracine depuis la maternelle jusqu'au lycée, de façon transversale et sous la responsabilité d'enseignants experts. J'ai même pris l'initiative de proposer un cursus basé sur l'enseignement, le développement et la mise en pratique des compétences émotionnelles comme unités d'enseignement. Nous devons systématiser l'éducation émotionnelle dans les écoles et non la reléguer au bon vouloir d'un professeur en particulier ou au travail transversal non défini.

La tâche qui nous attend est encore très grande, nous devons enseigner beaucoup de choses à nos élèves et enfants. Enseignons aux jeunes à maîtriser les compétences émotionnelles. Nous disons sans relâche aux gens ce qu'ils doivent faire, alors que nous sommes incapables de leur donner un mode d'emploi concret ou de leur dire comment ils peuvent le faire. À la frustration de ne pas savoir le faire, nous devons ajouter celle de se sentir coupable de ne pas faire quelque chose qui semble aussi facile.

En définitive, préparons nos jeunes à la vie, à transformer l'adversité en défi, à se relever autant de fois qu'ils tombent, à tirer les leçons de ce qu'ils ont vécu, à avoir un ikigai, à être capables de se reconstruire et, surtout, à se traiter avec amour et respect, aussi bien eux que leurs proches.

C'est notre mission à tous d'éduquer la jeunesse étant donné que c'est une responsabilité partagée. Nos enfants nous observent continuellement, nous nous devons donc d'être une référence valide pour eux.

Mottainai !

Cher lecteur, Chère lectrice, lorsque vous gâchez votre précieuse expérience ou lorsque vous voyez quelqu'un qui ne tire pas profit de la souffrance qu'il a endurée, écriez-vous : « Mottainai ! » de toutes vos forces et arrêtez à temps ce gaspillage insensé de l'une des plus grandes leçons de votre vie.

Au fil de ces pages, je vous ai indiqué des ressources pour que vous ne laissiez pas passer ce qui est précieux, votre expérience. Vous méritez de vivre intensément, d'être heureux à nouveau, d'aimer, de rire et de chanter. Vous méritez de vous réjouir et de vous émouvoir à nouveau. Tirez la leçon de l'événement malheureux et donnez-vous une nouvelle chance, une troisième chance… Donnez-vous autant de chances dont vous aurez besoin, mais n'oubliez pas, ne laissez pas passer ce qui est précieux, ne laissez pas passer la vie.

Vous avez souffert, mais vous vous êtes échappé de cette prison où vous avez perdu trop de temps. À présent, vous êtes capable de transformer votre douleur en espoir, votre souffrance en expérience, votre blessure en cicatrice suturée avec du fil d'or. L'aspiration et l'espoir vous appellent, vous attendent. Ne renoncez pas à vivre, ne perdez pas cette chance magnifique de grandir.

Vous avez souffert, et vous souffrirez sans doute à l'avenir. À présent, vous êtes plus sage, vous savez ce que vous devez faire et comment. Faites-le. Passez à l'action, et lorsque la force vous fait défaut, imaginez-moi en train de m'écrier : « Mottainai ! »

Bien que ce dialogue soit terminé, car *Kintsukuroi* a pris fin, je vous invite à continuer d'en parler.

Envoyez-moi une lettre, organisez une conférence dans votre ville, partagez votre apprentissage, expliquez à tout le monde qu'à présent vous êtes plus fort, montrez vos cicatrices avec fierté, contribuez à créer un monde meilleur avec tout ce que vous avez appris, faites quelque chose pour les autres et tendez votre main à ceux qui souffrent.

En définitive, parlez-en, avec moi ou avec qui que ce soit, mais ne gardez pas pour vous ce que vous avez appris, ne portez pas en silence la belle reconstruction que vous avez entreprise, dévoilez votre bol réparé avec de l'or, car votre exemple sera la preuve la plus motivante que se reconstruire est possible. Votre exemple aidera des personnes qui souffrent à se reconstruire. Vous êtes la preuve vivante qu'il est possible de revivre.

Remerciements

Notre vie est comme elle est grâce à chacune de nos interactions, qui, ensemble, configurent mon univers, mon message et le quotidien de chacun. De nombreuses personnes ont rendu possible que ce livre soit entre vos mains. Je ne voudrais oublier personne, éviter tout classement de participation (vous savez à présent que la compétition n'est pas ma tasse de thé) ; pourtant, quoi qu'il en soit, je sais précisément par qui commencer mes remerciements.

Vous, Cher lecteur, Chère lectrice, qui faites partie de ma vie. Je veux vous remercier d'avoir décidé que dans *Kintsukuroi*, vous pourriez trouver un appui pour vous reconstruire, de m'avoir confié une tâche si délicate et d'avoir compté sur moi dans vos déboires les plus ardus. Mon estime, ma reconnaissance et mes remerciements vous reviennent.

Merci également à chacun des lecteurs de mon premier livre, qui est le résultat d'un rêve timoré qui a vu le jour dans la discrétion et l'humilité de quelqu'un qui ne sait ce qui l'attend. Vous, Chers lecteurs, vous avez accueilli mon rêve, vous lui avez donné confiance et vous l'avez rendu grand, ce qui l'a renforcé et valorisé. Mille mercis.

Ce qui a commencé comme une aventure téméraire est devenue aujourd'hui une stratégie consolidée avec un engagement ferme dans l'avenir grâce à chacune des personnes qui œuvrent pour former une grande équipe. Merci à Anna, Laia, Eugenia, Elisabet, Octavia et Marcela. L'on s'imagine que derrière de grandes réussites se trouve toujours une grande équipe de personnes, pourtant dans ce cas présent, il est surprenant de voir ce que peut entreprendre une petite équipe formée de grandes personnes.

Merci à toutes les personnes qui ont partagé avec moi leurs expériences, à mes patients et mes amis. La Cerdagne est une gardienne de mille histoires jalousement assimilées et dissimulées qui forment la connaissance que je rassemble et partage ici. Sans vous, sans vos confidences, sans vos histoires, mes lecteurs se sentiraient encore plus seuls, plus incompris, plus isolés. Votre participation précieuse permet d'attester que ce qui nous arrive est assez courant, que nous ne sommes pas seuls et que nous ne sommes pas des bêtes noires.

Je voulais remercier toutes ces personnes que j'ai connues et qui m'ont aidé à divulguer mes connaissances et mon expérience auprès d'autres réseaux. Merci à Quim, Jorge et María de Televisión Española ; merci à Saúl, Albert, Carme et Arnau, Marta et David, Espartac et Xavi, Susanna et Elvira. Merci aux journalistes qui ont mis leurs rédactions, micros ou caméras au service de la diffusion de la psychologie dans l'objectif d'améliorer le bien-être émotionnel des gens.

Pour finir, j'aimerais exprimer ma reconnaissance profonde à une personne qui a partagé avec moi ses connaissances de potier afin de pouvoir donner forme à mes récits, quelqu'un que j'ai vu faire tourner une pièce d'argile jusqu'à la transformer en une pièce de raku raffinée, une personne capable de faire de l'art avec ses mains quoi qu'elle fasse, que ce soit la cuisine, la poterie ou le crochet. Très chère, acceptez mes humbles remerciements en écho à votre passage discret dans cette vie, vous qui essayez de produire le moins de bruit possible. Merci à vous et merci à votre conjoint vaillant et intelligent, à l'origine de grands sourires, hôte remarquable, spectaculaire et divertissant présentateur de journaux télévisés, et compagnon loquace et noble, s'il en est. Ma vie est meilleure grâce à votre compagnie.

Et, ce qui tombe sous le sens, il ne me reste que des mots de remerciements pour mes proches, ceux qui m'ont inspiré au quotidien, qui m'ont donné de l'élan quand j'en manquais et qui m'ont facilité la vie dès lors qu'ils le pouvaient. Núria, ma conjointe, la personne avec qui le moindre chemin se transforme en aventure et Alicia, une fée venue des montagnes du nord, capable de faire de la magie avec un simple sourire. J'ai beaucoup à apprendre de Núria et Alicia. Elles sont toutes deux d'extraordinaires exemples de dépassement de soi, de lutte et de bonne humeur mis en pratique au quotidien. Elles le savent déjà, mais j'aimerais être comme Núria et, dans mon grand âge, j'aimerais être comme Alicia. Elles le savent déjà, mais si ma vie est merveilleuse, c'est grâce à elles, ces deux personnes merveilleuses avec qui je partage ma vie.

La Cerdagne, septembre 2016

TABLE

INTRODUCTION

PREMIÈRE PARTIE

DEUXIÈME PARTIE

TROISIÈME PARTIE

CONCLUSION

RÉALISATION : NORD COMPO À VILLENEUVE- D'ASCQ
IMPRESSION : MAURY IMPRIMEUR À MALESHERBES (45)
DÉPÔT LÉGAL : JANVIER 2019 - N° 140657 (232339)
IMPRIMÉ EN FRANCE